Charlotte Kerner

# ROTE SONNE, ROTER TIGER
## Rebell und Tyrann
Die Lebensgeschichte des Mao Zedong

Charlotte Kerner

# ROTE SONNE, ROTER TIGER

## Rebell und Tyrann

Die Lebensgeschichte des Mao Zedong

Editorische Notiz:

Die lateinische Schreibweise der chinesischen Namen und Wörter folgt dem Pinyin-System, ohne – bis auf inhaltlich erforderliche Ausnahmen – die Tonhöhen der Silben mit anzugeben, dabei werden Hauptwörter groß geschrieben. Bei einigen Namen wie Chiang Kaishek und Sun Yatsen sowie der Stadt Hongkong wurde die bekanntere und immer noch übliche alte Lautumschrift belassen. Zitate wurden der modernen Rechtschreibung vorsichtig angepasst.

Dieses Buch ist auch als E-Book erhältlich:
(ISBN 978-3-407-74547-7)

MIX
Papier aus verantwor-
tungsvollen Quellen
FSC
www.fsc.org    FSC® C089473

www.beltz.de
© 2015 Beltz & Gelberg
in der Verlagsgruppe Beltz · Weinheim Basel
Alle Rechte vorbehalten
Lektorat: Frank Griesheimer
Neue Rechtschreibung
Einbandgestaltung: Rothfos & Gabler, Hamburg
Umschlagfoto: Greg Elms / Getty Images
Rechte- und Fotonachweis im Anhang
Satz: Beltz Bad Langensalza GmbH, Bad Langensalza
Druck und Bindung: Beltz Bad Langensalza GmbH, Bad Langensalza
Printed in Germany
ISBN 978-3-407-81196-7
1 2 3 4 5 6   18 17 16 15

»Man kann nicht über heute reden, ohne über die Mao-Zeit zu reden (...) China (ist) ein Baum, auf dem heute andere Früchte wachsen, der aber immer noch die gleichen Wurzeln hat.«

Yan Lianke (*1958), chinesischer Schriftsteller

»Chinas Aufstieg ist das große Ereignis unserer Zeit, und seine Nachwirkungen könnten noch für viele kommende Generationen zu spüren sein.«

Mark Leonard (*1975), englischer Politikwissenschaftler und Herausgeber von China 3.0

# Inhalt

# Prolog   »Rebellion ist gerechtfertigt«

»Das Ereignis von gestern war bedeutsam.«[1] So kommentierte der 25-jährige Mao Zedong in der Tageszeitung von Changsha einen Skandal, der Mitte November 1919 das Tagesgespräch in den Straßen der Hauptstadt seiner Heimatprovinz Hunan beherrschte: den Selbstmord einer jungen Frau.

Nur wenige Tage zuvor hatte die 16-jährige Zhao Wuzhen, gekleidet in der Freudenfarbe Rot und mit verhülltem Gesicht, eine prächtige Sänfte bestiegen. Die geschmückte Braut sollte – begleitet von lauten Festtrommlern – zum Haus ihres Bräutigams gebracht werden. Sie wusste nur, dass er reich und bedeutend älter als sie war. Verborgen hinter den verzierten Vorhängen der Sänfte, schnitt sich die junge Chinesin die Kehle durch und verblutete. Lieber sterben wollte sie, als ihrem zukünftigen Ehemann, den sie weder kannte noch liebte, als Zweitfrau unterwürfig zu dienen.

Aufgewühlt nannte Mao Zedong das tote Mädchen ein Opfer des »schändlichen Systems der Zwangsheiraten«. In seinen Augen starb sie einen »Märtyrertod für die Sache der Freiheit, für die Freiheit, den eigenen Gatten zu wählen«. China sei eine gefährliche Gesellschaft, wenn sie Frauen und Männer auf diese Weise in den Tod treibe.

Der junge Lehrer wusste nur zu gut, worüber er schrieb. Denn ohne zu fragen, hatten ihn seine Eltern als 14-Jährigen mit einer vier Jahre älteren entfernten Verwandten verheiratet. Und schön früh hatte Mao Zedong gegen die scheinbar ewig geltenden, starren gesellschaftlichen Regeln rebelliert. Inzwischen glaubte er fest an die Gleichheit von Mann und Frau und hoffte auf eine »Revolution der Familie«, auf dass »eine große Welle der freien Ehe und freien Liebe« ganz China erfassen werde.

In seinem Artikel über den Selbstmord von Fräulein Zhao rief er auf, verlorene Hoffnungen zurückzugewinnen und vor allem zu leben: Im Leben allein liege des Menschen erster Zweck, aber wenn jemand schon sterben müsse, dann wenigstens kämpfend. Das Ziel sei natürlich nicht, getötet zu werden, sondern zu seiner wirklichen Persönlichkeit zu finden.

Wer Mao Zedong wirklich war, wusste zu diesem Zeitpunkt niemand, am wenigsten er selbst. Ungewiss und unsicher war zu Beginn des 20. Jahrhunderts nicht nur seine eigene Zukunft, sondern auch die seines Heimatlandes, der ersten Republik China, und einer neuen rebellischen Jugend, die die Welt nicht nur verstehen, sondern auch verändern wollte.

Genau 30 Jahre später verkündete Mao Zedong in der Hauptstadt Beijing: »Wir haben uns erhoben.«[2] Am 1. Oktober 1949 rief er als Vorsitzender der Kommunistischen Partei vom »Tor des Himmlischen Friedens«, dem *Tian'anmen*, die Volksrepublik aus. Mao gab dem neuen China in diesem Moment ein Gesicht, und zwar sein Gesicht. Seitdem hängt sein Bild an diesem historischen Ort. Anfangs nur an Feiertagen, seit Mitte der 60er-Jahre jedoch Tag für Tag.

Auf dem Platz davor begannen ab 1966 die Rotgardisten-Aufmärsche. Entfesselte Jugendliche schwenkten ein kleines rotes Büchlein, die sogenannte Mao-Bibel, und riefen: »Lang lebe der Vorsitzende Mao!« Ermutigt durch die von ihm ausgegebene Losung »Rebellion ist gerechtfertigt«, begehrte die schon in der Volksrepublik geborene Generation auf. Doch die Proteste gerieten außer Kontrolle und wurden auch für persönliche und politische Abrechnungen missbraucht; sie zerstörten zehn Jahre lang Menschen und Hoffnungen, spalteten Familien und das Land. Die »Kulturrevolution« endete erst mit Maos Tod im September 1976.

Ein Jahr später wurde an der Südseite des Tian'anmen-Platzes das Mausoleum eröffnet, in dem bis heute der einbalsamierte Körper des Vorsitzenden liegt. Mao Zedong wollte verbrannt werden, doch seine Nachfolger brauchten ihn als identitätsstiftendes Nationalsymbol – bis heute.

Eine Aufarbeitung der Mao-Ära war noch tabu, als ich 1977 für zwölf Monate als Austauschstudentin nach Beijing kam. Erst fünf Jahre zuvor hatte die Bundesrepublik Deutschland diplomatische Beziehungen zur Volksrepublik China aufgenommen, aber der Kalte Krieg war noch immer nicht zu Ende. Über das »Reich der Mitte«, das hinter dem Bambusvorhang lag, wusste man damals sehr wenig, aber fast jeder und jede kannte Mao Zedong.

Als ich 34 Jahre später, im Herbst 2012, für drei Monate in die Volksrepublik reiste, war es genau umgekehrt. Heute reden alle von der neuen Weltmacht China, aber im Westen – besonders in der jungen Generation – wissen nur noch wenige, wer Mao Zedong war. Dabei beherrscht sein Bild auch zu Beginn des 21. Jahrhunderts weiterhin »die Mitte der Mitte«, den zentralen Platz des Himmlischen Friedens in der chinesischen Hauptstadt.

»Man kann nicht über heute reden, ohne über die Mao-Zeit zu reden«, betont der chinesische Schriftsteller Yan Lianke. »China (ist) ein Baum, auf dem heute andere Früchte wachsen, der aber immer noch die gleichen Wurzeln hat.«[3] Mao Zedong ist auch deshalb nicht von gestern, weil seine verwirklichten wie auch seine gescheiterten Visionen, die Fortschritte, aber auch die schrecklichen Verheerungen, die er zu verantworten hat, wichtige Bezugspunkte geblieben sind, seit ein neuer »chinesischer Traum« gesellschaftlich verhandelt wird. Seit der Spagat zwischen Kapitalismus und Kommunismus, Globalisierung und Gerechtigkeit, Kontrolle und Freiheit und vor allem zwischen Diktatur und Demokratie gewagt wird. Dabei fragt sich vor allem die nach 1980 und damit in die neuerliche Öffnung Chinas hineingeborene Jugend – wie schon vor 100 Jahren der Student Mao Zedong: In welcher Gesellschaft wollen wir leben? Wann gilt und was bedeutet am Beginn des 21. Jahrhunderts eigentlich die Losung »Rebellion ist gerechtfertigt«?

Das Mao-Porträt am Tor des Himmlischen Friedens sieht glatt und plakativ aus. Schon allein durch die Größe des Ölbildes wirkt der Staatsgründer unantastbar, fast übernatürlich. Die »Mona Lisa der Weltrevolution« wird er auch genannt. Sanft lächelt er der Menge zu, einheimischen wie ausländischen Touristen, die sich tagtäglich mit der berühmten Ikone fotografieren lassen.

Im wirklichen Leben war Mao Zedong nicht glatt und sanft, sondern machtbewusst und, wenn er es für nötig hielt, auch brutal. Er wurde geliebt und gehasst, als »rote Sonne« besungen und als mächtiger »roter Tiger« gefürchtet, er fanatisierte und faszinierte die Menschen – bis heute. Mao war kompliziert und widersprüchlich, genau wie das Land, das er als Herrscher und Revolutionär prägte, und wie die Zeit, in die der rebellische Chinese aus Hunan hineingeboren wurde.

毛泽东

Der 23-jährige Hochschulabsolvent Mao Zedong im chinesischen Gelehrtenrock.
Familienbild mit den zwei jüngeren Brüdern Zemin und Zetan (li) und seiner Mutter,
aufgenommen in deren Todesjahr 1919

# I. DER CHINESE 1893–1921

> »Wir sind erwacht. Die Welt gehört uns,
> die Nation, die Gesellschaft ist unser.
> Wenn wir nicht sprechen, wer soll es dann tun?
> Wer außer uns wird sich erheben und kämpfen?«[4]
>
> Mao Zedong mit 25 Jahren

### Steinkind Zedong

Der Vorname war wichtig. Er musste gut klingen, poetisch sein und von den Hoffnungen der Eltern erzählen. Für ihren Sohn wollten der 23-jährige Vater, Mao Yichang, und die 26-jährige Mutter, Wen Qimei, die richtige Wahl treffen und suchten einen taoistischen Priester auf. Er deutete das Horoskop des Jungen, der am 26. Dezember 1893 oder – nach dem Mondkalender – am 19. Tag des 11. Monats im Jahr der Schlange auf die Welt gekommen war, und gab den Eltern folgenden Rat: Weil im Horoskop die Grundelemente Holz, Feuer, Metall, Erde ausreichend, das Wasser als fünfte Kraft aber zu wenig vorkomme, müsse der geschriebene Name des Kindes unbedingt ein Wassersymbol enthalten.

Diese Bedingung erfüllte das Schriftzeichen* 泽, *Ze*, für die erste Hälfte des Namens Zedong: Die drei kleinen Striche am linken Rand 氵 symbolisieren das Wasser und das einsilbige Wort bedeutet »Glanz« und »Gunst« oder auch »Wohltäter«. Dass der Erbe einmal als »wohlwollender Herr« glanzvoll über Haus und Hof walten möge, erhofften sich die Eltern. Der zweite Teil des Vornamens 东, *Dong*, steht deshalb für die Himmelsrichtung des Sonnenaufgangs und so kann *Zedong*

---

*Zu den chinesischen Schriftzeichen und zur chinesischen Sprache siehe im Anhang, S. 292

毛泽东                                                                **13**

ebenso als »Glanz des Ostens« gelesen werden. Als solcher wird der Bauernsohn ein halbes Jahrhundert später in einem der berühmtesten Loblieder auf den Vorsitzenden Mao mit großem Pathos besungen werden:

*Der Osten ist rot,*
*die Sonne geht auf,*
*aus China kommt ein Mao Zedong.*
*Er kämpft für das Glück des Volkes,*
*er ist sein Erlöser.*

Maos Geburtsort Shaoshan liegt in der zentralchinesischen Provinz Hunan. Wo der schärfste und beste rote Pfeffer des Landes wächst, lebt ein besonders widerständiges Volk, das als stur, hart und aufbrausend gilt. Ein Sprichwort sagt, China könne nur erobert werden, wenn alle Huanesen tot sind.

Die bergige Provinz wird von vier großen Flüssen durchschnitten, darunter der *Chang Jiang*, der »lange Fluss«, in Europa früher als Jangtsekiang bekannt, heute oft nach seinem letzten Abschnitt nur *Yangzi* genannt. Seine Quelle entspringt im Himalaja. Er teilt das Land in zwei Hälften, »nördlich des Flusses« und »südlich des Flusses«. Auf dem längsten Strom Asiens fuhren damals erste Dampfschiffe und Lastkähne, vorbei an der Stadt Wuhan bis zur Küstenmetropole Schanghai und dann weiter in das Ostchinesische Meer. Die huanesische Provinzhauptstadt Changsha entwickelte sich gerade zu einem geschäftigen Binnenhafen, den der Xiang-Fluss mit dem mächtigen Chang Jiang verband. Etwa 50 Kilometer südwestlich lebte der Mao-Clan bereits in der 19. Generation im Dorf Shaoshan. Seine Bewohner züchteten Hühner und Schweine und bauten Gemüse an, aber vor allem waren sie Reisbauern. Verstreut lagen die Gehöfte, verbunden durch schmale Pfade auf den Begrenzungswällen der Reisterrassen.

Das fruchtbare Tal überragt der heilige Berg Shao. Benannt

ist er nach einer 4000 Jahre alten Zaubermusik, *Shaoyu*, die sogar Tiere zum Tanzen gebracht haben soll. Für den kleinen Weiler mit dem Namen »Zauber(musik)berg« wie für das gesamte Hinterland galt: »Die Berge sind hoch und der Kaiser ist weit.« Die Erlasse des Kaiserhofes brauchten Wochen, bis sie vom 1700 Kilometer entfernten Beijing, der »nördlichen Hauptstadt«, in den abgelegenen Ort kamen, dort per Anschlag bekannt gemacht und vorgelesen wurden. Tageszeitungen gab es keine, Handwerker und Händler auf der Durchreise berichteten, was andernorts passierte.

Bei Maos Geburt herrschte der Kaiser Guangxu zusammen mit seiner Tante, der Kaiserinwitwe Cixi, die in der »Verbotenen Stadt« in Beijing die politischen Fäden zog. Die Macht der von den Mandschus begründeten, über 200 Jahre alten Qing-Dynastie zerfiel immer mehr. Das große China war »der kranke Mann« Asiens. Als Erste waren die Engländer mit Kanonenbooten gekommen und hatten 1842, nach dem gewonnenen Opiumkrieg, Hongkong zur britischen Kronkolonie gemacht. Mit immer mehr »ungleichen Verträgen« zwangen nun auch Frankreich und Deutschland, Russland, Amerika und Japan den Kaiserhof, ihnen Häfen und Handelsrechte abzutreten. Die kaiserlichen Heere waren machtlos gegen die modernen Waffen der Eindringlinge. Nicht nur in der Millionenstadt Schanghai gab es inzwischen Viertel, die unter ausländischer Hoheit standen, die sogenannten Konzessionen. Die Einheimischen schufteten in den Spinnereien und Webereien, Abertausende Tagelöhner trieben für fremde Konzerne neue Bahnstrecken ins Hinterland. Westliche Waren überschwemmten die Märkte und machten immer mehr Menschen arbeitslos. Das provozierte Aufstände im Inneren – von der Taiping-Rebellion, auf die ein 13-jähriger Bürgerkriegs mit 20 Millionen Opfern folgte, bis zum Aufstand der »Geheimgesellschaft der fliegenden Fäuste«

毛泽东

im Jahr 1900, der im Westen »Boxeraufstand« genannt wird. Auch arme Bauern erhoben sich immer häufiger gegen korrupte Beamte, gegen die Adligen und die Großgrundbesitzerklasse, die ständig reicher wurden, während auf dem Land das Volk darbte. Dem Riesenreich drohten Zersplitterung und Chaos.

In Shaoshan zweifelte niemand daran, dass Naturkatastrophen Zeichen waren: Sie kündigten an, dass Herrscher das »Mandat des Himmels« verloren hatten und einer neuen Dynastie weichen mussten. An die letzte große Hungersnot konnte sich Maos Mutter noch erinnern. Sie war zehn Jahre alt gewesen, als zwischen 1876 und 1879 elf Millionen Menschen starben. Und jetzt hörte sie von neuen Missernten. Damals war in China »das Schönste der Natur und des von menschlicher Fantasie Ersonnenen unentrinnbar mit den traurigsten Bildern dieser Erde vermengt«, in den Dörfern und auch Städten hing »der Gestank von Jauche und menschlichem Unrat« in der Luft.[5] Unheimliche Krankheiten, gegen die keine Medizin half, rafften immer wieder die Dorfkinder hinweg. Eine weitere Plage waren neben den Seuchen die wiederkehrenden Überschwemmungen der großen Flüsse – sie vernichteten Menschen in einer heute unvorstellbaren Zahl und oft auch die Ernten. Ein Todeskreislauf, in dem ein einzelnes Leben wenig bedeutete. Als Mao aufwuchs, lag in China die durchschnittliche Lebenserwartung, wie im europäischen Mittelalter, bei nur knapp über 30 Jahren.

In diesen Zeiten brauchte ihr Sohn einen besonderen Schutz, beschloss Wen Qimei. Denn nur ein männlicher Nachkomme sicherte den Fortbestand der Familie und brachte eine Schwiegertochter ins Haus. Nur er konnte die religiösen Riten am Ahnengrab vollziehen, damit die Seelen der Verstorbenen dereinst Frieden fänden. Sobald Zedong laufen konnte, brachte seine Mutter ihn zu einer über zwei Meter hohen Steinformation, der die Leute magische Kräfte nachsagten. Der Junge umrundete den Felsen, unter dem eine Quelle entsprang, mehrmals und verbeugte sich dabei vor seiner »steinernen Mutter«. Zedong wurde seitdem von Wen Qimei im Gedenken an zwei früh verstorbene Brüder gerne *Shisanyazi* gerufen, »das dritte Kind mit dem Namen Stein«.[6]

Die gläubige Buddhistin bat sicher auch Guanyin, die Gottheit der Barmherzigkeit und des Glücks, um Gesundheit für Zedong und opferte im Tempel Essstäbchen, *Kuaizi* genannt. Denn der chinesische Name klingt wie: schnell *(kuai)* ein Kind *(zi)*! Vor allem Söhne brachte die beliebte Guanyin, die auf einer Lotusblüte thront und auch im 21. Jahrhundert als Porzellanfigur noch immer viele volksrepublikanische Wohnungen schmückt.

Frau Wens Bitten wurden erhört: Als Zedong zweieinhalb Jahre alt war, kam Bruder Zemin und erst neun Jahre später, 1905, der kleine Zetan auf die Welt. Gemeinsam repräsentierten die Brüder nun die 20. Generation der Mao-Sippe. Eine Cousine zweiten Grades, die »kleine Schwester Chrysantheme«, nur einen Monat jünger als Zetan, wurde mit sieben Jahren in die Familie aufgenommen, als der bald 19-jährige Zedong schon das Haus verlassen hatte. Besonders die Großeltern mütterlicherseits verwöhnten die drei Brüder und deren Adoptivschwester, bis alle ab dem siebten Lebensjahr auf den Feldern mitarbeiten mussten, und das hieß vor allem, Reisschösslinge setzen und Tiere hüten. Als Erwachsene werden die Geschwister dieselbe politische Überzeugung teilen, doch nur einer von ihnen wird die Revolution überleben: das Steinkind Zedong.

### Fleiß und kleine Füße

Als der letzte Sohn auf die Welt kam, galt Vater Mao in der 2000-Seelen-Gemeinde als reich. Er konnte sich einen Knecht leisten und bei der Wintersaat Arbeiter einstellen. So erwirtschaftete er pro Jahr einen Überschuss von fast 300 Kilo Reis. Die Familie hatte nicht nur genug zu essen, Bauer Mao sparte im Laufe der Zeit sogar ein Vermögen von 3000 Yuan an, etwa hundertmal so viel, wie ein Tagelöhner im Jahr verdiente. Auch als Händler betätigte er sich und verlieh Geld. Mit dem Abakus, einem Rechenbrett, wusste das Familienoberhaupt umzugehen, obwohl er nur zwei Jahre lang eine Schule besucht hatte. Zedongs Vater beherrschte 200 Schriftzeichen, was ausreichte, um kaufmännische Bücher zu führen, aber nicht, um ein Buch zu lesen.

Maos Mutter blieb ihr Leben lang Analphabetin, wie rund 90 Prozent ihrer knapp 400 Millionen Landsleute. Sie entstammte der armen Familie Wen aus dem Nachbarkreis Xiangxiang. Ihre Eltern hatten die Kinder einfach durchgezählt, und sie war Qimei, die »siebte Schwester«. Schon mit 13 Jahren war sie mit dem 10-jährigen Yichang aus Shaoshan verheiratet worden, weil dort ein Ahnengrab der Wens lag. Ohne gebundene Füße hätte Qimei niemals einen Mann finden können. »Ein durchschnittliches Gesicht schenkt der Himmel, aber zu große Füße zeugen von Faulheit«, warnte der Volksmund, und wer wollte schon eine faule Frau?

Der Brauch des Füßebindens war im 10. Jahrhundert in der südlichen Tang-Dynastie entstanden. Als die Geliebte des Kaisers Li Yu auf der Mitte einer für sie angefertigten Lotusblüte aus Gold tanzte, soll sie mithilfe weißer Seidentücher ihre Füße zu zwei Halbmonden geformt haben. Diese »Lotusknospen« kamen zuerst in den oberen Schichten in Mode und wurden mit der Zeit als »Lilienfüße« zu einem verbreiteten Schönheitsideal. Große Füße dagegen galten als hässlich und unerotisch und waren ein Zeichen niederer Herkunft.

Normalerweise begann eine Mutter ihrer Tochter schon ab dem dritten Lebensjahr die Füße mit langen Bandagen regelrecht zusammenzufalten. Zwei Jahre dauerte diese schmerzhafte Prozedur. Nur bis zu einer Länge von zehn Zentimetern galten Lilienfüße als klein und damit auch als schön, doch sie taugten nicht, um auf dem Feld mitzuarbeiten. Deshalb zögerten arme Familien, die auch im Haushalt jede Arbeitskraft benötigten, die Verkrüppelung möglichst lange hinaus. Als Mao Zedong heranwuchs, war in den Dörfern noch das Wimmern der Bauernmädchen zu hören, denen erst im Alter von sechs bis acht oder sogar zehn Jahren die Fußknochen mit einem Stein gebrochen wurden, um die Zehen umbiegen und auf die Fußsohle binden zu können.

Als Erste versuchten die Taiping-Rebellen Mitte des 19. Jahrhunderts, diesen grausamen Brauch zu verbieten, aber selbst Kaiserin Cixi konnte 1902 mit einem Dekret das Füßebinden noch nicht ausrotten. Zedongs Adoptivschwester Zejian blieb von der althergebrachten Sitte verschont, die seine Generation bereits als grausam und rückständig ablehnte. Mutter Mao dagegen konnte auf ihren spitzen Füßchen kaum das Gleichgewicht halten. Dieser unbeholfene, schwankende Gang galt als Symbol der Rückständigkeit. In einer Rede polemisierte der Politiker Mao Zedong gegen zu ängstliche Genossen, die wie alte Frauen mit gebundenen Füßen einhertrippeln und klagen würden, es gehe zu schnell. Und inhaltlose Artikel der Parteimitglieder seien wie »die Fußbinden einer Schlampe lang und übelriechend«.[7]

### Familienfronten

Mao Zedong sah seiner Mutter mit dem offenen runden Gesicht sehr ähnlich. Er hatte ihren kleinen, trotzdem vollen Mund geerbt, das leicht fliehende Kinn und eine flache, hoch angesetzte

Nase – ein typisch chinesisches Gesicht. Ihren Ältesten liebte und verwöhnte Wen Qimei besonders und er erwiderte diese Liebe. Freundlich, großzügig und mitfühlend sei seine Mutter gewesen. In Hungerzeiten verteilte sie Reis an die Armen und lehrte als fromme Buddhistin auch Zedong, was Mit-Leiden heißt. Deshalb soll sie gebilligt haben, dass er seine wattierte Jacke einem Jungen schenkte, den er frierend und nur mit einem Hemd bekleidet an einem Wintertag getroffen hatte. Unzählige solcher Geschichten kursieren, die nur ein Ziel haben – zu zeigen, dass Mao, obwohl er Nachkomme eines reichen Bauern war, schon seit frühester Jugend aufseiten der Ärmsten stand, die er später für die Revolution mobilisierte.

Seinen hageren Vater erlebte Mao als geizig und hartherzig, jähzornig und streng. Für die letztere Eigenschaft brachte der Sohn sogar Verständnis auf; und Jähzorn sollte dem erwachsenen Mao auch nicht fremd sein. Wie der Tigervater, so das Tigerkind, sagte man in Shaoshan.

Die Fronten in der Familie beschrieb der Revolutionär Mao erst sehr viel später, 1936, mit dem Politjargon dieser Zeit. Er tat das mit einem lauten Lachen, wohl wissend, dass er als Kind und Jugendlicher solche Begriffe noch nicht gekannt hatte: Zu Hause war der Vater die »herrschende Macht«. In die »Opposition« gingen Zedong und Zemin zusammen mit der Mutter und manchmal bildeten sie mit den Arbeitern auch eine »Einheitsfront«. Seitdem der Vater anderer Leute Land belieh, wuchs Maos Unbehagen, und »der dialektische Kampf« in der Familie erreichte »eine neue Stufe«. Nur in einem Punkt stand Mao im Widerspruch zu seiner Mutter: Sie befürwortete »eine Politik der indirekten Angriffe« und rügte jede offene Gefühlsäußerung und »alle Versuche offener Rebellion gegen die herrschende Macht«, weil es nicht »die chinesische Art« sei.[8]

Familie Mao bewohnte den linken Flügel eines stattlichen einstöckigen Steinhauses, zuerst war es mit Stroh, später mit Ziegeln gedeckt. Das Haus liegt immer noch am oberen Südhang von Shaoshan neben einem Teich, über den ein Steg führt. Im Sommer blüht hier der Lotus. Es war ein schöner und ruhiger Ort, an dem Zedong aufwuchs.

Gleich hinter der Eingangstür liegt die große, fensterlose Wohndiele mit dem gestampften Lehmboden, die sich die Maos mit den Bewohnern des rechten Flügels teilten. Üblicherweise standen hier geschnitzte Holzstühle, auf denen die Hausherren Platz nahmen, um Gäste zu empfangen. Das erste Zimmer links daneben ist das Elternschlafzimmer. Zwei Porträtfotos der Eheleute flankieren das Bett, in dem Mao zur Welt kam. Die aus rötlichem Holz gezimmerte Schlafstatt hat hohe Eckpfosten, zwischen denen Baumwollvorhänge gespannt sind.

Rund zwei Millionen Besucher schieben sich heute pro Jahr unter den strengen Blicken und Anweisungen des soldatischen Wachpersonals – »Bitte nicht stehen bleiben!« – durch Maos Elternhaus. Es ist ein Zentrum des »roten Tourismus«, dessen Ziel historische Stätten der sozialistischen Revolution sind. Und diese begann in den Augen vieler Chinesen genau hier mit der Geburt von Mao Zedong.

Auch in seinem Zimmer, das direkt anschließt, stehen ein mit Schnitzereien verziertes Alkovenbett und, wie in allen Zimmern, ein einfacher Tisch mit Stuhl. Jedes der vier Kinder hatte ein eigenes Zimmer, ein seltener Luxus. Fensterglas gab es noch nicht, im Winter wurden die holzverstrebten Fenster mit Ölpapier abgedichtet. Auch eine Heizung fehlte, was »südlich des Flusses« bis heute die Regel ist. Wenn es nachts kalt wird, und auch in den Wintermonaten, wärmt man sich mit Steppdecken, wattierten Hosen und Jacken oder man zieht mehrere Kleidungsstücke übereinander und trinkt heißes Wasser.

In Sichtweite des Elternhauses lag die private Dorfschule, die Zedong ab seinem achten Lebensjahr besuchte. Der Vater bezahlte den Lehrer auch aus Eigennutz, denn Bauer Mao hatte vor einiger Zeit einen Prozess verloren, weil er seine Position nicht mit einem passenden Konfuzius-Zitat absichern konnte. Sein Sohn sollte die Klassiker später besser kennen.

Konfuzius war kein Philosoph im europäischen Sinne. Lehrmeister Kong – das bedeutet sein Name *Kong Fuzi* – versuchte im 5. Jahrhundert vor Christus nicht, die materielle Welt und die menschliche Existenz zu begreifen oder gar zu hinterfragen, sondern hinterließ in vier Büchern eine »Lehre der Gelehrten«. Die konfuzianischen Werke liefern eine Art moralisches Grundgesetz, um ein harmonisches Staatswesen zu schaffen mit »Edlen« an der Spitze. Jeder, der einmal Staatsbeamter, Mandarin, werden wollte, musste diese Texte und andere Klassiker auswendig lernen und auslegen können und sich strengsten Prüfungen unterziehen. Über 2000 Jahre lang wurde auf diese Weise die Führungselite ausgewählt; ihr musste sich das ungebildete Volk unterordnen und gehorchen wie der Sohn dem Vater, die Frauen den Männern und die Kinder den Eltern. Für Söhne und Töchter war die »kindliche Pietät«, der ehrfürchtige Respekt vor Vater und Mutter, oberstes Gebot: »Man soll sich so verhalten, dass die Eltern nur dann Sorgen um die Kinder haben müssen, wenn sie krank sind.«[9]

Das erste Sprachlehrbuch, das Zedong in Händen hielt, war die *Dreizeichenfibel,* die in dreifüßigen Versen – daher der Name – geschrieben war. Einer der Anfangssätze lautet: »Darum Unterweisung, sonst gerät die Natur auf Abwege, und der Sinn der Unterweisung: Übe dich in Selbstzucht.«[10] Zedong hatte Chinesischunterricht, wobei sich die Schriftsprache von der gesprochenen Sprache so unterschied wie das heutige Deutsch vom mittelalterlichen Latein! Um schreiben zu lernen, wurde ein transparentes Papier über Schriftzeichen gelegt und jeder einzelne Strich in einer festen Reihenfolge mit dem Pinsel nachgezogen. Etwas Geschichte und Gedichte gehörten ebenfalls zum Bildungskanon, aber vor allem lernten die Kinder Klassikerzitate auswendig, die sie im Chor laut aufsagten.

Bei den Lehrern alten Typs durfte niemand nachfragen oder gar widersprechen. Wer faul war und aus der Reihe tanzte, wurde mit dem Bambusstock gezüchtigt oder musste auf einem Brett mit alten Münzen oder spitzen Steinen knien. Vor einem besonders erbarmungslosen Lehrer floh Zedong zum ersten Mal, als er zehn Jahre alt war. Drei Tage irrte er umher, bevor die Familie das entkräftete Kind auflas, nur 500 Meter vom Wohnhaus entfernt. Danach mäßigten sich Vater und Lehrer. Dass er mit seiner Auflehnung erfolgreich war, vergaß Mao nie.

Die Klassiker memorierte der Schüler Zedong ohne Probleme, wenn auch ohne große Begeisterung, aber er entdeckte, dass sie tatsächlich nützlich sein konnten. Als Mao Yicheng seinem Sohn mehr Gehorsam befahl, zitierte der nur Konfuzius: »Ein freundlicher Vater – ein gehorsamer Sohn.« Seit seinem neunten Lebensjahr sprach er mit der Mutter immer wieder über den »unfrommen Vater«, der den Göttern nur dann Weihrauch oder Papiergeld opferte, wenn er in Schwierigkeiten war. Das Familienoberhaupt hatte ein pragmatisches Verhältnis zur Religion.

Als Zedong besser lesen konnte, entdeckte er die klassischen chinesischen Romane, in denen heftig geliebt und gekämpft wurde und das pralle Leben stattfand. Diese erzählenden Bücher, die in einem einfacheren und umgangssprachlichen Chinesisch geschrieben waren, verachtete der Lehrer als trivial und gefährlich, der Vater schimpfte sie unnütz. Doch Mao las die Romane, versteckt unter den Klassikern, sogar im Unterricht. Nicht nur mit seinen Freunden redete er über die Abenteuer der Romanhelden, sondern auch mit den alten Leuten im Dorf tauschten sich die Jungen aus. Mao las die Geschichten in einem sehr »eindrucksfähigen Alter«. In diese Bücherwelten tauchte der Schüler Zedong ein, wann immer er konnte, selbst beim Viehhüten. Sein Freiluft-Lesezimmer befand sich hinter einem alten Grab im Schatten eines Baumes. Abends, wenn die anderen schon schliefen, las er in seinem Zimmer im Schein einer alten Öllampe. Oft verhängte er das Fenster, damit er nicht entdeckt und ihm vorgeworfen wurde, er vergeude teuren Brennstoff.

Mao lernte den Affenkönig Sun Wukong kennen, der in dem Buch *Die Reise nach Westen* mit einem Mönch nach Indien aufbricht, um heilige buddhistische Schriften nach China zu holen. Das war seine Buße für das Unheil, das der Affe im Himmel angerichtet hatte, denn ungestüm ist dieser beliebte Volksheld, derb und antiautoritär, witzig und doch auch weise. Und im Roman *Die drei Reiche*, der im 2. Jahrhundert spielt, war alles über Intrigen, Schlachten und Kriegsstrategien zu finden. Maos Lieblingsbuch jedoch wurde *Die Räuber vom Liang-Shan-Moor*.

Seine Helden sind auch im 21. Jahrhundert noch Teil von Chinas Alltagskultur. In Comics, in Videospielen und vor allem in Fernsehserien kämpfen sie weiter. Vom Kind bis zum Greis kennen alle diese Robin-Hood-Gestalten. Diese Bande von 108 harten und grausamen Männern helfe den Armen und Unterdrückten, die wie sie von der Gesellschaft ausgestoßen worden seien, schreibt die amerikanische Missionarstochter Pearl S. Buck, die zur selben Zeit wie Mao in China aufwuchs. Unter dem Titel *Alle Menschen sind Brüder* übersetzte die spätere Literaturnobelpreisträgerin Anfang der 30er-Jahre den Roman ins Englische, weil er von einem wichtigen Teil des chinesischen Lebens erzählt: »Zu rebellieren gehört gewissermaßen zu den unveräußerlichen Rechten des Volkes.«[11] Und das tat auch der Schüler Zedong.

Streng überwacht vom Vater, musste der zukünftige Hoferbe schon bald bei der Buchführung helfen. Die Angst vor der väterlichen Kritik, erinnerte Zedong später, sei der Grund dafür gewesen, dass er immer fleißig und sorgfältig gearbeitet habe. Deshalb fühlte er sich besonders ungerecht behandelt, als Bauer Mao ihn eines Tages vor Gästen faul und unnütz schimpfte. Fluchend rannte Zedong aus dem Haus, obwohl die Mutter ihn anflehte zu bleiben. Der Vater folgte dem Sohn bis zum Rand eines Teiches, wo der 13-Jährige drohte, sich zu ertränken. Wie der Konflikt endete, schilderte der Revolutionär Mao erneut mit den Politvokabeln der 30er-Jahre: Zuerst »wechselten wir Forderungen und Gegenforderungen, um den Bürgerkrieg beizulegen«. Der Vater bestand darauf, dass sich sein Ältester mit einem Kotau entschuldigte: niederknien, Rücken beugen und Stirn auf den Boden! Zedong machte die geforderte Demutsgeste, aber nur auf einem Knie und erst nachdem der Vater versprochen hatte, in Zukunft auf Schläge zu verzichten. »So endete der Krieg, und ich lernte daraus, dass mein Vater, wenn ich meine Rechte durch offene Rebellion verteidigte, nachgab; wenn ich aber bescheiden und unterwürfig blieb, fluchte er nur und schlug mich umso mehr.« Die eigene Strenge habe den Vater besiegt, so Maos Fazit.

Keine Szene aus seiner Jugendzeit ist häufiger interpretiert worden. Die Autorin der einflussreichsten Mao-Biografie der letzten Jahre, Jung Chang, sieht hier bereits einen Diktator und Menschenmanipulator agieren. Andere fragten sich: War der »halbe« Kotau hinterhältig oder offenbarte sich hier schon der spätere kluge politische und kriegerische Stratege? Oder wurde Mao sein Leben lang von diesem harten Vater-Sohn-Konflikt angetrieben? Aus heutiger westlicher Sicht scheint das Auf-

毛泽东

begehren des Teenagers Zedong mehr als nachvollziehbar, im Dorf Shaoshan zu Beginn des 20. Jahrhunderts muss sein Verhalten ungeheuerlich gewesen sein.

## Hass und Zwänge

Nie vergessen sollte der Heranwachsende eine Hungersnot, die im Jahr 1906 viele Menschen zwang, sich von Rinde zu ernähren; in der Umgebung von Shaoshan waren die Baumstämme bis in eine Höhe von vier Metern kahl gegessen. In dieser Zeit berichteten Händler, dass in Changsha verzweifelte Menschen einen Bonzen entführt hatten, um Reis zu erpressen. Die Entführer wurden am Ende geköpft, ihre Köpfe auf Stangen aufgespießt und zur Schau gestellt – als Abschreckung für zukünftige Rebellen. Hinrichtungen und andere Bestrafungen öffentlich durchzuführen, wie manchmal auch heute noch, war die Regel. Dieses Schicksal drohte auch den Mitgliedern einer Geheimgesellschaft aus Shaoshan. Sie hatten gegen einen Großgrundbesitzer rebelliert, der sich ein günstiges Gerichtsurteil gekauft hatte. Vor dessen Soldaten floh der Anführer der Aufständischen, die angeblich ein Kind unter ihrer Rebellenfahne geopfert hätten – ein Gerücht, das später auch gegen die »roten Banditen« des Revolutionärs Mao gestreut wurde.

Für Ungerechtigkeiten sei er empfänglicher gewesen als seine Schulkameraden, erzählte Mao später. Aber als Heranwachsender entwickelte er nur »bis zu einem gewissen Grad ein politisches Bewusstsein«. Als aufgebrachte Menschen die Kampagne »Iss kostenlos Reis« anzettelten und auch eine Fuhre Getreide des reichen Bauern Mao beschlagnahmten, empfand Zedong zwar kein Mitleid mit dem wütenden Vater, der trotz Nahrungsknappheit die Lebensmittel in der nächsten Stadt verkaufen wollte. Aber die Vorgehensweise der Dorfbewohner hielt er ebenso für falsch.

Gemälde des lesehungrigen, etwa 13-jährigen Schülers Mao Zedong, bevor er die Schule verließ und ein Jahr später, 1907, zwangsverheiratet wurde. Das Original hängt in Maos alter Schule in Shaoshan.

Mit vierzehn ging der älteste Sohn der Familie Mao wie alle Dorfjungen von der Schule ab und arbeitete auf dem elterlichen Hof so viel wie ein ausgewachsener Mann. Trotzdem entlohnte ihn der Vater mit keiner einzigen Kupfermünze. Und während jeder gewöhnliche Arbeiter einmal im Monat Eier oder Fisch zu essen bekam, musste sich Zedong immer nur mit Reis begnügen. Er begann den geizigen Vater regelrecht zu »hassen«. Ein hartes Wort, das er gebrauchte, und das Gegenteil kindlicher Pietät. Deshalb soll in der ersten chinesischen Rückübersetzung von Maos Lebensbericht, den er 1936 einem amerikanischen Journalisten diktiert hatte und der zwei Jahre später zuerst auf Englisch erschienen war, der Originalsatz – »Ich lernte ihn zu hassen« – gestrichen worden sein. So etwas ließ man nicht einmal dem berühmten Revolutionär durchgehen.

Der verhasste Vater und die geliebte Mutter waren sich in

毛泽东 27

einem Punkt jedoch einig: Es war an der Zeit, dass ihr Ältester heiratete. Die Eltern waren mit der verarmten und fern verwandten Familie Luo aus dem Nachbarort handelseinig geworden, die fünf Mädchen verheiraten musste. Dass Yigu, die »Erste Tochter«, vier Jahre älter war als Zedong, galt als ideal: So konnte sie ihren Mann gleich miterziehen. Als der 14-Jährige von dem Brautkauf erfuhr, war er außer sich. Aber der Vertrag war rechtsgültig: Um den Jahreswechsel 1907/1908 wurde die 18-jährige Braut ins Haus der Maos gebracht.

Als die junge Frau den roten Schleier abnahm, sah der Bräutigam sie zum ersten Mal. Zedong erkannte die Ehe weder an, noch vollzog er sie. Doch Yigu ins Haus der Eltern zurückzuschicken, war unmöglich, dabei hätten alle ihr Gesicht verloren. Wenn er Gefühle gegenüber der jungen Frau hegte, dann Mitleid: »Ich hielt sie nicht für meine Frau und dachte wenig an sie.« Welche Demütigung und wie viel psychisches Elend sich für beide hinter diesen dürren Worten verbargen, darüber schwieg Mao lebenslang. Doch blieb das Thema Zwangsheirat für ihn immer ein besonderes, weil sehr persönliches.

Das sollte sich im Jahr 1919 zeigen. Als Junglehrer schrieb Mao nicht nur einen, sondern neun empörte Kommentare anlässlich des Selbstmords von Zhao Wuzhen. Die immer noch übliche Zwangsehe prangerte er als eine indirekte Vergewaltigung an. Die jungen Leute steckten in einer Art Käfig, aus dem es kein Entrinnen gebe. Genau wie er zwischen seinem 14. und 16. Lebensjahr, als er mit seiner ersten Frau im Elternhaus leben musste. Zu sagen hatten sie sich nichts, Yigu teilte keine seiner Interessen und war sicher Analphabetin. Im Dorf ging das Gerücht um, der alte Bauer Mao – er war um die 40 – habe die Verschmähte zu seiner Konkubine gemacht.

Auf einem Foto aus dieser schwierigen Zeit sieht der junge Zedong mit hängenden Mundwinkeln und traurigem Blick sehr unglücklich aus. Doch wenigstens drängte ihn nach der Heirat niemand mehr, den Ehevertrag zu erfüllen. Die Eltern duldeten sogar, dass sich der Sohn zu einem älteren Gelehrten flüchtete, der ihn stundenweise in den Klassikern schulte. Bei einem arbeitslosen Jurastudenten, der im Dorf lebte, soll Zedong sogar für Monate untergetaucht sein. Zusammen lasen die jungen Männer Zeitschriftenartikel und politische Bücher wie die *Worte der Warnung*. Der Jugendliche war fasziniert, denn um China stark zu machen, vertraute der Autor auf das freie Unternehmertum und pries Eisenbahnen, Telefone, Telegrafen und Dampfboote an, technische Errungenschaften des Westens, die Zedong bislang nur vom Hörensagen kannte. In der neuen Elementarschule von Shaoshan unterrichtete mittlerweile auch ein radikaler Lehrer, der Tempel in Schulen verwandeln und den Buddhismus und die Götter ausmerzen wollte. Zedong stimmte ihm bewundernd zu. Nun schimpfte die fromme Mutter auch über den vom Glauben abgefallenen Sohn.

### Abschied und Aufbruch

Im Februar 1910 wurde Zedong mit nur 16 Jahren Witwer. Seine Frau war an der tückischen Ruhr gestorben, drei Monate nach ihrem 21. Geburtstag. Sofort nutzte er die neu gewonnene Freiheit und weigerte sich, zu einem Reishändler in die Lehre zu gehen. Das hatten er und sein Vater eigentlich abgesprochen. Aber Zedong wollte unbedingt weiter lernen und in der Heimatprovinz seiner Mutter auf eine dieser modernen Schulen gehen, von der ihm sein älterer Vetter erzählt hatte. Seit vor fünf Jahren die kaiserliche Beamtenprüfung abgeschafft worden war, erhöhe diese neue Erziehung die Verdienstmöglichkeiten. Das überzeugte den Vater, und er versprach, das Schulgeld zu zahlen.

Die Eltern ließen den Sohn ziehen, denn aufhalten ließ er

毛泽东

sich nicht. Sicher imponierte dem Vater auch die Hartnäckigkeit, mit der Zedong sein Ziel verfolgte, eine Eigenschaft, in der er sich wiedererkannte. Die Familie und alle Verwandten brachten den Jungen zusammen mit seinem Vetter, der ihn begleiten sollte, bis zum Dorfrand. Zedongs persönliche Habe – ein blaues Moskitonetz, zwei Laken und ein paar verschossene Kleidungsstücke – passte in ein Stoffbündel, am anderen Ende der Tragestange hing ein Korb mit seinen Büchern, darunter *Die Räuber vom Liang-Shan-Moor*.

Doch der junge Mao nahm aus Shaoshan noch etwas viel Wichtigeres mit: ein großes Selbstvertrauen. Die Liebe seiner Mutter und die Kämpfe mit dem Vater und den Lehrern hatten ihn stark gemacht. Er hatte eine sichere Kindheit verlebt und nie gehungert, war nie in Lumpen gegangen. Mit 16 war er gesund, robust und groß gewachsen. Welche Lust es sein konnte, zu lernen und vor allem zu lesen, hatte er erfahren. Als er sein Dorf zu Fuß verließ, war er hungrig nach Bildung, gierig nach neuen Erfahrungen und auf der Suche nach einer unbekannten Freiheit jenseits der sanften Hügel von Shaoshan. Seine Gefühle hatte Zedong am Abend vor seinem Abschied in Reime gefasst und das Gedicht für den Vater zurückgelassen. Darin bekräftigte er seine Entschlossenheit, dem Heimatdorf für immer den Rücken zu kehren. In die Zukunft schaute er zuversichtlich: »Meine Studien werden mir Ruhm bringen«; aber an welchem Ort seine Gebeine einmal begraben würden, war ihm gleichgültig: »Wohin man auch geht in diesem Tal, die Berge sind überall gleich hoch.«[12]

Mao Zedong war keine Ausnahme, als er im Frühjahr 1910 aus der dörflichen Enge aufbrach. Das wagten viele Bauernsöhne, denn neue Zeiten waren angebrochen, überall im Land taten sich ungeahnte Bildungsmöglichkeiten auf. Die Fähigsten und Klügsten spürten die Unruhe und wollten Veränderung. Es war, als ob endlich der Deckel des *Gang*, eines »chinesischen Mustopfes«, angehoben würde.[13] Mit diesem Tongefäß, in dem Gemüse in Sojasauce hermetisch abgeschlossen vor sich hin gärt, vergleicht ein Historiker die Situation Chinas in der Mitte des 19. Jahrhunderts, bevor der Westwind das Land durchlüftete. Neben europäischen und amerikanischen Technologien kamen auch neue Ideen ins Land und für vieles gab es noch keine chinesischen Wörter, sie mussten erst erfunden werden. Fremde Sprachen, vor allem Englisch und Französisch, wurden gelehrt und immer mehr Bücher der abendländischen Geistesgeschichte ins Chinesische übersetzt und umgekehrt. In der Hauptstadt Beijing öffnete 1898 zum ersten Mal eine Universität europäischer Art ihre Tore.

Die Zeichen der Zeit erkannte auch der Kaiserhof und wagte die »Reform der 100 Tage«. Doch der halbherzige Modernisierungsversuch scheiterte. Trotzdem überlebten wichtige Neuerungen: Nach japanischem und deutschem Vorbild entstanden Hunderte Elementar- und Mittelschulen, viele wurden von ausländischen Missionaren geführt. Dorthin schickten vor allem die städtischen Eliten ihre Söhne und Töchter. Wer Geld hatte, studierte im Ausland, was zu Beginn des 21. Jahrhunderts nach der neuen Öffnung Chinas in großem Umfang wieder geschieht.

Eine typische Vertreterin dieser weltoffenen neuen Generation war Song Qingling aus Schanghai. Die Tochter eines republikanisch gesinnten Geschäftsmannes war im selben Jahre geboren wie Mao Zedong. Sie hatte eine christliche Schanghaier Oberschule besucht und war mit 15 Jahren über den Pazifik in die USA gereist, während Zedong zwangsverheiratet in Shaoshan festsaß. Seit 1908 besuchte sie ein College in Georgia, nannte sich Rosamonde und liebte es, Tennis zu spielen. Mädchen wie sie hatten längst keine gebundenen Füße mehr. Qingling schrieb in der Zeitung ihrer Universität, dass sie auf keinen Fall eine »ausländische Kopie« werden wolle. Sie hoffe, im Ausland zu lernen, was gut und wertvoll sei, um die großen Probleme ihres Vaterlandes zu lösen.

Die Lebenswege von Zedong und Qingling, die kaum unterschiedlicher hätten beginnen können, werden sich noch schicksalhaft kreuzen, und im Jahr 1949 wird Frau Song neben dem Herrscher Mao stehen, wenn er in Beijing vom Tor des Himmlischen Friedens die Volksrepublik China ausruft.

Im Frühjahr 1910 reiste Zedong in die nur 24 Kilometer entfernte Kreisstadt Xiangtan, so weit war er noch nie von zu Hause weg gewesen. Die Dongshan-Schule lag etwas außerhalb auf der »Östlichen Terrasse« oberhalb des Flusses Lijien. Eine weiße, siebenstöckige Pagode warf ihren Schatten auf den Garten der Schule, die ein künstlicher Wassergraben und eine Mauer umgaben. Die Lehrer ließen den Bauernsohn nur auf Probe zu, denn selbst für die Oberstufe einer Elementarschule war er eigentlich zu alt und zudem ohne ausreichende »moderne« Vorkenntnisse.

So viele Kinder auf einmal hatte Zedong noch nie in seinem Leben gesehen. Die drei bis vier Jahre jüngeren Mitschüler, meistens aus reicheren Familien stammend und besser gekleidet, lästerten über seine blaue Baumwolljacke und die abgetragene Hose aus grobem Leinen. Außerdem sprach der Neue mit einem fremden, schwer verständlichen Dialekt und kannte ihre Umgangsformen nicht, er wirkte auf sie derb und ungehobelt. Zum ersten Mal in seinem Leben fühlte sich der Sohn des reichen Bauern Mao als Außenseiter. In Shaoshan hatte er unter den vielen Analphabeten fast schon als »Gelehrter« gegolten, aber hier war er plötzlich ein Niemand. Er lernte und las viel – ein guter Schutz, wenn man 16 und allein ist.

Nach der fünfmonatigen Probezeit durfte er bleiben. Vor allem die Lehrer, die die Klassiker unterrichteten, schätzten ihn und seine gut geschriebenen Aufsätze. Die harte Ausbildung beim Dorflehrer – Zedong gehörte zu der letzten Generation, die so erzogen worden war – hob ihn plötzlich heraus. Vielleicht begriff er hier zum ersten Mal, dass seine Stärke die Sprache war und er das Talent hatte, sich schreibend auszudrücken. Damit konnte er gewinnen, auftrumpfen, verblüffen.

### Wehe, China!

In der Dongshan-Schule erfuhr Zedong zu seinem Erstaunen, dass der Qing-Kaiser Guangxu und die Kaiserinwitwe Cixi seit drei Jahren tot waren. Der »alte Buddha«, wie die Herrscherin auch genannt wurde, hatte bereits im Jahr 1908 den erst zwei Jahre und zehn Monate alten Puyi auf den Drachenthron gehoben. Dass diese wichtigen Nachrichten sein Heimatdorf nie erreicht hatten, muss für Zedong ein Schock gewesen sein. Er vergrub sich in Büchern über die Dynastien und Herrscher des alten China, wollte verstehen, was sie richtig oder falsch gemacht hatten. Er hielt die Kaiser und meisten Beamten weiterhin »für ehrliche, gute und kluge Leute«, noch war er kein Antimonarchist.

Darin bestärkte ihn ein Buch des berühmten Philosophen Kang Youwei, der bei den gescheiterten Reformen den Kaiser Guangxu beraten hatte. Kang setzte auf eine konstitutionelle Monarchie nach europäischem Vorbild, um China zu modernisieren. Sein radikalerer Schüler Liang Qichao, den die Qing-Herrscher längst zum Feind erklärt hatten, forderte für das ganze Land gar eine Art Französischer Revolution. Die Bücher der beiden las Mao so oft, bis er sie fast auswendig konnte. Auch den ersten Satz der politischen Streitschrift *Die Zersplitterung Chinas* vergaß er nie: »Wehe, China wird unterjocht werden.«

Bei jedem Morgenappell hielt der Schuldirektor in dem für

毛泽东

Lehrer üblichen langen chinesischen Gewand eine flammende patriotische Rede. Ein Thema war immer wieder die Stärke Japans. Der frühere »asiatische Zwerg« hatte nach dem Ersten Japanisch-Chinesischen Krieg 1894/95 mehrere chinesische Inseln annektiert, darunter Taiwan und die im 21. Jahrhundert erneut umstrittene Diaoyu-Inselgruppe, die auf Japanisch Senkaku-Inseln heißen. Von Japan konnte Maos Musik- und Englischlehrer sogar aus erster Hand erzählen – er hatte eine japanische Universität besucht. Dort hatte er sich seinen Chinesenzopf abgeschnitten und trug nun ein künstliches Haarteil. Die Schüler verspotteten ihn deshalb als »falschen ausländischen Teufel«. Doch Zedong las mit ihm japanische Gedichte. »Ich fühlte die Schönheit Japans und spürte etwas von seinem Stolz.« Als Schüler konnte er sich nie vorstellen, dass auch »ein barbarisches Japan« existierte, gegen das er als Revolutionär in den 30er- und 40er-Jahren so erbittert kämpfen würde.

Freundschaft schloss Mao mit dem drei Jahre jüngeren Xiao San, dem Sohn eines reichen Landwirts. Der Freund wurde später auch Kommunist und schrieb unter seinem Dichternamen Emi Siao ein Buch über Maos Kindheit und Jugend. Von ihm lieh sich Zedong ein Buch über Männer der Weltgeschichte, darunter waren die Denker Rousseau und Montesquieu, die Herrscher Peter der Große und Napoleon Bonaparte, die US-Präsidenten Abraham Lincoln und George Washington. Diese Lektüre war Zedongs erste Begegnung mit Amerika.

Seine frühe Faszination für Dynastien und seine pubertäre Heldensehnsucht sind immer wieder orakelhaft gedeutet worden. Meinte Mao vielleicht schon sich selbst, als er das Buch mit den Worten zurückgab, solche großen Männer brauche auch China? Noch Jahrzehnte später erinnerte sich Xiao San daran, wie merkwürdig ihm in diesem Augenblick Maos entschlossener Gesichtsausdruck und Ton vorgekommen waren: Nie habe der Freund stärker Autorität ausgestrahlt. Im ganzen Buch hatte er Stellen markiert, aber nur die folgende doppelt unterstrichen: »Erst nach acht Jahren schwerster Kämpfe errang Washington den Sieg. So wurden die amerikanischen Kolonien unabhängig.«[14] Das erträumte er sich wohl auch für China.

Den 16-Jährigen, der nie ohne einen Stapel Bücher umherlief, erfasste nach neun Monaten eine geistige Unruhe. Die Dongshan-Schule war ihm zu eng geworden. Er wollte unbedingt nach Changsha, wo der Regierungssitz des Gouverneurs lag. Großartig solle es dort sein und sehr viele Menschen und zahlreiche Schulen geben. Zedong bat seine Lehrer um ein Empfehlungsschreiben für eine begehrte Mittelschule, die nur Jugendliche aus ihrem Distrikt aufnahm, und erhielt den gewünschten Brief. Zusammen mit Xiao San, der auch auf diese Schule wechseln wollte, reiste er auf einem vollen Flussdampfer in die Provinzhauptstadt, wo sie nach einer Woche eintrafen. Mao bestand die gefürchtete Aufnahmeprüfung ohne Probleme. Das Revolutionsjahr 1911 hatte gerade begonnen.

### Alte Zöpfe abschneiden

Die Hauptstadt von Hunan war tatsächlich so großartig, wie Zedong es erhofft hatte. Changsha war umgeben von einer Stadtmauer mit sieben Toren, die nachts noch verschlossen wurden. Die Einwohnerzahl hatte sich seit Maos Geburt auf 200 000 Menschen vervierfacht. Seit dreieinhalb Jahren führte auch eine Eisenbahntrasse hierher, und der junge Mann sah endlich mit eigenen Augen, wovon er nur gelesen hatte: Züge mit Dampflokomotiven und elektrisches Licht, das den Regierungssitz erleuchtete. Aber das Beste von allem: In der Provinzmetropole wurden Tageszeitungen aus dem ganzen Land verkauft.

Mit 17 Jahren hielt Zedong die erste Zeitung seines Lebens

毛泽东

in Händen, es war *Die Stimme des Volkes*, ein Sprachrohr der *Tongmenghui*, der revolutionären Allianz von Sun Yatsen. So begann sein lebenslanges »Zeitungslesefieber«. Für Tageszeitungen gab Mao von nun an sein letztes Geld aus, und was er darin erfuhr, war spannender als der Schulstoff.

Er las viel über den Arzt Sun Yatsen, der 1866 in China geboren war und nach einem missglückten Umsturzversuch seit 16 Jahren, für eine chinesische Republik werbend, durch die Welt zog. Er lernte dessen »drei Volksprinzipien« kennen, die der Dreh- und Angelpunkt auch von Maos späterer Politik werden sollten: der Nationalismus, die Demokratie und das Volksleben, moderner gesagt das Volkswohl.[15] Ein Parteiensystem und ein Parlament nach westlichem Vorbild hatte Sun anfangs im Sinn, doch angesichts der Zustände in China, das Warlords unter sich aufteilen wollten, und des niedrigen Bildungsstandes der Mehrheit seiner Landsleute verstand er nach einigen Jahren unter Demokratie eher eine »Erziehungsdiktatur«: Eine aufgeklärte Führung an der Spitze sorgte für das Volk. Mao sollte sich in seinem Denken später ganz ähnlich entwickeln.

Aufgewühlt durch all das Neue, schrieb der junge Mao seine Gedanken nieder und klebte den fertigen Artikel an die Schulmauer. Lehrer und Schüler lasen und diskutierten seine erste öffentliche Meinungsäußerung, die »ziemlich verworren« war, wie er später einsah. Denn er forderte Sun Yatsen auf, sofort nach China zurückzukehren, Präsident einer Republik zu werden und die von ihm bewunderten Buchautoren Kang und Liang als Premier- und Außenminister einzusetzen. Eine unmögliche Allianz, da seine Heroen für eine aufgeklärte Monarchie stritten und sich längst einen Pinselkrieg, einen schriftlichen Schlagabtausch, mit den republikanischen Gefolgsleuten Suns lieferten.

Changsha war eine Hochburg der Republikanhänger, zu

denen längst auch Händler und Kaufleute gehörten. Immer öfter tauchten in den Straßen und Schulen Männer auf, die sich den traditionellen Zopf abgeschnitten hatten. Das beeindruckte zwölf Studenten der Mittelschule, darunter Mao, so sehr, dass sie auch eine »Rebellion gegen den Zopf« planten.

Diese Frisur hatte im Jahr 1644 der an die Macht gekommene Qing-Kaiser den unterworfenen Han-Chinesen – sie stellen 90 Prozent der Bevölkerung – per Gesetz verordnet, und zwar unter Androhung der Todesstrafe. Seitdem rasierten sich die Männer, die zuvor ihre langen Haare in einem Knoten auf dem Hinterkopf getragen hatten, den Vorderkopf bis auf Ohrenhöhe kahl und flochten die verbliebenen langen Haare zusammen. Dieses Symbol der Unterwerfung sollte an einen Pferdeschweif erinnern, um klarzumachen, wer das »Tier« war und wer sein Herr. Mit der Zeit galt der Zopf jedoch auch als Zeichen der Reichszugehörigkeit. Darin ein rückständiges Anhängsel zu sehen und seine republikanische Gesinnung mit einer Kurzhaarfrisur offen zu zeigen, war etwas ganz Neues.

Nur Zedong und ein Freund fanden am Ende den Mut, zur Schere zu greifen. Die anderen bekamen es mit der Angst zu tun. Daraufhin überfielen die zwei Zopflosen die in ihren Augen feigen Mitschüler und schnitten ihnen die Zöpfe ab. Wortbruch gegen Gewalt – eine brutale und rücksichtslose Aufrechnung, denn die Furcht der Schulfreunde war durchaus berechtigt gewesen. Überall im Land wurden Chinesen ohne Zopf auf offener Straße von den Anhängern des Kaiserhauses beschimpft, attackiert und im schlimmsten Fall an Ort und Stelle geköpft. Das war auch der Grund, warum sich der Musik- und Englischlehrer in der Dongshan-Schule mit einem künstlichen Haarteil getarnt hatte. Daran erinnerte sich jetzt auch Zedong: »So war ich in kurzer Zeit vom Lächerlichmachen des nachgeahmten Zopfes (...) zur Forderung gelangt, die Zöpfe überhaupt abzuschaffen. Wie eine politische Idee einen Standpunkt ändern kann.« Die kurzen Haare veränderten die Gesichter der jungen Männer, die nun eigenwilliger, individueller, einfach moderner wirkten. So auch Mao.

Im Herbst 1911 löste in der Nachbarprovinz Hebei ein Aufstand revolutionär gesinnter Militärs eine Kettenreaktion aus. Immer mehr Provinzen, von denen Hunan eine der ersten war, sagten sich von der Qing-Dynastie los. Bis zum Jahresende sollten es in China elf von achtzehn sein, die ihre Unabhängigkeit blutig erkämpft hatten. Am 22. Oktober stand Mao Zedong auf einer Anhöhe, schaute über die Provinzhauptstadt und wartete, bis über dem Regierungssitz ein weißes Banner mit dem Schriftzeichen *Han* gehisst wurde; es steht für die ethnische Gruppe der Han-Chinesen. Manche Biografien berichten sogar von einem Wald weißer Fahnen, die diese »*Xinhan*-Revolution« feierten.

Maos Schule stand kurzzeitig unter Militärbewachung und blieb zeitweise geschlossen. Denn ruhig war es in der Stadt noch lange nicht. Nur zwei Tage nach dem Umsturz sah Zedong die Leichen von zwei republikanischen Anführern auf der Straße liegen. Wer sie ermorden ließ? Vielleicht einige reiche Kaufleute, denen ihre Forderungen doch zu weit gegangen waren. In dieser unsicheren Zeit hielt ein junger Soldat in der Mittelschule eine Rede mit großer Wirkung. Er rief die Schüler auf, nach Norden zu ziehen, um gegen die verbliebenen Qing-treuen Heere zu kämpfen; jeder Einzelne von ihnen sei für das Schicksal der Welt verantwortlich. Sofort wurde ein Schülerbataillon gegründet, das jedoch schlecht bewaffnet war und eher propagandistisch arbeiten wollte. Diese Idee fand der 18-jährige Zedong zu diffus. Er trat lieber in die reguläre Hunan-Armee ein, die in Changsha bereits gesiegt hatte. Dabei kam ihm seine Größe von 1,83 Meter sehr zustatten.

Seine Truppe war im Gerichtsgebäude der Stadt untergebracht und bestand laut Mao »aus Bergarbeitern und einem Schmied, vielen mittelmäßigen Männern und nur einem wirklichen Schuft«. Im Monat bezog er nun einen Sold von sieben Yuan, wovon er zwei für sein Essen brauchte. Ihr Trinkwasser und das für die Offiziere mussten die Soldaten außerhalb der Stadt an einem Brunnen schöpfen und in die Stadt schaffen, aber »ich als Student konnte mich doch nicht herablassen, es zu tragen, und kaufte es von einem Händler«. Das kostete ihn einen weiteren Yuan pro Monat. Maos Haltung wirkte auf die Soldaten wohl kaum überheblich; sie hätten sich sogar gewundert, wenn ein Student, der so viel gebildeter war und für sie ihre Briefe nach Hause schrieb, den einfachen Wasserträgern die Arbeit weggenommen hätte.

Vom restlichen Geld kaufte sich Zedong Bücher und Zeitungen, darunter waren die *Nachrichten vom Xiang-Fluss*. In diesem vierseitigen Nachrichtenblatt las er zum ersten Mal einen Artikel über »Sozialismus«. Ohne viel zu verstehen, spürte er sofort, dass etwas Neues erörtert wurde. Ein politisches System, das versprach, die Arbeitslosigkeit zu besiegen und alle im Land zu versorgen. Begeistert erzählte er seinen Kameraden davon und schrieb Briefe an frühere Schulfreunde, um sich über diese neue Idee auszutauschen. Doch nur einer antwortete ihm.

Sechs Monate lang wartete Mao Zedong vergeblich, in einem Feldzug gegen den Norden eingesetzt zu werden. Dafür erhielt er eine militärische Grundausbildung. Doch dann kam Sun Yatsen im Dezember 1911 aus dem Exil nach China zurück und wurde am 1. Januar 1912 in Nanjing, der »südlichen Hauptstadt«, zum Übergangspräsidenten der ersten Republik ernannt. Während sich die südlichen Provinzen längst von den Qing-Herrschern losgesagt hatten, kontrollierten General Yuan Shikai und der Kaiserhof mit ihren Truppenverbänden weiterhin den Norden des Landes mit der Hauptstadt Beijing. Die Spaltung des Landes und ein Krieg um die Vorherrschaft drohten.

Um das zu verhindern, trat Sun Yatsen, der keine eigene Armee besaß, zurück und übergab dem Militärmachthaber im Februar 1912 das Präsidentenamt. Im Gegenzug verpflichtete sich Yuan Shikai, die Republik anzuerkennen. Außerdem sollte er den Kaiser dazu bewegen, von sich aus auf den Thron zu verzichten, was ihm gelang. Der Kindkaiser Puyi wohnte zwar, abgesichert durch eine Apanage und mit seinem Hofstaat, weiter in der Verbotenen Stadt, doch die Qing-Dynastie war offiziell gestürzt. Die blaue Fahne mit dem gelben Drachen wehte nicht mehr über China. Die neue Flagge der Republik zeigte farbige Blockstreifen, jeder symbolisierte eine der fünf Volksgruppen Chinas: Rot, Gelb, Blau, Weiß und Schwarz standen für die Han, Mandschuren und Mongolen, für die muslimischen Hui und die Tibeter.

In einem Postpaket erreichte die neue republikanische Fahne im Frühjahr 1912 Amerika. Der Absender war Qinglings Vater, der reiche Mister Song. Seine Tochter jubelte über das Geschenk aus Schanghai und feierte in einem euphorischen Artikel, wieder in der Universitätszeitung, ihr Heimatland und dessen Revolution als »das größte Ereignis des 20. Jahrhunderts (…). Die Revolution hat China Freiheit und Gleichheit gebracht (…), vielleicht wird China, eine der ältesten Nationen, (der Welt) auch den Weg zur Brüderlichkeit zeigen.« Voller Stolz zitierte sie den berühmten Ausspruch von Napoleon Bonaparte: »Wenn China sich bewegt, bewegt sich die Welt.«[16]

Auch der gleichaltrige Mao Zedong in Changsha glaubte, dass die Revolution gesiegt hatte. Er beendete nach sechs Monaten das Soldatenleben und beschloss, »zu meinen Büchern zurückzukehren«.

## Suche und Selbsterziehung

Die Verbindung zu den Eltern und den Geschwistern war in den vergangenen Jahren nie abgebrochen. Zedong fuhr regelmäßig nach Hause, wenn er neue Baumwollschuhe brauchte, die von den Frauen der Familie angefertigt wurden. Sein Vater hatte den Sohn monatlich mit ein paar Yuan unterstützt und verlangte nun von ihm, sich endlich einen ordentlichen Beruf zu suchen.

In den Anfängen der ersten Republik, nachdem die alte Ordnung zusammengebrochen war, gab es für junge Männer wie Mao Zedong keine sicheren und vorgezeichneten Laufbahnen mehr. Doch überall warben Schulen nun ganz modern mit Zeitungsanzeigen um neue Schüler und übertrumpften sich mit Versprechungen. Mao war ratlos, dann wieder unentschlossen und so sprunghaft, dass er die übliche Einschreibegebühr von einem Yuan mehrmals umsonst entrichtete. Anfangs schwankte er zwischen einer Polizeischule und einer Schule für Seifenherstellung, deren Produkte als »große und soziale Wohltat« für Land und Volk angepriesen wurden. Dann liebäugelte er mit einem Studium der Rechtswissenschaft, das den Absolventen angeblich garantierte, sofort ein Staatsbeamter zu werden.

In einem neuen Bittbrief erklärte er dem Vater nun, warum die mittlere Handelsschule endlich das Richtige sei. Der lobte in seiner Antwort die »Vorteile wirtschaftlicher Klugheit« und schickte seinem Sohn das benötigte Studiengeld. Der 18-Jährige begann tatsächlich die Ausbildung, doch er hatte sich schlecht informiert: Die Hälfte des Unterrichts fand auf Englisch statt und alle Lehrbücher waren in der fremden Sprache geschrieben. Darauf war Zedong weder vorbereitet, noch gab es einen Englischlehrer, der ihn hätte unterrichten können. Da Mao kaum mehr als das Alphabet beherrschte, resignierte er nach nur einem Monat, und der Vater stellte die Zahlungen wieder ein.

Mao Zedong hätte mit seiner Bildung zwar als Schreiber oder Privatlehrer arbeiten können, doch das wäre eine Sackgasse gewesen. Er rettete sich deshalb in die »Erste Mittelschule der Provinz«, nachdem er die Aufnahmeprüfung als Bester bestanden hatte. Aber schon nach einem halben Jahr stellte er ernüchtert fest, dass der Unterrichtsplan beschränkt war und er zu viele Schulvorschriften nicht akzeptieren konnte. Er verließ die Schule. Ein mutiger Schritt, schließlich kam nur ein Prozent der Bevölkerung überhaupt in den Genuss einer solchen Bildung.

Aber »Selbstzufriedenheit ist der Feind des Studierens«, wird Mao Zedong als Mittvierziger schreiben. »Wenn man etwas gewissenhaft lernen will, muss man damit beginnen, dass man mit sich selbst unzufrieden ist.«[17] Das trieb ihn jetzt an zu handeln. Ende des Jahres 1912 startete er kühn eine »Selbsterziehung«.

Einen idealen Platz dafür hatte er gefunden, die neu errichtete Provinzbibliothek. Das zweistöckige Gebäude verfügte über eine große Lesehalle im Erdgeschoss, es gab aber nur wenige Leser. Mao tauchte jeden Morgen um neun Uhr auf, aß in der Mittagspause in den benachbarten Garküchen und arbeitete bis zur Abendschließung. An der Bibliothekswand sah er zum ersten Mal in seinem Leben eine große Weltkarte. China war also nie *Tian xia*, »Alles unter dem Himmel«, gewesen, wie die Alten gedacht hatten, sondern nur ein Land unter vielen. Diese andere Welt eroberte er sich nun lesend, Tag für Tag. Notizen machte er sich auf den unbedruckten abgeschnittenen Rändern von Zeitungen, die er zusammengeheftet hatte.

Der 18-Jährige profitierte davon, dass in den letzten Jahrzehnten viele westliche Bücher ins Chinesische übersetzt worden waren, wenn auch oft stark verkürzt und vereinfacht und auch sprachlich nicht in bester Qualität. Große Werke standen auf seiner Leseliste: Charles Darwins *Ursprung der Arten*, das berühmte Ökonomiebuch von Adam Smith, *Vom Reichtum der Nationen,* und ein Buch über Ethik von John Stuart Mill. Er arbeitete sich durch Texte von Rousseau und Montesquieu und weiterer abendländischer Philosophen. Ohne Anleitung las er fast ein halbes Jahr, was ihm in die Finger kam. Wie ein »Ziegenböckchen im Gemüsebeet«[18] fraß Mao alles in sich hinein: »Ich mischte Lyrik, Romane und die Geschichten der alten Römer mit dem ernsthaften Studium der Geschichte und Geografie Russlands, Amerikas, Englands, Frankreichs und anderer Länder.«

Während dieser sechs Wintermonate lebte er im Innungshaus der Provinz Hunan. Die vollen Schlafsäle teilten sich ehemalige und jetzt verarmte Soldaten mit wenigen Studenten. Nachdem ein Streit zwischen den Gruppen in eine Schlägerei ausgeartet war, hatte er endgültig genug von dem rauen Ort und auch von seiner Geldnot. Er begann in den Zeitungen wieder nach neuen Bildungsangeboten zu suchen.

Zufällig stieß er so auf eine Anzeige des »Vierten Lehrerseminars«, das keine Studiengebühren erhob und freie Unterkunft und Verpflegung versprach, weil Erziehung das Fundament des Landes sei und Lehrer dringend gesucht wurden. Zedong informierte seine Familie brieflich über die neuen Pläne, die auch der Vater guthieß, der wieder Geld schickte. Zwei Freunde hatten Mao gedrängt, sich gemeinsam zu bewerben. Sie benötigten seine Hilfe für ihre Bewerbungsaufsätze, die er am Ende allein schrieb: »In Wahrheit wurde ich dreimal aufgenommen.«

Das Vierte Lehrerseminar, in dem Mao Zedong im Frühjahr 1913 das Studium begann, wurde ein halbes Jahr später mit der angesehenen »Nummer eins« zusammengelegt, die als reichste Schule der Stadt galt und ihren Studenten auch Kleidung und Bücher kostenlos zur Verfügung stellte. Nur 160 chinesische Silberdollar extra – bis Mitte der 30er-Jahre die gebräuchliche chinesische Währung, die immer schon auch nur *Yuan* genannt wurde – wird Mao während seiner gesamten Ausbildung verbrauchen, wobei er ein Drittel für Bücher und Zeitungen ausgab. In den Augen des zahlenden Vaters war das unnützes Papier und reine Geldverschwendung.

Im » Ersten Lehrerseminar « galt der ältere Bruder von Zedongs Schulfreund Xiao San als einer der besten Studenten. Bereits seit eineinhalb Jahren studierte Xiao Yu, obwohl er acht Monate jünger war als Mao. Von oben herab und mit Skepsis beobachtete er im Herbst den Einzug der Neuen, die keine Schuluniformen trugen und mit ihren kurz geschorenen Haaren an ungehobelte Rekruten erinnerten: » Ein großer unbeholfener junger Mann in schmutzigen Kleidern und reparaturbedürftigen Schuhen war Mao Zedong. « Die beiden sprachen noch nicht miteinander. Xiao Yu fielen Zedongs gemächliche Bewegungen und seine schönen weißen Zähne auf, » die sein Lächeln ungemein liebenswürdig erscheinen ließen (…). Er ging eher langsam, mit leicht gespreizten Beinen; ein Gang, der an eine watschelnde Ente erinnerte. «[19]

Nach dem Umzug in die » Nummer eins « fühlte der 20-jährige Mao schon bald, dass diese Schule ihm entsprach. Er wird von 1913 bis 1918 in der größten Lehranstalt von Changsha bleiben. In diesen für Mao prägenden fünf Jahren wütet in Europa der Erste Weltkrieg und siegt in Russland die Oktoberrevolution. In China wird General Yuan Shikai, unterstützt von den in China aktiven ausländischen Mächten, alle Träume von einer stabilen Republik zerstören.

## Sun Yatsen und der Mao-Anzug[20]

Sun Yatsen hinterließ China außer seinem politischen Programm etwas sehr Besonderes: ein Kleidungsstück, das außerhalb des Landes fälschlicherweise als »Mao-Anzug« bekannt wurde. Auf Chinesisch heißt die berühmte Kluft *Zhongshanzhuang*, »der Anzug des Zhongshan«. So lautet Doktor Suns Vorname auf Hochchinesisch. Zusammen mit einem Schneider hatte er diesen Anzug mit Bundfaltenhose und Jacke entwickelt, der eine Mischung aus Ost und West war, die ideale Männerkleidung für den zopflosen Republikaner, die moderne chinesische Alternative zur Gelehrtenrobe. Der Stehkragen der Jacke war japanischen Studentenuniformen abgeschaut, die vier Außentaschen erinnerten an westliche, wahrscheinlich deutsche Militärjacken. Die Rückenfalte hatte der Schneider von Bauernjacken aus Suns Heimatprovinz Kanton abgeschaut. Seit Anfang der 20er-Jahre war der *Zhongshan*-Anzug die Dienstkleidung aller GMD-Beamten.

Kleider machen nicht nur Leute, sondern auch Politik. Das hatte auch Mao Zedong früh begriffen: Anfangs trug er die traditionelle lange Robe, um sein Chinesischsein zu betonen. Im Laufe der Zeit wählten immer mehr Kommunisten, wenn sie öffentlich auftraten, den Sun-Yatsen-Anzug. Ursprünglich war er aus feinem Tuch geschneidert, aber ein einfacher Baumwollstoff tat es für die Revolutionäre auch. Ab dem Jahr 1927 tauchten Fotos auf, die Mao und seine Genossen in dieser Kluft zeigten, wobei sie den Stehkragen öfter zu einem Rundkragen abändern ließen.

Endgültig in den »Mao-Anzug« verwandelte sich die *Zhongshan*-Jacke, als der Herrscher Mao, aber auch andere Politiker der neuen Volksrepublik 1949 in diesen Anzügen vor die Weltöffentlichkeit traten. Die Kulturrevolution in den 60er-Jahren bescherte noch andere Weiterentwicklungen: die »informelle Arbeitskleidung« aus blauer Baumwolle oder die aus dem soldatischen Olivgrün geschneiderten Anzüge der Rotgardisten. Unterschiedlichste Schnittmuster zirkulierten mit Kragenvarianten für Männer und für Frauen, auf deren Jacken immer die großen Brusttaschen fehlten.

Bis in die 90er-Jahre waren die baumwollenen »Mao-Anzüge« in China allgegenwärtig, es gab nichts anderes zu kaufen. Auch der Reformer Deng Xiaoping verzichtete fast nie auf seinen *Zhongshanzhuang*, natürlich wieder aus edlerem Zwirn geschneidert. Heute lehnen viele diesen Anzug ab, sehen ihn als »politische Zwangsjacke«, als Relikt einer vergangenen revolutionären Zeit. Doch als Symbol für Chinas eigene neuere Geschichte, der man sich stellen muss und die durchaus auch stolz macht, ist die Mao-Jacke längst zu einem gefragten Kult- und Kunstobjekt geworden.

### Rückschläge für die Republik

Seit Frühjahr 1912 lag eine provisorische Verfassung der Republik China vor, die in Artikel 2 versprach, dass alle Staatsgewalt vom Volke ausgeht, und in Artikel 5 garantierte, dass alle Bürger vor dem Gesetz gleich sind. Doch schon während der Wahlkampagne zur Nationalversammlung, die der Vorläufer eines nationalen Parlaments sein sollte, wurde das Recht zu wählen nur ab einem bestimmten Vermögen gewährt.

Die Allianz von Sun Yatsen, *Tongmenghui*, hieß nun *Guomindang*. Mit dem neuen Namen stellte die Partei, chinesisch *Dang*, ein Ziel ihres Programms besonders heraus: Eine Nation, *Guomin*, sollte China werden. Als die Guomindang (GMD) im Frühjahr 1913 die Wahlen gewonnen hatte, fiel der Stellvertreter Sun Yatsens einem Attentat zum Opfer. Sein Militärbefehlshaber, der konservative General Yuan Shikai, der früher noch unter den Kaisern gedient hatte und selbst an die Macht wollte, putschte und ließ die Nationalversammlung und alle Provinzparlamente, die ihre Abgeordneten dorthin entsandt hatten, auflösen. Doktor Sun musste im Winter 1913 erneut ins Exil gehen, diesmal nach Japan.

Im selben Jahr beendete Song Qingling, die junge Chinesin aus Schanghai, ihr Studium in Amerika. Sie reiste jedoch nicht nach China zurück, sondern traf sich mit der Familie in Tokio. Dort unterstützte ihr Vater den Guomindang-Chef Sun Yatsen auch finanziell. Die ältere Schwester, Ailing, arbeitete als Fremdsprachensekretärin für den Exilanten. Als sie ihre Stelle aufgab und heiraten wollte, übernahm die Heimkehrerin voll Enthusiasmus ihre Aufgaben: »Ich kann China helfen und ich kann Dr. Sun helfen. Er braucht mich.«[21] Qingling und der 50-jährige, mehr als doppelt so alte Politiker verliebten sich und heirateten Ende 1915 gegen den erbitterten Widerstand ihrer Eltern.

Zuvor hatte sich Sun noch von seiner ersten Frau scheiden lassen, mit der er – genau wie Mao – als Teenager zwangsverheiratet worden war. Denn die 22-jährige Qingling wollte keine Zweitfrau sein, das widersprach dem Selbstverständnis dieser modernen Chinesin; wie zahlreiche der gebildeten Städter war das Liebespaar auf Missionsschulen und an internationalen Universitäten im christlichen Glauben erzogen worden. »Diese Ehe ist wie zur Schule gehen, nur dass es keine Examen gibt, die mich ärgern können«, schrieb die Frischverheiratete einer amerikanischen Freundin; inzwischen könne sie auch französische Zeitungen lesen und für Sun übersetzen.[22] Sie verehrte ihren Mann wie einen Helden und durchlief bei ihm eine politische Lehre.

Während Sun Yatsen im Ausland weilte, wurden seine Anhänger in China verfolgt. Auch in Maos Heimatprovinz wütete ein Gefolgsmann des Putschgenerals: Der »Schlächter Tang« ließ zwischen 1913 und 1916 rund 5000 Republikaner hinrichten. Ein Menschenleben war – außerhalb eines Familienclans – nichts wert in diesem brutalen Land, in dem politische Konflikte blutig ausgetragen wurden. General Yuan Shikai, der seine Herrschaft mit modernen, im Westen gekauften Waffen aufrechterhielt, paktierte in der Mongolei und Mandschurei sogar mit den Japanern. Ende 1915 ließ er sich zum neuen Kaiser ausrufen, wogegen sogar Teile der Armee aufbegehrten. Sein neues diktatorisches Regime überdauerte nur wenige Monate und endete kurz vor dem Tod des Generals, im Frühjahr 1916.

Schon während der Herrschaft von Yuan Shikai war die Zentralregierung in Beijing immer schwächer geworden. Das Machtvakuum nutzten lokale Militärmachthaber aus, um überall eigene Herrschaftsgebiete zu errichten oder auszubauen. Sie verbündeten sich mit Banditenbanden, viele trieben Opiumhandel. Alle plünderten die Bauern, Händler und Ladenbesitzer aus, die Steuern manchmal 30 Jahre im Voraus bezahlen mussten. Die Armeen der Warlords, die sich untereinander bekriegten, zogen marodierend durch die Provinzen und fielen immer wieder in Städte ein. Im November 1917 bedrohten Soldaten sogar Maos Schule. Eine von den Studenten gegründete Selbstverteidigungsgruppe konnte die Angreifer mit Gewehren und angespitzten Bambusstöcken überraschen und vertreiben.

In diesem unruhigen Jahr 1917 kehrte Song Qingling als »Madame Sun Yatsen« nach China zurück. Ihr Mann wollte von der südlichen Stadt Guanzhou aus endlich ein demokratisches China nach westlichem Vorbild aufbauen, wie schon in der Verfassung von 1912 vorgesehen. Zuvor aber brauche es eine nationale Revolution, die das Land eine, und endlich eine Zentralregierung, wusste Sun. Davon träumten längst auch die Studenten des »Ersten Lehrerseminars«.

## Stolzer Student

Das zweistöckige Schulgebäude mit dem Giebeldach, den Glasfenstern und Holzböden wurde in Changsha »das ausländische Gebäude« oder »der westliche Palast« genannt. Es war ein Ort, der Freiheit atmete, modern und weltoffen wirkte, die Studenten sprachen sich auf Englisch mit Mister an.

Heute, inmitten der von Baustellen durchzogenen Siebenmillionenstadt und ihrer Hochhäuser, die so schnell wie Bambus aus der Erde wachsen, wirkt die Anlage mit ihren klassizistischen Säulen und Bogenfenstern, mit den weißen Stuckverzierungen auf der grün gestrichenen Fassade wie aus der Zeit gefallen. Das Lehrgebäude und die Studentenwohnheime sind mit überdachten Wandelgängen verbunden. In der Eingangshalle und den Klassenzimmern sieht es aus wie in einem deutschen Gymnasium der Kaiserzeit. Bei meinem Besuch im Herbst 2012 hingen im Schulflur mehrere Filmplakate: *Beardless Chair Mao*, »Bartloser Vorsitzender Mao«, heißt die millionenteure 23-teilige Fernsehserie. Der Mao-Darsteller sieht gut aus mit seinen millimeterkurzen Haaren. Auch viele chinesische Jugendliche kennen eher die erstarrte Ikone oder den alten Herrscher Mao als den patriotischen Studenten Zedong und seine Studienjahre, an die sich der Revolutionär Mao in einem Gedicht gerne zurückerinnerte:

> *Kam mit hundert Gefährten einst her:*
> *Gedanken an damals: stolzer Jahre, Monate Fülle.*
> *Allesamt Lernende, junge Leute,*
> *aufrichtig, aufrecht;*
> *Studenten, ungestüm,*
> *erregbar aufs Stärkste.*[23]

In dem ebenerdigen Klassenraum Nummer 8 saß dieser »gewissenhafte Student«, behauptet eine Tafel neben der Eingangstür, hier arbeitete Mao Zedong »nach seinem eigenen Studienplan«. Eine wohlwollende Umschreibung dafür, dass er zwar sehr gute Noten in den Sozialwissenschaften, dem Philosophie-, Geschichts- und Literaturunterricht bekam, aber in der Fremdsprache Englisch und den Naturwissenschaften nur wenige Punkte erreichte. In seinem Albtraumfach Zeichnen fiel er durch, weil er über eine gerade Linie einen Halbkreis gesetzt und die Zeichnung in Anspielung auf ein altes Gedicht *Halb Sonne, halb Felsen* betitelt hatte. Dafür glänzte Herr Mao im Fach Klassisches Chinesisch, das er am Ende des Studiums mit Bestnote abschließen sollte.

Sein Lehrer Yuan Jiliu, genannt »Der große Bart«, forderte ihn anfangs heraus, indem er Zedongs Schreibstil als »nur eine halbe Kunst«[24] abtat und seine Texte abfällig Journalistenprodukte nannte. Der ehrgeizige Student wollte es dem Lehrer zeigen und änderte seinen Stil. Dafür studierte er die berühmten Tang- und Sung-Literaten aus dem 8. Jahrhundert und die 2000 Jahre alten Gedichte aus der Zeit der Han-Dynastie. Jeden Morgen hörte Studienfreund Xiao Yu, wie Zedong klassische Texte laut aufsagte, bis ein Trompetensignal alle zum Unterricht rief. In den fünf Studienjahren wurde Mao so zu einem »Meister« der klas- sischen Ausdrucksweise und Gedichtformen: »Dank Yuan, dem großen Bart, kann ich deshalb bis heute noch, wenn nötig, einen passablen klassischen Essay hervorbringen.«

Ein Vierteljahrhundert später riet der Revolutionär Mao seinen Parteigenossen, neben der Volkssprache unbedingt das »Lebendige der klassischen Literatursprache« zu studieren und für Artikel und Reden zu nutzen, damit diese nicht »öde und fad« klängen.[25] Er würzte seine Schriften und Gedichte mit historischen Anspielungen und Redewendungen. Wenn die Chinesen etwas auszeichnet, so die Schriftstellerin Pearl S. Buck, dann »das Vergnügen zu reden und zu schwatzen, sie sind witzig und erfinderisch in Wortspielen«.[26] Mao war dafür das beste Beispiel. In der Sprache wird er die chinesische Tradition sein Leben lang pflegen, vor allem in den Gedichten unterwirft er sich den strengen klassischen Kompositionsregeln. Rebell war er durch neue Inhalte, moderne und kühne Metaphern.

Student Mao hatte Glück, dass seine einseitige Begabung geduldet und er einmal sogar als Jahrgangsbester ausgezeichnet wurde, weil im Lehrerseminar galt: Guter Aufsatz heißt guter Student! Jede Woche bewertete ein Lehrerkomitee die Essays aus 20 Klassen und stellte die besten in Schaukästen aus. Hier lagen Arbeiten von »Mr. Mao« und »Mr. Xiao« oft nebeneinander. Erst jetzt redeten sie miteinander. Anfangs begrüßten und verabschiedeten sie sich noch mit Verbeugungen streng nach Etikette, aber schon bald sprachen sie nicht nur über Literatur und Lehrer und chinesische Geschichte, sondern wurden enge Freunde. Abwechselnd reimten sie Zweizeiler auf ihren Abendspaziergängen zum nahen Xiang-Fluss. Zusammen mit dem Studenten Cai Hesen, der zwei Jahre jünger war als Mao, bildeten sie die Gruppe der »Drei Würdigen«. Im Roman *Die 3 Königreiche* heißen so die Helden, die stark und mutig und den anderen intellektuell und moralisch überlegen sind. Nicht nur im Lehrerseminar ragten die drei heraus, sondern auch in dem Ozean von Rückständigkeit und Armut, den sie in der Stadt und der Gesellschaft wahrnahmen.

Die bürgerliche Schule hatte Mao, den Jungen vom Land verändert. Er stand nicht länger abseits, er war im Studentenmilieu angekommen und benahm sich auch so: In Gegenwart der anderen Studenten hätte er niemals körperliche Arbeit verrichtet, beispielsweise sein eigenes Gepäck getragen. Das galt als unschicklich. Damals glaubte er, dass die Intellektuellen die einzigen sauberen Menschen in der Welt, die Arbeiter und Bauern aber im Vergleich zu ihnen schmutzig wären. Nach der alten kaiserlichen Tradition hatte er sich sogar noch einen so-

genannten Volljährigkeitsnamen gegeben: *Runzhi*, der wie Zedong ebenfalls ein Wasser-Zeichen enthielt. Unter Gleichaltri-
gen galt der Vorname, der Älteren und der Familie vorbehalten
war, immer noch als zu persönliche Anrede.

### Die Würdigen

Am Institut unterrichteten viele republikanisch gesinnte Lehrer.
Zwei zeigten ihre politische Haltung auch dadurch, dass sie sich
weder in einer Sänfte noch mit einer Rikscha zur Schule bringen ließen, sondern zu Fuß gingen. Einer der Nonkonformisten
war Lehrer Xu Teli, der sich eine Fingerkuppe abgeschnitten
und mit seinem Blut eine Petition unterschrieben hatte, um von
der Nationalversammlung die versprochenen parlamentari-
schen Wahlen einzufordern. Statt einer modernen Monarchie
diskutierte man die Chancen der Republik und las die *Minbao*,
die »Volkszeitung«, das Sprachrohr der Guomindang.

Gleich zu Beginn seines Studiums baute Zedong mit anderen eine studentische Selbstverwaltung auf, was es so noch nie
zuvor gegeben hatte. Als deren Sekretär tat er sich als Organisator und Wortführer hervor und gewann das Vertrauen seiner
Kommilitonen, da er nie auf halbem Weg stehen blieb, so beobachtete es sein Freund Xiao San. Sie rebellierten erfolgreich
gegen ein geplantes Schulgeld und demonstrierten Ungehorsam
gegenüber dem konservativen Direktor, einem Anhänger des
Putschgenerals Yuan Shikai. Die Verlesung der neuen Schul-
richtlinien, die jegliche »Zusammenrottung« verboten, verhin-
derten die jungen Leute durch Geschrei. Fast wäre Zedong der
Schule verwiesen worden, wenn nicht einige Lehrer, darunter
auch Yuan, »Der große Bart«, für ihn Partei ergriffen hätten.

Um sich mit anderen auszutauschen, setzte Zedong zusammen mit Xiao Yu eine Anzeige in die Zeitung. Sie suchten »an
patriotischer Arbeit interessierte junge Männer«, die abgehär-

tet, entschlossen und fähig seien, Opfer für ihr Land zu bringen. Schließlich gelang es ihnen, in der »Studiengesellschaft des neuen Volkes« etwa 80 Kommilitonen um sich zu scharen. Viele wurden später in der kommunistischen Bewegung aktiv, einer der Berühmtesten war Liu Shaoqi, Maos fünf Jahre jüngerer Mitstreiter, der von 1956 bis 1968 sogar zum Präsidenten der Volksrepublik aufstieg. Politische Freundschaften aus dieser Zeit überdauerten Jahrzehnte und halfen Mao, schwierige Zeiten durchzustehen.

Die jungen Leute redeten sich die Köpfe heiß über die ganz großen Themen, »die menschliche Natur, die Gesellschaft, China, die Welt, das Universum«. Ernsthaft wollten sie sein und keine Zeit verschwenden »für Liebe oder Romanzen«, zu kritisch waren die Zeiten und ihr »Bedürfnis nach Wissen zu groß, um über Frauen oder Persönliches zu diskutieren«. Doch schon bald kamen auch Studentinnen dazu, die Schwester von Cai Hesen, einem der »Drei Würdigen«, und die begabte Tao Yi, die Studentin eines Lehrerinnenseminars, die sich besonders für Psychologie, Pädagogik und Englisch interessierte.[27] Sicher diskutierte die gemischte Gruppe nun auch Frauenfragen: Warum gibt es getrennte höhere Bildungsanstalten für Jungen und Mädchen? Weshalb kann eine alleinstehende Frau sich nicht in ein Teehaus setzen?

Mao beteuerte später, sie wären nicht wie »gewöhnliche junge Männer an Diskussionen über weiblichen Charme« interessiert gewesen. Trotzdem muss es Verliebtheiten gegeben haben. Die Xiao-Brüder bemerkten schnell, dass zwischen der klugen Tao Yi und Mao Zedong eine große Anziehung bestand. Doch noch gingen die zwei keine Beziehung ein.

Maos Weltsicht wurde in der zweiten Hälfte des Studiums vor allem durch seinen Philosophie- und Ethiklehrer, Yang Changji,

毛泽东

geprägt, den alle »Konfuzius« nannten. Der 1870 geborene Pädagoge hatte fast zehn Jahre in Japan, England und Deutschland studiert und nach seiner Rückkehr nach Hunan einen Posten im Erziehungsministerium abgelehnt, weil er lieber unterrichtete. Im Frühjahr 1915 traf er zum ersten Mal seinen neuen Studenten Mao Zedong, der von seiner Familie erzählte. Danach notierte Yang: »Dennoch ist er so ein feiner und besonderer Mensch. Findet man wirklich selten (…). Weil Bauernfamilien oft außergewöhnliche Talente hervorbringen, ermutigte ich ihn.«[28] Zedong muss also an sich gezweifelt haben, weshalb der Lehrer beschloss, ihm und auch dem Freund Cai Hesen viel Aufmerksamkeit zu widmen. Er zählte die beiden Studenten zu den »seltenen Talenten in China« und prophezeite ihnen »eine große Zukunft«.[29]

Seine Schützlinge lud der Lehrer sonntags zu sich nach Hause ein. Dann aßen die »Drei Würdigen« mehr und auch besser als in der ganzen Woche, sie mussten aufpassen, nicht zu gefräßig zu erscheinen. Mit am Tisch saßen Yangs Ehefrau und Sohn, aber auch die 16-jährige Tochter Kaihui, die sich mit den jungen Männern sogar unterhalten durfte. In der Familie Yang wurde Gleichberechtigung gelebt. Für das Mädchen stand deshalb schon früh fest: »Wir (Frauen) dürfen auf keinen Fall zulassen, dass man uns wie schmückendes Beiwerk behandelt.«[30] Kaihui ähnelte ihrem Vater, hatte sein rundes Gesicht und die tief liegenden Augen geerbt. Ihre Haut sei, im Gegensatz zu dem dunklen Teint des Professors, sehr weiß gewesen, fiel Xiao Yu auf. Denn ein heller Teint war damals ein Schönheitsideal und ist es bis heute geblieben. Inzwischen wird gerne mit Bleichcremes nachgeholfen, denn braun wie eine Bäuerin wollen auch die modernen Städterinnen nicht sein.

Anfangs hatte Yang seine Tochter selbst unterrichtet, inzwischen besuchte Kaihui eine Mittelschule. Ob bei Männern oder

Frauen, Yang Changji setzte auf die formende Kraft von Bildung und glaubte an »die Kraft des Geistes«. So lautete auch der Titel eines verschollenen Aufsatzes von Mao, den der Lehrer mit der Höchstnote »100 Punkte plus 5« bewertet hatte.

### Sturm und Drang

Viele Ideen und Ideale seines Lehrers fanden sich auch in Maos erstem veröffentlichtem Artikel *Eine Studie über Leibeserziehung* wieder. Er unterzeichnete ihn mit seinem Pseudonym »Der Achtundzwanzig-Striche-Student«, denn aus 28 Teilen bestanden die drei Schriftzeichen seines Namens.

Es war eine Auszeichnung, dass dieser Text im Jahre 1917 in der Zeitschrift *Die neue Jugend* erscheinen konnte, die das Lebensgefühl einer Generation im Aufbruch einfing. Sicher hatte sein Lehrer Yang den Kontakt zum Herausgeber des Blattes hergestellt, dem Pekinger Philosophieprofessor und späteren Generalsekretär der Kommunistischen Partei, Chen Duxiu.

Maos Artikel begann mit einer Diagnose, dass es der chinesischen Nation an Stärke fehle. Militärischer Geist sei nicht gefördert worden und die Körperkraft der Bevölkerung »vermindert sich täglich«.[31] Genau deshalb brauche jeder einen gesunden Körper und Geist. »Wenn der Körper stark ist, macht auch die moralische und geistige Entwicklung schnelle Fortschritte (…). Leibeserziehung bewirkt nicht nur Harmonie der Gefühle, sondern stählt auch den Willen.«

Nach diesem Ideal versuchten Mao und seine Freunde auch zu leben: Sie nahmen Wind- und Regenbäder und legten sich nackt in die Sonne, um die natürlichen Energien zu spüren. Alles musste plötzlich »energisch« sein, erinnert sich Xiao San. Im Freien schrien die Studenten Gedichte in den Sturm, um ihre Stimmen zu üben. Sie erklommen die Stadtmauern, brachen auf zu langen Wochenendwanderungen, schliefen nachts unter freiem Himmel. Berühmt ist bis heute der kleine Pavillon auf einem Hügel über der ehrwürdigen Yuelu-Akademie, wo sich Mao mit Freunden zu Gesprächen traf und am Ende des Studiums zeitweise mit seiner Clique gelebt haben soll. Nur von Bohnenbrei ernährten sie sich dann, nahmen morgens kalte Bäder im angrenzenden See oder nahen Fluss und kletterten auf die nächste Bergspitze, um zu meditieren. Diese Abhärtung über Jahre verhalf dem Revolutionär Mao zu einer körperlichen Verfassung, mit der er Jahre später die großen Märsche durch China durchzustehen vermochte.

In dieser Sturm-und-Drang-Zeit traute sich Zedong alles zu: »Als ich jung war, habe ich einmal gesagt: ›Ich vertraue fest darauf, zweihundert Jahre zu leben und wie ein Fluss dreitausend Meilen dahinzuschießen.‹ Das war wirklich eine etwas starke Selbsteingenommenheit.«[32] In seinem Manuskript zur Leibeserziehung hatte er nur einen Satz unterstrichen: »Der Wille geht der Karriere eines Mannes voraus.«[33] Aber was wollte er eigentlich? Der 23-Jährige war weiter auf der Suche und schrieb in einem Brief: »Ich habe meinen eigenen Willen noch nicht gefunden.«[34]

Wahrscheinlich las er deshalb so genau das von Yang empfohlene 1000 Seiten starke zweibändige Buch *System der Ethik*. Geschrieben hatte es der Philosoph Friedrich Paulsen, ein in Norddeutschland als Bauernsohn geborener Pädagoge, der um 1900 als Erfinder des modernen deutschen Gymnasiums galt. In dem populären, ins Chinesische übersetzten Werk erklärte der Autor Begriffe wie Tugend, Moral, Ehre, Gewissen und Gerechtigkeit. Maos Arbeitsexemplar ist erhalten, die Ränder sind mit persönlichen Kommentaren übersät, die zusammen etwa 12 000 Schriftzeichen zählen, umgerechnet etwa 40 Seiten!

Der junge Mann taumelte bei seiner Lektüre von einem Aha-Erlebnis zum anderen oder meldete Widerspruch an. Als Paulsen behauptete, dass »der natürliche Mensch« am Ende sogar das Universum vernichten würde, nur um sich selbst zu erhalten, entgegnete er: »Zum Beispiel kann ich das Gefühl für diejenige, die ich liebe, nicht vergessen, also ist mein Streben darauf gerichtet, sie zu retten, und ich würde alles dazu Notwendige tun. Im Ernstfall würde ich lieber sterben, als sie sterben zu lassen.«[35]

Maos Denken in Gegensätzen ist in den Notizen augenfällig, er hatte das alte chinesische Yin-Yang-Denken, das in seinem Heimatdorf in der Volksfrömmigkeit lebendig gewesen war, verinnerlicht: »Ich sage: Der Begriff ist die Wirklichkeit, das Endliche ist das Unendliche, das Zeitliche ist das Zeitlose, Fantasie ist Denken, ich bin das Universum (…), das Gegenwärtige ist Vergangenheit und Zukunft, das Vergangene und Zukünftige die Gegenwart, das Kleine ist das Große, das Yin ist das Yang, (…) das Vielfältige ist Eins, das sich Wandelnde ist ewig.«[36]

Die Tatkraft des späteren Revolutionärs erkennt der westliche Pionier der Mao-Forschung und Mao-Biograf Stuart R. Schram bereits in Gedanken wie diesen: »Ich neige zu der Überzeugung, dass ein Neuaufbau notwendig ist. Lasst die Zerstörung die Rolle einer Mutter spielen, die ein neues Land gebiert.«[37] Schon als Student kam Zedong zu dem Schluss, dass es dem Menschen, obwohl selbst Teil der Natur, möglich sei, die Natur zu verändern, er müsse nur *wollen*! Er hatte bereits im Jahr 1916 seinem Tagebuch anvertraut: »Mit dem Himmel kämpfen – welch unendlich Entzücken! Mit der Erde kämpfen – welch unendlich Entzücken! Mit den Menschen kämpfen – welch unendlich Entzücken!«[38]

Als späterer Herrscher sollte Mao noch genauso denken und seinen Willen und seine Vorstellung zunehmend als alleinigen Maßstab nehmen, um die Welt umzugestalten, und zwar ohne Rücksicht auf Verluste.

毛泽东

Als Mao Zedong studierte, weitete sich sein Denken, so viel Neues schien möglich. Kein Wunder, dass er auf die Seiten des Ethikbuches notierte: »Es gibt kein größeres Verbrechen als die Unterdrückung des Individuums, als die Handlungen, die wider die Natur des Individuums vollzogen werden.« Deshalb müsse die Fessel des konfuzianischen Denkens verschwinden. Zusammen mit der Religion, den Kapitalisten und der Autokratie verkörpere es »die vier bösen Dämonen des Reiches«.[39] Zum ersten Mal sprach er hier von Kapitalisten. Maos bislang eher traditionelles Denken, das um nationalistische und soldatische Tugenden kreiste, entwickelte sich in eine neue Richtung, nun ging es ihm mehr um soziale Zusammenhänge.

Gegen Ende der Ausbildung hatte der lesewütige Student Mao, wie er feststellen musste, »eine komische Mischung von Ideen im Kopf«. Eine vage Leidenschaft empfand er für die Demokratie des 19. Jahrhunderts, gepaart mit Utopien und altmodischem Liberalismus. In nur wenigen Jahren hatte er, wenn auch nicht sehr tiefgründig, die neuere europäische Ideengeschichte durchmessen, aber auch sein Land besser kennengelernt. Denn im Sommer 1917 hatte Mao in der *Volkszeitung* der Guomindang über zwei Studenten gelesen, die zu Fuß quer durch China gewandert waren. Er überredete daraufhin Freund Yu zumindest zu einer Wanderung durch die fünf Bezirke seiner Heimatprovinz.

Ohne einen Pfennig Geld, mit geschorenen Köpfen, gekleidet in blaue Baumwollkittel und auf Strohsandalen, machten sich die jungen Männer als Bettler auf den Weg durch Hunan. Sie trafen Bauern und Mönche, verdienten sich ihr Geld, indem sie Ladenschilder malten oder für Schreibunfähige Briefe verfassten. Dieses gemeinsame Abenteuer stellte Xiao Yu in den Mittelpunkt seines Buches *Mao and I were Beggars*, der deutsche Titel lautet *Maos Lehr- und Wanderjahre*. Aufgeschrieben hat der Autor seine Erinnerungen erst 40 Jahre später. Der Tenor des romanhaften Buches ist denn auch: Es war schon früh klar, dass Mao, dieser brutale, ungewaschene Prolet, einmal ein Diktator wird. Zum Beispiel vergleicht im Buch eine Wahrsagerin den Studenten Zedong mit einem Becher starken Branntweins, den Freund dagegen mit einem Glas durchsichtigen, reinen Wassers.

In Xiao Yus tendenziösen Beschreibungen sind dennoch die Facetten von Maos Persönlichkeit zu erkennen, die viele anzogen: seine Wissbegierde und sein Witz, aber vor allem seine Denkfreudigkeit. Maos Reden konnten nicht nur überzeugen, sondern auch hypnotisch wirken, und schon früh polarisierte er. Angelegt waren Eigenschaften, die der amerikanische Journalist und frühe Mao-Biograf, Edgar Snow, im Jahr 1936 an dem Revolutionär in Yan'an so wahrnahm: »Der erste flüchtige Eindruck war der eines Intellektuellen mit großem Scharfsinn (…), man fühlte unleugbar eine gewisse schicksalsprägende Kraft von ihm ausgehen. Es war nichts schnell Aufflammendes, eher eine Art elementarer Vitalität.«[40]

### Europa oder China

Als Mao Zedong im Frühjahr 1918 das Lehrerdiplom in Händen hielt, hatte er noch keine konkreten Pläne. Wie viele seiner engsten Freunde empfand er die Zukunft als unsicher und leer. Die Weichen stellte erneut Professor Yang. Er war inzwischen mit seiner Familie in die chinesische Hauptstadt gezogen, um an der *Beijing Daxue*, der »Universität von Beijing«, Philosophie zu unterrichten. Der Lehrer ermutigte in einem Brief seine ehemaligen Studenten, in Beijing Französisch zu lernen und als Werkstudenten an dem neuen Programm »Arbeiten und Studieren« in Frankreich teilzunehmen.

Als Einziger entschied sich Mao schon früh dagegen. Obwohl eine Finanzierung möglich gewesen wäre, wollte er nicht

毛泽东

ins Ausland gehen: »Ich fühlte, dass ich nicht genug über mein eigenes Land wusste und meine Zeit ergiebiger in China verbringen konnte.« Das genügte ihm. In seiner Haltung bestärkt hatte ihn sicher eine zweite große Wanderung im Sommer 1918 mit Freund Cai Hesen. Er blieb skeptisch gegenüber der zu großen Auslandsbegeisterung. Viele Rückkehrer – diese Erfahrung wird er später formulieren – »wussten nur alles Ausländische nachzuplappern. Sie wurden eine Art Grammofon und vergaßen ihre Pflicht, Neues zu erkennen und Neues zu schaffen«.[41]

Fast alle Mitglieder der späteren kommunistischen Führungsriege zog es damals in den Westen: Der Reformer Deng Xiaoping ging nach Paris, und der spätere Vertraute und Außenminister Maos, Zhou Enlai, besuchte neben Frankreich, Belgien und England noch die deutschen Städte Berlin und Göttingen, wo Anfang der 20er-Jahre auch der spätere Befehlshaber der Roten Armee, Zhu De, studierte.

Dass Mao Zedong keine Begabung für fremde Sprachen hatte, wusste er selbst. Wenn er schon das Englische nicht meisterte, hatte er im Französischen erst recht keine Chance. Er wollte im Ausland kein stammelnder Chinese, kein kleines Licht unter vielen sein. Seine Stärke war und blieb die chinesische Sprache und Schrift. Da Mao nie in Europa oder Amerika lebte, wurde seine chinesische Sicht auf die Welt und seine Art zu denken weder hinterfragt noch verändert und sein Verhalten nicht glatt geschliffen. Für seine Landsleute blieb er – egal, wie hoch er später stieg – sichtbar und spürbar ein Chinese durch und durch, und zwar einer vom Land. Das sollte ihn populärer als andere Politiker und volksnah machen.

Die hoffnungslose Kluft zwischen den Bauern und einer intellektuellen Elite, die sich nicht um das Los der Armen scherte, machte nach Meinung der Zeitzeugin Pearl S. Buck eine Umwälzung in China so unvermeidlich.[42] In der Person Mao sei diese Kluft jedoch überwunden worden. Nicht zuletzt durch seine Art zu sprechen: Mit deftigen, oft humorvollen Beispielen veranschaulichte er wie kaum ein anderer seine politischen Analysen. Als er im Jahr 1923 den unterwürfigen chinesischen Ministerrat anprangerte, schrieb er: »Wenn einer unserer ausländischen Herren furzt, ist es für ihn wie duftendes Parfüm.« Und wenn man weiß, wie hemmungslos in China – vor allem früher – gespuckt und geschnäuzt wurde, kann man sich das Beben gut vorstellen, das Mao so auslösen wollte: »Ein Niesen von 395 Millionen genügt, um sie hinwegzufegen. 395 Millionen, vereinigt Euch!«[43]

### Beijing hin und zurück

Im Spätsommer 1918 fuhren 25 junge Leute zunächst auf einem Schiff nach Wuhan und bestiegen dort den Zug Richtung Beijing. Als Mitglied der »Studiengesellschaft des neuen Volkes«, die das Werkstudenten-Programm unterstützte, begleitete Mao Zedong die Gruppe. Das Geld für seine erste Reise in die Hauptstadt hatte er sich zusammengeliehen. Genau wie er fuhren viele zum ersten Mal mit der Bahn. Die Reise dauerte 14 Tage für eine Strecke, die moderne Schnellzüge oder Flugzeuge im heutigen China in weniger als einem halben Tag bewältigen.

Beijing mit seiner Million Einwohner war dreimal so groß wie Changsha. Im Herzen der Stadt lebte der letzte Kaiser Puyi immer noch im Kaiserpalast, abgeschirmt von der Wirklichkeit außerhalb der Palastmauern. Im Süden stand der runde Himmelstempel, dessen dreistufiges Dach glänzende Ziegel zieren, die etwas dunkler als ein strahlend blauer Himmel sind. Im Botschaftsviertel tanzte man im modernen *Hôtel de Pékin*. Viele ausländische Besucher hielten Beijing für eine der schönsten Städte der Welt. Gewebt aus verschiedenen Zeiten war diese »Stadt der goldenen Dächer (…), der weinroten Mauern und

毛泽东

dunkel getönten Tempel und Paläste, der herrlichen Akazien und vollkommenen Alleen«.[44] Die Trommel des Trommelturms gab abends das Zeichen zum Schließen der Stadttore. Noch standen die Mauern, die aus großen Backsteinen gebaut und so breit waren, dass auf ihnen drei Wagen nebeneinander fahren konnten. Die Glocke des Glockenturms klang dumpf durch die Pekinger Nächte, die – waren sie sternenklar – etwas von Wüste und Unendlichkeit ahnen ließen. Tagsüber zogen Kamelkarawanen durch die prächtigen Stadttore, während auf den gepflasterten Hauptstraßen schon moderne Limousinen fuhren. Überall, vor allem aber in den staubigen kleinen Gassen, den *Hutongs*, prägten noch stärker als in anderen Städten die Rikschas das Straßenbild. Einer von sechs Männern zwischen 16 und 50 Jahren arbeitete in Beijing in diesem Gewerbe. Doch eine Rikschafahrt konnten sich Zedong und Xiao Yu nicht leisten, sie gingen zu Fuß.

Im Stadtteil Drei-Augen-Quelle, nicht weit von der Beijinger Universität, lag die kleine Dreizimmerwohnung, die sie mit fünf weiteren Studenten teilten. Auf einem Ofen kochten die jungen Männer ihr Essen. Geschlafen wurde auf dem *Kang*, einem für den Norden typischen gemauerten Ofenbett, das sich von unten beheizen lässt: »Es gab kaum genug Platz zum Atmen«, erinnerte Mao. »Ich musste gewöhnlich die Schläfer auf beiden Seiten warnen, wenn ich mich umdrehen wollte.«

Die zukünftigen Werkstudenten gingen zu ihren Sprachkursen, Zedong dagegen suchte Arbeit, denn die Hauptstadt sei ein teures Pflaster. Sein Förderer Yang, den er gleich nach seiner Ankunft getroffen hatte, erwies sich als wahrer Freund. Er empfahl seinen ehemaligen Studenten dem Geschichtsprofessor Li Dazhao, der auch die Bibliothek der Beijing-Universität leitete. Der spätere Mitbegründer der KP Chinas stellte den nur fünf Jahre jüngeren Mao als Hilfskraft ein. Acht chinesische Silberdollar betrug der Monatslohn, für den jungen Mann aus Hunan eine »großzügige Summe«, die das Überleben sicherte.

Das zentrale Lehrgebäude der Universität, die auch kurz *Beida* genannt wurde, lag gleich hinter der Verbotenen Stadt in der Nähe des *Beihai*, des Nord-Sees. Der Direktor Cai Yuanpai, der die Hochschule seit 1916 leitete, setzte sich für eine moderne, weltoffene Ausbildung ein. Er hatte in Leipzig studiert und das Ethikbuch von Paulsen, das Mao verschlungen hatte, aus dem Deutschen übersetzt. Von Anfang an war sein Ideal die unbedingte Freiheit der Wissenschaft gewesen. Wer an der Beida lehrte, stand an der Spitze der geistigen Bewegungen Chinas und war stolz darauf. In der Bibliothek gab Mao Zedong die Zeitungen aus, notierte die Namen der Leser und räumte am Ende die Druckerzeugnisse wieder ein. Eine Tätigkeit, die kaum über der eines Auskehrers stand. In seiner Liste entdeckte er die Namen einiger Berühmtheiten, die er durch seine Lektüre der Zeitschrift *Neue Jugend* kannte. Mit ihnen wäre er gerne ins Gespräch gekommen, aber niemand beachtete ihn: »Sie hatten keine Zeit, einem Hilfsbibliothekar mit südlichem Dialekt zuzuhören.« Für viele Leute an dieser Eliteuniversität schien er »kein menschliches Wesen« zu sein. Mao wurde sich seiner provinziellen Erscheinung und beschränkten Erziehung schmerzlich bewusst, schließlich trennten ihn von den Dozenten oft nur wenige Lebensjahre.

Ein Trost mag gewesen sein, dass er umsonst die besten Zeitungen und Zeitschriften lesen konnte. Der Bibliotheksleiter gab seinem wissbegierigen Angestellten auch Leseempfehlungen. Li Dazhao war einer der Ersten gewesen, der sich in China für marxistische Schriften interessierte. Schon 1917 hatte er vorgeschlagen, von der Russischen Revolution zu lernen, um die republikanischen Kräfte in seinem Land zu stärken und eine neue Ordnung aufzubauen. Unter seiner Federführung erschien eine Sondernummer der *Neuen Jugend* zum Thema Marxismus.

Die demütigende Nichtbeachtung im Lesesaal hatte Mao nicht entmutigt, er trat einem philosophischen Arbeitskreis bei und hörte Vorträge, auch bei Professor Li über *Das Kapital* von Karl Marx, das noch in keiner kompletten chinesischen Übersetzung vorlag. Die Zeit in Beijing politisierte ihn weiter: »Ich wurde immer radikaler (...). Aber ich war doch noch sehr verwirrt und hielt Ausschau nach einem Weg, wie wir sagen.« Er entdeckte den Anarchismus, las die Schriften von Michail Bakunin und Pjotr Kropotkin.

Mit anarchistischen Theorien sympathisierte auch der 39-jährige Chen Duxiu, der Maos Plädoyer für die Körperertüchtigung veröffentlicht hatte. Der wortgewandte Literaturprofessor, der mit seinem Kollegen Li Dazhao die Vorliebe für dreiteilige westliche Anzüge, Hemd und Krawatte teilte, war der Dekan der geisteswissenschaftlichen Fakultät. Trotzdem behandelte er den Provinzler respektvoll. Als Herausgeber der *Neuen Jugend* hatte er Maos Generation so angesprochen, wie das Chinas Jugend nie zuvor erlebt hatte. Nicht mehr das Alte zählte, sondern auf die Jungen kam es nun an: »Wir müssen jung sein, wenn wir weiterbestehen wollen, wir müssen jung sein, wenn wir uns von der Korruption befreien wollen. Darin liegt die einzige Hoffnung für unseren Staat«, hatte Chen ihnen »unter Tränen« klargemacht und Mao mit seinem Schreibstil begeistert.[45]

So anregend das geistige Klima auch war, seine Lebensbedingungen in Beijing fand Mao erbärmlich. In der eiskalten Winterzeit teilte sich seine Wohngruppe zuerst einen und schließlich drei wattierte Mäntel. Deshalb konnten sie nur in abgesprochenen Schichten aus dem Haus gehen. Doch die Schönheit der alten Hauptstadt entschädigte ihn. Er schlenderte gerne durch die ehemaligen kaiserlichen Parkanlagen, die seit einigen Jahren für alle geöffnet waren. Rund um den Nord-See genoss er Anfang des Jahres 1919 den frühen nördlichen Frühling. Während die ersten Pflaumenblüten aufbrachen, waren die Weiden noch mit Eiskristallen bedeckt. Ein Dichter aus der Tang-Zeit hatte diese »wintergeschmückten Bäume mit zehntausend blühenden Pfirsichbäumen« verglichen, erinnerte sich Mao jetzt. Vielleicht war er für solche poetischen Bilder empfänglicher als sonst, weil er Professor Yangs Tochter Kaihui wieder getroffen und sich in sie verliebt hatte.

Ihr seine Gefühle zu offenbaren, traute sich der 25-Jährige noch nicht, so mittellos und ohne konkrete Zukunftspläne, wie er war. Seine Liebe muss platonisch und unsicher gewesen sein, auch weil es in Changsha noch seine erste Liebe Tao Yi gab, mit der er sich Briefe schrieb. In Beijing war seine und Kaihuis Zeit noch nicht gekommen. Das lag auch an der jungen Frau, die Zedongs Gefühle ignorierte. Was die Liebe betraf, so dachte sie kompromisslos: »Lieber gar nichts, wenn es nicht vollkommen ist.«[46] Mit 17 und 18 Jahren sei sie auch oft von Weltschmerz überwältigt gewesen, erinnerte sich Kaihui später. Sie habe sich dann gefragt, ob die Libellen, die ihr Bruder fing, Schmerz empfänden. Unsicher und auf der Suche war auch sie noch: »Ich wollte wirklich an etwas glauben.«[47]

Im Januar 1919 hatte Xiao Yu als Erster aus dem Kreis der »Drei Würdigen« die Reise nach Frankreich angetreten. Im März fuhren die restlichen Werkstudenten aus Hunan endlich auch nach Schanghai, um sich nach Europa einzuschiffen. Mao Zedong begleitete sie und erklärte nochmals selbstbewusst, warum er in China blieb: »Die Revolution kann nicht bis zu eurer Rückkehr (...) aufgeschoben werden.«[48] Mit an Bord ging auch sein enger Freund, der dritte Würdige Cai Hesen, der zusammen mit seiner Mutter und Schwester reiste. Während die Studentengruppe eine lange Fahrt auf dem billigen Vierte-

毛泽东

Klasse-Deck antrat, reiste Mao zurück nach Changsha, wo er sich mit unglaublicher Energie in die unterschiedlichsten Unternehmungen stürzte.

Zum Broterwerb unterrichtete der Junglehrer an einer Grund- und Mittelschule das Fach Geschichte. Gleichzeitig gründete er die *Xiang-Fluss-Rundschau*, eine Wochenschrift, und griff damit zum ersten Mal »direkter« in die Politik ein. Als Redakteur und Herausgeber, also im Einmannbetrieb, brachte Mao im Juli in einer 2000er Auflage die erste Ausgabe heraus, die im Handverkauf unter die Leute gebracht wurde. Eine patriotische Bewegung zur Befreiung der Menschheit sei endlich im Gange, verkündete Mao, »die Zeit ist reif (…). Wir sind erwacht. Die Welt gehört uns, die Nation, die Gesellschaft ist unser. Wenn wir nicht sprechen, wer soll es dann tun? Wer außer uns wird sich erheben und kämpfen?«[49] Mao verstand sich als Teil der nationalen Vierter-Mai-Bewegung, deren Geburtsstunde er in der Hauptstadt nur knapp verpasst hatte.

### Neuer Mai

Nur einen Monat nachdem Zedong und seine Freunde aus Beijing abgereist waren, hatten sich am 4. Mai 1919 vor dem Tor des Himmlischen Friedens Tausende von Studenten und Lehrer vor allem aus der Beida versammelt. »Bestraft die Landesverräter!«, riefen sie, »Wir kämpfen für die nationalen Rechte!« und »Nieder mit Japan!«. Denn über das unter dem Pazifik neu verlegte Telefonkabel hatte eine Nachricht aus Europa nur Stunden später China erreicht und sich schnell herumgesprochen: Nach dem Ende des Ersten Weltkriegs war der Kolonialbesitz des deutschen Kriegsverlierers nicht, wie von allen erwartet, an China zurückgegeben worden. Der Versailler Vertrag überließ die Provinz Shandong dem landhungrigen Nachbarn Japan.

Die Demonstranten fühlten sich von den westlichen Staaten,

besonders vom amerikanischen Präsidenten, verraten. Denn Woodrow Wilson hatte in einem 14-Punkte-Programm allen Völkern einen gerechten Frieden versprochen, aber für China schien das nicht zu gelten. Ein Betrug, den die chinesischen Unterhändler auch noch abgesegnet hatten. Die Beijinger Intellektuellen drängten empört ins Botschaftsviertel, marschierten zu den Wohnungen von Kabinettsmitgliedern und trieben die Verräter auf die Straße. Die Polizei griff hart durch, bald waren die Gefängnisse überfüllt. Auch Chen Duxiu war ein halbes Jahr lang inhaftiert, bevor er nach Schanghai umzog.

Die Protestwelle sprang von Beijing auf andere Städte über. In Schanghai wurde der erste gesamtchinesische Studentenverband gegründet. Auch Kaufleute und Arbeiter gingen mit auf die Straße, Eisenbahner streikten, überall wurde zum Boykott japanischer Waren aufgerufen und die unpatriotische Zentralregierung kritisiert. In dieser Bewegung des Vierten Mai entstand in China zum ersten Mal so etwas wie ein modernes Nationalbewusstsein. Das löste in den folgenden Monaten und bis in 20er-Jahre hinein tief greifende gesellschaftliche Veränderungen aus. Eine neue Kulturbewegung war geboren, die ein ganzes Jahrzehnt prägte.

Dem »Kramladen des Konfuzius«, den alten Moralvorstellungen, sagten immer mehr junge Leute den Kampf an. Die Jugend forderte vehement die Gleichstellung von Mann und Frau. Ihr Ideal war längst die romantische Liebe und keine arrangierte Heirat. Immer mehr Frauen nahmen sich das Recht heraus, allein zu leben und zu arbeiten. »Glücklicherweise geht mein Leben in dieser Welt ausschließlich mich etwas an«, schrieb die Schriftstellerin Ding Ling, »und doch: Wem kann ich mein verrücktes Herz offenbaren?«[50] Man kleidete sich modern, Männer wie Frauen trugen Kurzhaarfrisuren. Bildung für alle verlangte diese Generation und dazu gehörte eine verständlichere

毛泽东 **67**

Sprache in Literatur und Schrift. Der Autor Hu Shi ermutigte alle, sich in der Sprache ihrer Zeit auszudrücken. Manche forderten die radikale Abschaffung der nicht mehr zeitgemäßen Schriftzeichen. Alle lasen begeistert ausländische Philosophen und europäische zeitgenössische Romane. Eine neue chinesische Literatur entstand.

Eine »Menschenfressergesellschaft«, so nannte Lu Xun, der 1881 geborene erste und berühmteste moderne Dichter Chinas, sein zerrüttetes Vaterland. Seine 1918 erschienene Kurzgeschichte *Das Tagebuch eines Verrückten* endete mit der Hoffnung, dass es in der nächsten Generation besser wird: »Vielleicht gibt es Kinder, die noch keine Menschen gefressen haben? Rettet die Kinder.«[51]

Die politisierte Vierter-Mai-Generation trieb vor allem eine Frage um: Wie muss *ihr* zukünftiges China aussehen? Als politisches System schien die Demokratie eine Möglichkeit zu sein und mehr moderne Wissenschaft benötigte das Land ebenfalls; das Ideenpaar wurde als »Mr. Democracy and Mr. Science« populär. Aber diese neue Jugend schaute sich in der ganzen Welt nach Vorbildern um. In Indien, wo Mahatma Gandhi gewaltfrei und mit Massenprotesten die britische Kolonialmacht herausforderte. Oder in der Türkei, wo sich Kemal Atatürk auf den Weg gemacht hatte, die Gesellschaft zu reformieren. Alles wurde durchdacht und diskutiert, um endlich den richtigen Weg für China zu finden, das immer noch von Kolonialmächten besetzt war und von einheimischen Warlords geplündert wurde. Viele blickten nach Amerika und verehrten deren frühere Präsidenten Abraham Lincoln und George Washington. Doch nach der undemokratischen Entscheidung der Pariser Friedenskonferenz schauten auch immer mehr erwartungsvoll in Richtung Sowjetunion.

Weil die Vierter-Mai-Bewegung vor allem von patriotischen Studenten und Studentinnen getragen worden war, rief die Kommunistische Partei Chinas diesen Tag 20 Jahre später zum »Tag der chinesischen Jugend« aus. Es ist ein Feiertag, der bis heute existiert. Zu diesem Anlass hielt der Revolutionär Mao in Yan'an im Jahr 1939 eine Rede, in der er die Rebellen des 4. Mai als Vorhut der chinesischen Revolution lobte und ihre Bewegung als einen ersten »Weckruf der Volksmassen« deutete.

Diese Jugendrevolte zeichnete sich aber noch durch ein anderes Merkmal aus: Noch nie zuvor waren so offen und frei gesellschaftliche Fragen diskutiert worden. Genau daran erinnerten 70 Jahre später in Beijing über 100 000 Demonstranten. Wieder waren es vor allem Studenten und Studentinnen in den Zwanzigern, die 1989 auf dem Platz des Himmlischen Friedens zusammenkamen. Die jungen Leute stellten eine aus Styropor gebaute Figur auf; sie zeigte nicht den alten »Mr. Democracy«, sondern eine neue, an die amerikanische Freiheitsstatue erinnernde »Göttin der Demokratie«. Eine Diskussion mit der Regierung über Fragen der Demokratisierung und freie Meinungsäußerung, Bürokratie und Korruption wollten sie in Gang bringen. Das forderte ihr »Neuer-Vierter-Mai-Manifest« in Anlehnung an dieses symbolträchtige Datum. Ob und wie darauf einzugehen sei, diese Frage spaltete die chinesische Führung zutiefst. Wenige Wochen später wurden die Proteste gewaltsam und blutig beendet. An diesen Tag wird im heutigen China auch mit dem Begriff »Vierter-Juni-Zwischenfall« erinnert, wobei die Ähnlichkeit mit dem Begriff Vierter-Mai-Bewegung gewollt ist. Denn das rebellische Jahr 1919 taugt am Beginn des 21. Jahrhunderts weiterhin als unbequemes Vorbild und liefert politischen Sprengstoff.

Darauf reagierte die chinesische Regierung inzwischen. Um das Jahr 2000 herum ließ sie zahlreiche Vierter-Mai-Denkmäler

毛泽东

aufstellen, deren Inschriften – wie es schon der Revolutionär Mao 1939 tat – vor allem die patriotischen und nationalen Ziele der Bewegung heraushoben. Das entsprechende Museum in der Hauptstadt wurde in dem »alten roten Gebäude« der Beida untergebracht, wo Zedong in der Bibliothek gearbeitet hatte.

Die Aufbruchstimmung, die 1919 vor allem die Städte und natürlich auch die Universitätsstadt Changsha erfasst hatte, ließ die Auflage von Maos *Xiang-Fluss-Rundschau* auf 5000 Exemplare hochschnellen. In den Nummern zwei bis vier erschien sein berühmter Beitrag *Die große Einheit der Volksmassen.* Der Aufenthalt in Beijing hatte tatsächlich sein Denken verändert, er war nun »ein anderer Mao«.[52] Seine Bewunderung großer historischer Persönlichkeiten trat noch weiter in den Hintergrund, das Schicksal des einfachen Volkes wurde ihm immer wichtiger.

Mao brachte seine Überzeugung pathetisch und ganz dem Geist der Vierter-Mai-Bewegung verpflichtet an die Leser: »Der Verfall des Staates, das Leiden der Menschheit und die Dunkelheit der Gesellschaft haben einen Höhepunkt erreicht.« Dagegen helfe nur, dass Bauern, Arbeiter, Frauen und Studenten sich zusammenschließen würden. Er kopierte den Schreibstil seines Vorbildes, des *Jugend*-Herausgebers Chen, indem er seine Leserschaft direkt ansprach: »Wir sind Studenten und leben bereits im 20. Jahrhundert, doch werden wir ständig gezwungen, uns den alten Zeremonien und Methoden zu unterwerfen (...). Wir sind Frauen, wir versinken in einem Meer des Elends, wir wollen unsere Einheit.«[53] Allein dadurch könnten »die Aristokratie, Kapitalisten und Machthaber in der Gesellschaft« besiegt werden und endlich eine echte Veränderung beginnen.

Solche journalistischen Arbeiten in seiner Zeitung, aber auch mehrere populäre Aufsätze über die chinesische Geschichte und die Weltgeschichte machten Mao Zedong über Changsha hinaus bekannt. Kein Wunder, dass der Militärgouverneur der Provinzhauptstadt das kritische Blatt nach vier Ausgaben verbieten ließ. Dass Maos nächste Publikation *Das neue Hunan* unter dem schützenden Dach der amerikanischen Bildungseinrichtung »Yale in China« erschien, beeindruckte die Obrigkeit nicht, das zweite Verbot folgte. Danach arbeitete Mao Zedong als freier Redakteur für Changshas größte Zeitung, *Dagongbao,* in der er seine Kommentare zu Fräulein Zhaos Selbstmord veröffentlichen konnte.

Im Herbst 1919 engagierte sich der Unermüdliche in Lehrer- und Schülerstreiks, die sich gegen Geldkürzungen im Bildungsbereich formiert hatten. Wiederbelebt wurde mit seiner Hilfe auch die alte »Studiengesellschaft des neuen Volkes«, die er mit seinem Freund Xiao Yu gegründet hatte: »Unsere Gruppe forderte gleiche Rechte für Männer und Frauen, eine repräsentative Regierung und ganz allgemein die Billigung eines Programms für eine bürgerliche Demokratie.« Sie diskutierten auch ernsthaft, ob sich Hunan nicht abspalten und selbstständig werden müsste, um endlich Reformen auf den Weg zu bringen.

Im Auftrag der »Studiengesellschaft« sollte Mao im Winter mit einer Provinzdelegation erneut nach Beijing aufbrechen, um Maßnahmen von ganz oben gegen den Gouverneur Zhang auszuloten; Ziel war dessen Absetzung. Im Beijinger Zunfthaus des Kreises war ein Treffen von 1000 Leuten geplant, für das Mao die Parole lieferte: »Die Menschen von Hunan können nicht leben, wenn Zhang nicht verschwindet.«[54] Auch Zeitungsaufträge hatte er in der Tasche, dieses Mal würde er in der teuren Hauptstadt keine Geldsorgen haben. Sicher freute sich Mao darauf, die Professoren Lu und Chen, seinen alten Lehrer Yang und vor allem dessen Tochter wiederzusehen.

## Familienbilder

Als Mao Zedong im Dezember 1919 in die Hauptstadt reiste, waren erst zwei Monate seit dem Tod seiner Mutter vergangen. Dass Wen Qimei schwer erkrankt war, hatte Zedong bereits während seines ersten Beijinger Aufenthaltes erfahren. Kurz nach der Rückkehr im Frühjahr hatten sie sich in Changsha wiedergesehen. Seine Mutter war zur ärztlichen Behandlung angereist, begleitet von Maos Bruder Zemin, der den väterlichen Hof mitverwaltete. Ihr Jüngster, der 14-jährige Zetan, besuchte in der Provinzhauptstadt noch die Grundschule, die zum »Ersten Lehrerseminar« gehörte. Frau Wen und ihre Söhne nutzten die seltene Gelegenheit, sich in einem Fotostudio zusammen fotografieren zu lassen.

Die 52-Jährige ist auf dem Bild* das ruhende Zentrum. Gelassen, aber auch stolz sitzt sie zwischen ihren Söhnen, als wolle sie sagen: Seht her, was aus ihnen geworden ist, besonders aus meinem Ältesten. Zedong steht links neben ihr, bekleidet mit dem langen traditionellen Gelehrtenrock. Von den Brüdern in ihrer eher plumpen Bauernkluft hebt er sich ab. Neben der sitzenden Mutter wirkt er mit seinem festen und melancholischen Blick umso größer und überlegener. Dass dieses Bild auch Wen Qimeis Abschiedsfoto sein würde, ahnten sicher alle.

In den folgenden Monaten besuchte Mao seine krebskranke Mutter nicht mehr, weil er sie als gesunde und schöne Frau in Erinnerung behalten wollte. Wen Qimei, die für Maos Ängste Verständnis zeigte, starb am 6. Oktober 1919. Erst zum Begräbnis, drei Tage später, reiste ihr Lieblingssohn nach Shaoshan und lobte am Grab in Verszeilen die bedingungslose Liebe seiner Mutter, der Falschheit und Lüge immer fremd gewesen seien.

* siehe Foto auf S. 12

Bald darauf wurde in Changsha das nächste Familienfoto aufgenommen: Zedong trägt dasselbe Gewand, nur ein Trauerflor umspannt jetzt seinen linken Oberarm. Er steht neben seinem Onkel, der auf einem Stuhl sitzt genau wie Maos Vater. Zwischen den beiden alten Männern steht ein niederer Tisch, der mit einem Blumentopf, einer mechanischen Uhr, einer Porzellanfigur und zwei Teetassen dekoriert wurde, Dinge, die Wohlstand signalisierten. Vater und Onkel tragen kleine schwarze Seidenkappen, auf denen typischerweise ein aus roter Seide geknüpfter großer Knopf sitzt, und die aus Satin oder Seide geschneiderten Stehkragenjacken über dem traditionellen Rock. In einer Schuluniform steckt der kleine Zetan, den der Fotograf neben dem Vater platziert hat.

Nur drei Monate nach dem Fototermin wird sich Mao weigern, an das Krankenbett seines Vaters zu eilen, der ihn darum gebeten hatte. Dass Bauer Mao seinen Sohn in den letzten zehn Jahren immer wieder mit Geld unterstützt hatte, wog die alten Verletzungen nicht auf. Zedong blieb so hartherzig, wie Mao Yichang immer gewesen war. Als der Vater mit 49 Jahren an Typhus starb, war sein Tod dem ältesten Sohn kein einziges Wort wert. Auch der Beerdigung blieb er fern, er hatte im Januar 1920 in Beijing Wichtigeres zu tun.

Maos Eltern teilten sich eine Grabstätte, die in den 30er-Jahren von nationalistischen Truppen geschändet werden sollte. Die Gebeine der Ahnen des Revolutionärs Mao wurden verstreut, damit ein Fluch über den »roten Banditen« käme. Die Legende besagt, die Einwohner Shaoshans hätten den Guomindang-Soldaten ein falsches Grab gezeigt. Im hohen Alter erzählte der Herrscher Mao seiner Tochter Li Min von der feindlichen Aktion: »Aber nichts ist mir passiert; es ist nur ein Aberglaube. Nun haben die Leute das Grab wieder angelegt und wieder ist mir nichts passiert.«[55]

Das Familiengrab existiert noch heute. Es liegt nur fünf Minuten Fußmarsch vom ehemaligen Wohnhaus entfernt auf einem bewaldeten Hügel, wo Zedong als Jugendlicher heimlich seine Romane gelesen hat. Neben der halbkreisförmigen Einfriedung der in den Hügel eingelassenen Ruhestätte sitzen Frauen auf niederen Bambusstühlen. Sie verkaufen den Touristen Blumen, die vor der steinernen Absperrung abgelegt werden, oder die vollen Schnapsgläser, die ausgeschüttet werden, bevor man sich wie in einem buddhistischen Tempel dreimal vor Maos Eltern verbeugt.

In Shaoshan gibt es auch einen alten Park, in dem wichtige Orte aus Maos Leben nachgebaut wurden. Die Besucher können hier wie der kleine Zedong eine mehrteilige, löchrige Felsengruppe umrunden – die Kopie seiner »Steinmutter«. Nicht weit davon entfernt stehen in einem Gebetsraum, neben der nachgebauten Schule, die überlebensgroßen schwarzen Holzfiguren von Mutter Wen Qimei und Vater Mao Yichang. Als Vorlage dienten dem Künstler die zwei Gruppenfotos. Der Glanz des Sohnes, der als kupferfarbene Büste zwischen den Eltern und als kleine goldene Statue mehrfach vor ihnen steht, färbt bis heute auf sie ab.

### Verliebt und verwirrt

Als Mao Zedong im Dezember des Jahres 1919 in Beijing ankam, erfuhr er, dass auch sein Förderer, Professor Yang, todkrank war, er litt an Magenkrebs. An seinem Krankenbett traf Zedong endlich Kaihui wieder. In dieser schwierigen Situation, die alle aufwühlte, sah die junge Frau zu ihrer eigenen Verwunderung den Lieblingsstudenten ihres Vaters plötzlich mit anderen Augen: »Ich hatte mich in ihn verliebt, nachdem ich viel über ihn gehört und viele seiner Artikel und Aufzeichnungen gelesen hatte.« Als Yang Changji Anfang 1920 starb, klagte

die Tochter zwar: »Vater ist tot. Mein geliebter Vater ist tot.«
Doch gleichzeitig staunte Kaihui, dass sie trotzdem glücklich
sein konnte: »Ich hatte einen Mann, den ich liebte – ich liebte
ihn wirklich sehr.«[56]

Am 22. Januar nahm Mao an der Beerdigung seines Lehrers
teil, nur einen Tag später starb sein Vater im fernen Shaoshan.
Innerhalb eines halben Jahres hatte Mao neben seinen Eltern
auch noch seinen geistigen Vater verloren. Der 26-Jährige war
nun endgültig erwachsen und gegenüber den Geschwistern so
etwas wie das Familienoberhaupt. Er nahm diese Rolle an und
sorgte dafür, dass seine Adoptivschwester ein Lehrerinnensemi-
nar und Zetan eine Mittelschule besuchte.

Da die Familie Yang die Asche des Verstorbenen an ihrem
Wohnort Bancang, nahe Changsha, beisetzen wollte, musste
sich das frisch verliebte Paar trennen. Mao blieb drei weitere Monate in der Hauptstadt; in dieser Zeit soll er an Kaihui
zahlreiche Liebesbriefe geschrieben haben. Trotzdem wagte sie
»immer noch nicht zu glauben, dass ich solches Glück hatte«.[57]

In Beijing wohnte er wie schon beim letzten Mal in der Nähe
des Kaiserpalastes. Mao hatte an der nördlichen Hauptstraße
eine Bleibe in einem baufälligen, leer stehenden Lama-Kloster
gemietet. Als Schreib- und Lesepult benutzte er einen Weih-
rauchtisch, nachts las er wie früher in Shaoshan im Schein einer
Öllampe, elektrisches Licht gab es nicht. Er verfasste Petitio-
nen, in denen er die Verbrechen des Hunaner Machthabers auflistete. Gouverneur Zhang habe nicht nur Soldaten wie »hungrige Wölfe« losgelassen, er selbst sei »ein wütender Tiger, der
plündert, raubt, betrügt und Steuern eintreibt«.[58] Daraufhin
versprach die Zentralregierung, jemanden zu schicken, der die
Vorwürfe untersuchen sollte, mehr nicht.

Am Krankenbett von Professor Yang hatte Mao auch dessen
Freund und Kollegen Li Dazhao wieder getroffen, der gerade

毛泽东                                                    **75**

an einer neuen Übersetzung des *Kommunistischen Manifests*
arbeitete. Wahrscheinlich konnte Mao Teile davon lesen. Inzwischen existierte auch ein marxistischer Studienkreis, an dem er
ab dem Januar 1920 teilnahm. In der Gruppe wurde über den
Aufbau einer anarchistischen Kommune diskutiert, ein kollektives Leben bei einem nur vierstündigen Arbeitstag wollten sie
erproben, doch nach drei Monaten wurde der Plan verworfen.
Die Idee eines neuen Dorfes, in dem Sozialismus gelebt und neben der Feldarbeit ein Selbststudium und Unterricht angeboten wurde, faszinierte Mao Zedong. Er überlegte sogar, in den
Bergen Hunans eine solche Gemeinschaft aufzubauen, in der
sich die Studenten körperlich und geistig stählen sollten. Dass
derartige Projekte den Abstand zwischen der anwachsenden
Bildungselite in den Städten und den immer noch ungebildeten
ländlichen Massen verringern könnten, hatte Li Dazhao bereits
in seinem Artikel *Die Jugend und das Dorf* vom Februar 1919
ausführlich erörtert.[59] Das waren Ideen, die in Kampagnen der
späteren Volksrepublik wiederauftauchen sollten.

In seiner zweiten Beijinger Zeit spürte Mao in der Uni-
Bibliothek jede chinesische Lektüre über die Russische Revolution auf und las alle Werke *über* den Marxismus, die er finden
konnte. Denn die Originaltexte von Karl Marx und Friedrich
Engels wurden erst viel später – in den 30er- und sogar bis in
60er-Jahre hinein – vollständig ins Chinesische übertragen.

Der junge Mann aus Hunan nahm begierig so viel Wissen
wie möglich auf. Aber am Ende seines Aufenthaltes in Beijing
war er immer noch ein Suchender, ein verwirrter Halbintellektueller, der auf der Stelle trat: »Ehrlich gesagt habe ich noch
keine klare Vorstellung von all den unterschiedlichen Ideologien und Doktrinen.«[60] Das Wichtigste, was er sich notiert habe,
seien die folgenden vier Zeichen gewesen: 阶级斗争, *Jiejidouzheng*, die chinesische Übersetzung des Wortes Klassenkampf.

### Wandern und suchen

Im April 1920 verließ Mao Zedong die Hauptstadt, die er erst 29 Jahre später als siegreicher Revolutionär wiedersehen wird. Nach Schanghai wollte er, um den Herausgeber der *Neuen Jugend*, Chen Duxiu, zu treffen. Von ihm erhoffte er sich Antworten auf seine vielen Fragen. Auf halber Strecke unterbrach Mao jedoch die Reise und besuchte Qufu, die Stadt des Konfuzius, dessen Schriften er seit gut 13 Jahren immer wieder studiert hatte. Das Grab des vor über 2000 Jahren gestorbenen Meisters Kong lag in einem Hain, zu dem eine lange Zypressenstraße führte. Die Ruhestätte von Konfuzius war ein einfacher, mit Gras bewachsener Erdhügel. Den Kräutern, die auf dem Grab wuchsen, wurden Wunderkräfte nachgesagt. Mao bestieg anschließend den nahe gelegenen Taishan, einen der fünf heiligen Berge des Daoismus.

Wer auf dem Gipfel dieses chinesischen Olymps stehe, zu dem über 6000 Treppenstufen führen, der erfahre, wie klein die Welt ist, sagt man in China. Er ging auch den Bach entlang, in dem Yen Hui, ein berühmter Schüler von Konfuzius, seine Füße gebadet hatte. Schließlich besuchte er noch den Geburtsort des Konfuzius-Nachfolgers Menzius, der im 4. Jahrhundert vor Christus gelehrt hatte. In diesen Tagen war Mao ein wandernder Scholar, der in die Vergangenheit abtauchte. Was ihn genau bewegte, verschwieg Mao Zedong, doch er nannte diese Wochen später »die wahrscheinlich kritischste Zeit meines Lebens«.

Nach dem Tod des einzigen Mentors, den er jemals hatte, und ohne die engen Freunde, die alle im Ausland weilten, stand er mit seinen Fragen an die Welt alleine da. Er vermisste ein Gegenüber, um sich über Dinge klar werden zu können: vielleicht über die Liebe zu den zwei Frauen, zu Tao Yi und Kaihui. Wahrscheinlich dachte er über seine berufliche Zukunft und seinen weiteren politischen Weg nach. Und genau dafür brauche es,

毛泽东 **77**

formulierte er später, Chinas ganze Geschichte – von Konfuzius bis Sun Yatsen. »Das wird uns helfen, die großen Bewegungen der Gegenwart zu lenken.«[61]

Nach 25 Tagen fuhr Mao weiter und erreichte Anfang Mai Schanghai, das nicht so chinesisch wie Beijing war, sondern eine typische Kolonialstadt, ein »Laboratorium der Moderne«.[62] Dieses Paris des Ostens war mit seinen 3,5 Millionen Einwohnern die fünftgrößte Stadt der Welt. Noch heute säumen dieselben Art-déco-Bauten aus den 20er-Jahren die berühmte Uferpromenade, den Bund. Schanghai war aber auch ein Sumpf des Opiumhandels, des Glücksspiels und der Prostitution, kontrolliert von Geheimgesellschaften. Neben den internationalen Vierteln wucherten elende Chinesenquartiere, in denen die Fabrikarbeiter hausten und in deren Gassen immer wieder Kinder zum Verkauf angeboten wurden.

In einem zweistöckigen Haus im Westen der Stadt kam Mao Zedong bei Bekannten aus Hunan unter. Seinen Lebensunterhalt verdiente er halbtags als Wäschereihelfer: Er wusch und bügelte die fertigen Kleidungsstücke und lieferte sie in die Hotels und Villen. Dafür nutzte er die teure elektrische Straßenbahn, die monatlich acht Silberdollar kostete; je nach Auftragslage blieb ihm von seinem Lohn zum Leben nur noch gut die Hälfte übrig.

In seiner freien Zeit erkundete er die Stadt, leider schrieb er seine Eindrücke nirgends nieder, nur eine Anekdote ist überliefert: In Schanghai soll er auf der Straße zufällig einen aus dem Ausland zurückgekehrten Schulfreund getroffen haben, der einen westlichen Anzug trug. »Du solltest besser deine Kleidung wechseln«, riet ihm Mao.[63] Auf die Frage, warum, führte Mao seinen Bekannten zum Eingang des Stadtparks und zeigte ihm zwei Schilder. Auf dem ersten stand: *Für Hunde verboten*, auf dem anderen: *Nur für Chinesen in Begleitung ausländischer Herren*.

Dass es diese beiden Tafeln gab, ist historisch belegt. Die Kombination jedoch – *Für Chinesen und Hunde verboten* – tauchte erst viel später in der Volksrepublik China auf, und zwar in einem Spielfilm über diese Zeit.

### Marxist werden

Bei Professor Chen, der in der französischen Konzession in einem der kleinen, europäisch aussehenden Häuser wohnte, war Mao mehrmals zu Gast. In dem Ziegelbau war auch das Redaktionsbüro der *Neuen Jugend* untergebracht. Mit Chen konnte Mao endlich über die Bücher reden, die er in Beijing gelesen hatte. »Er hatte mich vielleicht mehr als irgendein anderer beinflusst (...). Bis zum Sommer 1920 war ich in der Theorie und bis zu einem gewissen Grad auch in der Praxis Marxist geworden, von dieser Zeit an betrachtete ich mich als Marxisten.«

Maos Wandel war auch dem Briefwechsel mit dem Freund Cai Hesen in Frankreich geschuldet. Mit dem Werkstudenten, der sich inzwischen als Kommunist sah und China nach dem russischen Muster verändern wollte, diskutierte er längst Fragen der Weltrevolution und verwendete die Begriffe »Kapitalist« und »Proletarier«. Dass es eine Art Oktoberrevolution auch in China geben müsse, war beiden klar, doch nicht, wie das in ihrem Land genau aussehen könnte.

Was Mao in Schanghai nicht erfahren hatte: Mit Li in Beijing und auch mit Chen in Schanghai hatten russische Vertreter der Komintern, der Kommunistischen Internationale (KI), Kontakt aufgenommen. Seit 1919 gab es diesen weltweiten Zusammenschluss nationaler kommunistischer Parteien mit dem Ziel, gemeinsam die Weltrevolution voranzubringen. Lenins Regierung war durch diverse Artikel auf die beiden Männer aufmerksam geworden, die als Chinas beste Marxismuskenner galten. Anfangs noch skeptisch, stimmten die zwei Professoren am Ende

毛泽东

des Komintern-Besuches zu, auch in China eine Kommunistische Partei aufzubauen. Acht Personen, von denen der Jüngste gerade 18 Jahre alt war, kamen bereits im Sommer 1920 zusammen, um die Urzelle dieser neuen Partei aus der Taufe zu heben. Das wurde in China nicht weiter öffentlich gemacht, nur in der Petrograder Ausgabe der *Prawda* erschien am 30. Juli 1920 eine entsprechende kleine Zeitungsnotiz. Erst ein Jahr später wird – dann auch unter der Beteiligung Maos – in Schanghai das Treffen stattfinden, das in der offiziellen Parteigeschichte als der eigentliche Gründungskongress gilt.

Von diesen ersten Planungen hatte Mao keine Ahnung, als er nach Changsha zurückkehrte, wo der Militärmachthaber General Zhang nach einem kleinen Bürgerkrieg abgesetzt worden war. Der neue, liberalere Regierungschef Tang hatte einen ehemaligen Lehrer Maos zum Direktor des Lehrerseminars ernannt. Dieser bot seinem früheren Schüler eine Stelle an und Mao griff zu. Er wurde Direktor der Grundschule, die seiner alten Lehranstalt, dem »Ersten«, angeschlossen war. Jetzt hatte er nicht nur ein gesichertes Einkommen, sondern auch einen prestigeträchtigen Posten, er war plötzlich wer in der Provinzhauptstadt.

Mit der festen Stelle im Rücken zog Mao im Spätsommer in Changsha ein kleines Unternehmen auf, die »Kulturelle Buchgemeinschaft«. Das Startkapital kam »von einigen der unseren (…), die einander ganz verstehen und vertrauen«.[64] Die amerikanische Bildungsstätte »Yale in China« vermietete Mao drei Räume für den Buchverkauf und die Ausleihe. Das Schild für die Ladenfront schrieb Gouverneur Tang, der sich gerne als Kalligraf hervortat. »Der Geist der Menschen von Hunan ist hungriger als ihr Magen«[65], mit diesem Slogan bewarb Mao das Leseangebot. Es gab drei Zeitungen und über 40 Zeitschriften, nicht nur Chens *Neue Jugend*. Viele andere Publikationen trugen auch das Wort »neu« im Titel, etwa *Die neue Frau, Das neue Licht* oder *Die neue Welt*. Unter den insgesamt 200 Büchern waren welche über Anarchismus und eine Einführungsbroschüre zum *Kapital* von Karl Marx. Verkauft wurden Werke von Plato, Charles Darwin und Bertrand Russell, dessen Vortrag in Changsha Mao besucht hatte. Der 48 Jahre alte englische Philosoph, Pazifist und spätere Literaturnobelpreisträger Russell hatte in den Jahren 1920 und 1921 einen Lehrauftrag in Beijing und reiste bei dieser Gelegenheit in mehrere chinesische Provinzen. Eine Frucht der Bewegung des Vierten Mai waren solche offiziellen Begegnungen über Ländergrenzen hinweg, die ebenfalls mit dem englischen Schriftsteller George Bernhard Shaw und dem indischen Dichter Tagore zustande kamen.

Im November 1920 berichtete Mao seinem Freund Cai Hesen in einem Brief, dass Russell sich in seinem Vortrag in Changsha zwar gegen eine Diktatur der Arbeiter und Bauern, aber für eine Umerziehung der besitzenden Klasse ausgesprochen habe. »Auf diese Weise hätte man es nicht nötig, die Freiheit einzuschränken oder Krieg und eine blutige Revolution zu führen.« Dagegen wendete Mao ein: »Dies klingt alles in der Theorie recht schön, lässt sich aber in der Praxis nicht durchführen.« Noch nie habe ein Despot, Imperialist oder Militärmachthaber freiwillig die Bühne verlassen, ohne dass ihn das Volk stürzte, lautete sein Fazit. Ideale scheiterten oft an der Realität, das gelte leider auch für andere verlockende theoretische Gebilde wie »absoluter Liberalismus, Anarchismus und sogar absolute Demokratie«. Lebendig sei jedoch bereits der Wunsch nach Kommunismus. Aufgrund dieser Tatsache müsse man endlich handeln und sich besser organisieren.[66]

Auch angeregt durch die Schanghaier Gespräche mit Chen, rief Mao einen marxistischen Studienkreis und eine Zweigstelle der Sozialistischen Jugendliga ins Leben. Ein Hinweis darauf, dass inzwischen Kontakte zu der Urzelle der KP in Schanghai und wohl auch zu den Marxisten in Beijing bestanden, die er während seiner Hauptstadtaufenthalte getroffen hatte. Zum dritten Jahrestag der russischen Oktoberrevolution jedenfalls organisierte Mao in Changsha eine Kundgebung, die Polizei verbot nur das Hissen einer roten Fahne.

### Rote Liebe

Intensiv kümmerte sich Mao Zedong weiter um sein Buchunternehmen, das gewinnbringend arbeitete; Zweigstellen in anderen Städten und Buchkioske in vier Schulen wurden eröffnet. Auch seine alte Freundin Tao Yi hatte 10 Silberdollar investiert. Die kurze und heftige Liebe der beiden war inzwischen zu Ende gegangen. Denn auf der Liste der Geldgeber für die Buchgemeinschaft stand auch die Witwe von Professor Yang, Kaihuis Mutter. Ihre Tochter und Mao trafen sich seit seiner Rückkehr aus Schanghai wieder. Die 19-Jährige besuchte inzwischen eine Missionsschule in Changsha und setzte sich öffentlich für die Koedukation und Frauenbildung ein. Ihre »Schwestern« ermahnte sind: »Frauen sind menschliche Wesen, genau wie Männer auch (…)! Wir müssen für die Gleichheit von Mann und Frau kämpfen!«

Temperamentvoll und stolz waren sowohl Mao als auch Yang Kaihui. Es gab Zweifel und Eifersucht, Verletzungen und Rückzüge auf beiden Seiten. Erst als ein Freund ihr Maos »wahre Gefühle« glaubhaft offenlegte, jubelte die junge Frau: »Ich sah in sein Herz und er komplett in meins.«[67]

Das Paar traf sich in Maos Wohnung auf dem Schulgelände, aber sie lebten noch nicht zusammen. Doch dann verfasste er für sie ein Gedicht über seine nächtlichen Sehnsüchte: »Kummer, der sich auf mein Kissen türmt, wie ist deine Gestalt? Wie lang die Nacht? Wie dunkel der Himmel? Wann wird es hell?«[68]

Und endlich wurden die beiden offen ein Liebespaar. Yang Kaihui musste die Schule verlassen, als sie in Maos Wohnung auf dem Schulgelände einzog. Als Kritik daran laut wurde, änderte Mao als Direktor die Hausregeln: Nun war es den Lehrerfrauen nicht länger untersagt, gemeinsam mit ihren Männern auf dem Schulgelände zu leben. Beide glaubten an die freie Liebe, allein darauf könne eine Verbindung gründen, die wirklich etwas bedeute. Eine konventionelle Ehe lehnten sie ab. Diese Institution, hatte Mao behauptet, sei nur eine legalisierte Vergewaltigung, und versichert, einer Truppe von Vergewaltigern werde er sich niemals anschließen.

Mao Zedong arbeitete seit Mitte des Jahres 1920 als Buchhändler, Schuldirektor und Journalist. Weil er beruflich stark gefordert war, hatte er nichts dagegen, privat zur Ruhe zu kommen. Er informierte brieflich seine Freunde in Frankreich: Erziehung sei jetzt sein Handwerk, er wolle die nächsten zwei Jahre in Hunan bleiben. Im Dezember des Jahres 1920 »heiratete« das Paar dann doch noch, wahrscheinlich wegen Maos Stellung. In seinem Direktionsbüro versprachen sie sich einander unter Zeugen, aber ohne Pomp und Papiere, auf ihre ganz eigene Art. Da ein modernes Eheregister, das die alten Ehekontrakte ersetzen sollte, noch nicht existierte, gab es auch keine offizielle Heiratsurkunde.

Diese »ideale Liebesheirat« imponierte vielen jungen Radikalen in Changsha, für die der rebellische Lehrer und Journalist kein Unbekannter war. Er und Yang Kaihui galten als das moderne Traumpaar schlechthin. Trotzdem existiert aus dieser Zeit kein Foto, das die beiden zusammen zeigt. Erhalten sind nur Einzelporträts, die später zu Paarbildern montiert oder als Vorlage für Propagandaplakate verwendet wurden.

Yang Kaihui war in der chinesischen Öffentlichkeit lange Zeit fast vergessen. Die großformatigen Poster von ihr und

毛泽东         

Mao tauchten erst Ende der 70er-Jahre, also nach seinem Tod, in der Volksrepublik auf. Damals war Jiang Qing, Maos letzte und dritte Ehefrau, bereits verhaftet und erwartete einen politischen Prozess. Sie beschädigte das Bild, das sich viele von Mao gemacht hatten. Wie hatte er sich in dieser Frau so täuschen können, fragten sich viele. Ihre Abneigung gegen die letzte »Madame Mao« fiel auf ihren Mann zurück. Umso wichtiger war es der Regierung, Mao Zedongs erste Lebensgefährtin – die Zwangsheirat wurde zu Recht nie mitgezählt – als Gegenmodell aufzubauen und an diese fast ideale »erste rote Familie« zu erinnern, die im Jahr 1930 so brutal zerstört werden sollte. Das übertünchte einige Risse im Bild Maos als einem strahlenden und weisen Herrscher.

Auf diesen neueren Abbildungen trägt Yang Kaihui den Bubikopf der modernen Chinesin. Gekleidet ist sie meistens wie die typische Aktivistin der Vierter-Mai-Bewegung: knielanger schwarzer Faltenrock, eine weiße langärmlige Bluse im Chinastil, mit Stehkragen und schräger Knopfleiste, und schwarze Lederschuhe mit Riemchen. In den 20er-Jahren war das so etwas wie die »Uniform« einer berufstätigen jungen Frau aus der Stadt.

Heute begegnet man in Chinas Städten immer wieder jungen Frauen, die sich genauso zurechtmachen, um sich mit ihrem festen Freund fotografieren zu lassen. Und wenn die zwei, wie es gerade Mode ist, vor dem Profifotografen posieren, schauen die heutigen Chinesinnen – manchmal auch mit angewinkeltem Arm und geballter Faust – so selbstbewusst und entschlossen mit ihrem Freund in ihre Zukunft wie das Posterpaar Yang Kaihui und Mao Zedong.

Mit seinen längeren Haaren sah der schlanke Lehrer Mao um das Jahr 1920 nicht nur gut aus, er wirkte weicher und zufriedener und nicht länger jungenhaft. Er schien bei sich angekommen, kannte nun seine Stärken und Schwächen. Nach seiner Eheschließung bekannte er sich in einem Brief an einen Freund zu folgenden acht persönlichen Fehlern: Er sei 1) zu emotional, gefangen in Gefühlen; 2) anfällig für persönliche Urteile; 3) irgendwie eitel und 4) zu überheblich; 5) zu wenig selbstkritisch und zu schnell dabei, andere verantwortlich zu machen und die eigenen Schwächen zu leugnen; 6) gut im Große-Reden-Schwingen, aber schwach in systematischer Analyse; 7) er nehme sich selbst zu wichtig und sei zu schnell im Selbstlob; 8) er habe einen schwachen Willen.[69]

Von seinen Selbstzweifeln war später nur noch sehr selten die Rede, doch sie verließen Mao Zedong nie ganz. Es waren genau diese von ihm selbst genannten Charakterzüge, die einige fehlerhafte wie auch folgenschwere politische Entscheidungen vor allem des Herrschers Mao begünstigten, der immer auch ein romantischer Rebell blieb und vor allem seinen Gefühlen und Instinkten folgte.

Das tat der 27-Jährige auch im Sommer 1921, als er mit einem Kollegen aus dem kommunistischen Studienkreis nach Schanghai aufbrach. Sie hatten eine Einladung von Li Dazhao erhalten. Der 27-jährige Mao sollte einer der 13 Chinesen werden, die in einem Land von 400 Millionen nun die Kommunistische Parteizelle weiter aufbauen und auch öffentlich bekannt machen sollten. Eine Woche dauerte die Reise auf einem Dampfer den Chang Jiang abwärts bis nach Schanghai. »Als ich in die kommunistische Partei eintrat und Revolutionär wurde, wusste ich nur, dass ich die Revolution wollte. Aber wogegen und auf welche Weise? Davon hatte ich keine richtige Vorstellung. Und wie man die Revolution machen sollte, wusste ich erst recht nicht.«[70]

# Zwischengedanken  Zwei Zeichen

Das einfache Rollbild aus hellbraunem Papier ist 38 Zentimeter breit und einen Meter lang. Darauf ist Mao Zedongs Unterschrift zu sehen, links neben dem von seiner Hand getuschten zweisilbigen Wort *xuexi*. Es bedeutet »lernen« oder »studieren« und ist in dieser Präsentationsform eine Aufforderung, fast ein Befehl: Lernt! Studiert! Oder auch: Lerne! Studiere!

Während meines ersten China-Aufenthalts in den Jahren 1977 und 1978 kaufte ich mir für ein paar Pfennige diese millionenfach reproduzierte Kalligrafie, die sich als extrem robust erwies. Viele Umzüge und über drei Jahrzehnte hat der inzwischen vergilbte und an den Rändern leicht eingerissene Wandschmuck überstanden und hängt immer noch in meinem Arbeitszimmer. Gleichgültig, ob mich Mao-Verehrer oder Mao-Hasser nach dem Warum fragten, bis heute gebe ich ihnen folgende Antwort: Weil ich eine Leistung der chinesischen Gesellschaft besonders bewundere, die Alphabetisierung. Waren bei Maos Geburt im Jahr 1893 nur etwa zehn Prozent der Bevölkerung des Schreibens und Lesens mächtig, so sind es heute in der Volksrepublik knapp 94 Prozent. Und zwar Männer wie Frauen. Dabei halfen auch die Vereinfachung der Schriftzeichen und eine neue Lautumschrift mit lateinischen Buchstaben – Reformen, die schon in Maos Jugendzeit und während der Vierter-Mai-Bewegung gefordert, aber erst in der Ära Mao breit umgesetzt wurden.

Die zwei Zeichen für *xuexi* auf meinem Rollbild haben noch die alte Form und bestehen aus 27 Strichen 學習. Zum Glück konnte ich bereits die vereinfachte Version lernen, musste also nur noch elf Striche in der richtigen Reihenfolge schreiben: 学习.

Aus der ersten Hälfte des Verbs und dem Wort *wen* für »fragen« wird das chinesische Wort für »Bildung« oder »sich bilden« zusammengesetzt: *xuewen*. Es war eines der Lieblingsworte des Studenten Zedong, der das Fragen und Lernen liebte. Bildung war Maos Waffe gewesen, um sich zu verändern. Im ersten Drittel seines Lebens galt für ihn, was bereits Konfuzius von sich behauptet hatte: »Als ich 15 war, war mein ganzer Wille aufs Lernen gerichtet. Mit 30 stand ich fest.«[71]

Dass Mao Zedong mit Ende 20 als patriotischer Chinese und glühender junger Nationalist »feststand«, entschied alles Weitere. Nur weil er so geworden war, brachten ihn die politischen Verhältnisse in seinem Land und in Ost und West dazu, weiterzugehen und in die Kommunistische Partei einzutreten. Nicht länger nur lernen, sondern endlich auch handeln wollte er. Nicht nur privat rebellieren, sondern das Ganze im Blick haben. Und das hieß damals fast zwangsläufig für einen wachen und gebildeten jungen Chinesen, zum Revolutionär zu werden. Oder wie es Mao Zedong in einem Gedicht ausdrückte: »*Wagt Befehle an Sonne und Mond: Schafft neue Tage!*«[72]

Nicht Männer machen Geschichte, sondern die Geschichte sucht sich ihre Akteure, selbstständige und starke Charaktere, die viel wagen, neue Wege gehen und mutig, ja manchmal rücksichtslos handeln. Bei einem Umsturz der Verhältnisse bleiben die Hände selten sauber, und zwar auf keiner Seite, und nicht immer endet es gut, sondern oft auch schrecklich und mörderisch. Das sollte der Revolutionär Mao in seinen mittleren Jahren erfahren, in denen es für ihn und für seine Familie, für seine Freunde wie Feinde und für das ganze Land um Leben und Tod ging, und zwar über ein Vierteljahrhundert lang.

毛泽东

Die typische Pose des wortgewandten Revolutionärs und Agitators Mao Zedong.

# II. DER REVOLUTIONÄR 1921–1949

*»Aus einem Funken kann ein Steppenbrand entstehen.«
Gemäß dem chinesischen Sprichwort werde ganz China
entflammen, der politische Zündstoff liege überall bereit.*[73]

Mao Zedong mit 36 Jahren

### Leises Startsignal

Dass es gefährlich sein konnte, Kommunist zu werden, ahnten
die 13 Lehrer, Journalisten und Studenten, die im Juli 1921 aus
sechs Städten nach Schanghai reisten. Viele hatten an der Beijing-Universität studiert, fast alle waren in den 20ern. Weder
eine Frau noch ein Arbeiter oder Bauer gehörte dazu. Beruflich
verhindert waren die an der Vorbereitung beteiligten Professoren Li Dazhao und Chen Duxiu – in den Augen Maos die intellektuell besten Männer Chinas. Die Gruppe wohnte in einer
Mädchenschule, die im heißesten Monat des Jahres geschlossen
war. Der Bruder eines lokalen Delegierten überließ ihnen schon
bald für die Arbeitssitzungen seine Wohnung in der französischen Konzession. Für das historische Treffen, das am 23. Juli
begonnen hatte, hätte dieser Versammlungsort nicht passender
sein können.

Das Haus war ein *Shikumen*, ein längliches Backsteinhaus,
gebaut nach dem Vorbild einer englischen Reihenhaussiedlung.
Der chinesische Name leitete sich von dem steinernen Rahmen
ab, *shiku*, der mit traditionellen chinesischen Ornamenten ver-
ziert war und eine Haus- oder Hoftür, *men*, einfasste. Mehrere
Stadthäuser formten Höfe, enge Gänge oder auch Sackgassen.
Diese typischen zwei- bis dreistöckigen Bauten galten Anfang des
20. Jahrhunderts als modern, weil sie eine gelungene Mischung

毛泽东

aus Ost und West waren. Das traf auch auf die *Gongchandang* zu, die »Kommunistische Partei«, die hier gegründet werden wollte. Auf eine in Europa entstandene nationalökonomische Lehre und politische Philosophie, den Marxismus, beriefen sich alle Delegierten. Obwohl es in ganz China nur 60 Kommunisten gab, wollten sie die Speerspitze des Fortschritts sein, ihre Revolution sollte Teil einer weltweiten Befreiung von der Kolonialherrschaft werden. Die Oktoberrevolution in Russland hatte das Startsignal gegeben. Angereist waren auch ein Holländer und ein Russe als Vertreter der Kommunistischen Internationale, um die Neugründung politisch zu beraten. Auch die Zusage für eine finanzielle Unterstützung brachten sie mit.

Das Wohnhaus, in dem das Treffen stattfand, wurde Ende der 1990er-Jahre nicht wie andere alte Hofhäuser abgerissen, sondern renoviert und zu einer Gedenkstätte umgebaut, der Eintritt ist frei. Pechschwarz glänzen die Lacktüren, üppige halbrunde steinerne Medaillons über dem Türsturz leuchten dunkelrot, grau sind die neuen Ziegelsteine der Außenwände. Den geschichtsträchtigen Ort in der heutigen Xingye-Straße umzingeln am Beginn des 21. Jahrhunderts die glatten Shikumen-Nachbauten des Ausgeh- und Einkaufsviertels *Xintiandi*, das mit internationalen Restaurants, Discos und Kinos das heutige moderne China verkörpert.

Im ersten Stock des Museums sind die KP-Gründer als lebensgroße Wachsfiguren um einen Tisch versammelt. Mao Zedong steht in dieser Inszenierung vor den anderen Delegierten. Er ragt heraus, hell angestrahlt, alle hängen an seinen Lippen. Doch im Jahr 1921 war er noch kein Wortführer, sondern nur ein »bleicher Studierter mit einem lebhaften Gesicht«. Mao glänzte vor allem durch seine Allgemeinbildung, während sein theoretisches Verständnis des Marxismus unterentwickelt war, so erinnerte sich der vier Jahre jüngere und spätere politische Rivale Maos, Zhang Guotao: »Vor und während der Konferenz hat er kaum konkrete Vorschläge gemacht, aber er konnte endlos reden und dabei gut argumentieren, er liebte es, im Gespräch anderen Fallen zu stellen, und er freute sich königlich, wenn sein Partner nicht auf der Hut war und hereinfiel.«[74] Mao irritierte durch sein Gelächter diejenigen, die ihre Beiträge für etwas Wichtiges hielten. Das sei dem Lokalkolorit von Hunan geschuldet, so Zhang weiter, genau wie Maos abgewetztes Leinengewand und seine schwarzen Baumwollschuhe, die er am liebsten ohne Socken trug.

Eng muss es zugegangen sein in dem etwa 18 Quadratmeter großen historischen Sitzungszimmer im Erdgeschoss des Shikumen. An dem Holztisch, auf dem Teeschalen stehen, hatten nur zwölf Delegierte auf Holzhockern Platz, vier an jeder Längs- und zwei an jeder Querseite, die übrigen saßen in der zweiten Reihe. Auf eine Woche war der Kongress angesetzt. Schnell waren sich alle in einem Punkt einig: dass die Gewerkschaftsbewegung weiterentwickelt werden musste, um Arbeiter zu rekrutieren, denn das Proletariat war nach Karl Marx die Klasse, ohne die es keine Revolution gab.

Am vorletzten Abend, dem 30. Juli, tauchte ein verdächtiger Mann in einem langen Mantel auf, der sich angeblich verlaufen hatte. Er verschwand schnell wieder, doch die jungen Kommunisten waren gewarnt. Sie rafften ihre Papiere zusammen und brachten sie in die Mädchenschule. Kurz darauf erschien, alarmiert durch den Spitzel, die französische Polizei in der Wohnung. Die Anwesenden erzählten von einem akademischen Treffen. Weil bei der Zimmerdurchsuchung keine aufrührerischen Schriften auftauchten, wurde niemand verhaftet.

Nach dem Zwischenfall war es zu gefährlich, weiter in der Wohnung zu tagen. Ohne die beiden Ausländer, die zu stark aufgefallen wären, fuhr man deshalb am nächsten Tag mit der Bahn nach Jiaxing, einem kleinen Städtchen rund 80 Kilometer von Schanghai entfernt. Dort stieg die Gruppe am südlichen See in ein angemietetes zweistöckiges Ausflugsboot mit großer Kajüte. Vormittags setzte leichter Regen ein, und die Feriengäste, die ebenfalls auf dem Wasser herumschipperten, wurden weniger. Der letzte Kongresstag auf dem Holzboot verlief ungestört. Auch Wahlen für das Schanghaier Zentralbüro hielt die Gruppe ab und ernannte Chen Duxiu in Abwesenheit zum Generalsekretär – das war der Titel für den Vorsitzenden der Kommunistischen Partei bis in die 40er-Jahre hinein.

Schauten die jungen Männer nach getaner Arbeit vom Boot aus still in den Abendhimmel? Oder riefen sie mit erhobenen Fäusten Parolen über den See? Jubelten sie »Lang lebe die Kommunistische Partei!« oder »Lang lebe der Kommunismus, der Retter der Menschheit!«? Unwichtig, an diesem Abend nahm im großen China niemand von dieser kleinen Truppe Notiz. Trotzdem war dies ein Tag, der viel veränderte. Endlich gab es einen »Ismus«, ein Dach, unter dem sich die Unzufriedenen sammeln konnten.

### Berufspolitiker

»Wenn wir hart arbeiten, kann diese Partei in 30 oder 50 Jahren China regieren«[75], soll Mao Zedong einige Tage vor dem Schanghaier Kongress seinem alten Studienkollegen Xiao Yu prophezeit haben, der im Frühjahr aus Frankreich zurückgekehrt war. Die zwei »Würdigen« hatten einige Zeit zusammen verbracht, obwohl sie sich politisch auseinanderentwickelt hatten. Mao Worte zeugen entweder von einem unglaublichen Optimismus oder vom untrüglichen politischen Gespür des 27-Jährigen – falls sie wahr sind. Denn als der Freund sein Buch über »Maos Lehrjahre« schrieb, waren bereits zehn Jahre seit

Gründung der Volksrepublik China vergangen. Die tatsächliche Geschichte beeinflusste wohl die alten Erinnerungen. Denn auch Xiao Yus Entgegnung entspricht den historischen Fakten: »Ich glaube auch, dass die Kommunisten nach einer langen Periode des Kampfes die Macht ergreifen können.«[76] So oder so, bis dahin sollten tatsächlich noch 28 Jahre vergehen.

Zurück in Changsha, wurde Mao immer mehr zum Berufspolitiker. Er erhielt von der Schanghaier Parteizentrale Geld für die kommunistische Gruppe von Hunan. Als deren Leiter konnte er sich ein Gehalt auszahlen. Seine Stelle an der Grundschule behielt Mao noch ein Jahr. In dieser Zeit gründete er eine »Universität für das Selbststudium«, eine Art Volkshochschule, an der seine Frau lehrte und Bruder Zetan lernte. Auch eine Abendschule entstand, an der er Alte Geschichte unterrichtete. Es kamen »Graphitarbeiter, Rikscha-Kulis, Gemüsehausierer und Eisenbahner«.[77] Die Bildung, die sie erhalten sollten, war wirklich elementar: Neben Grundkenntnissen in Geschichte, Erdkunde und Rechnen lernten sie vor allem Lesen und Schreiben. Im Stil sei er längst ein Lehrer, aber im Herzen immer noch Student geblieben, so sah er sich selbst. Deswegen konnte »Herr Mao von der Abendschule«, wie er im Viertel hieß, auch andere begeistern. Keiner der Riksha-Zieher vergaß jemals wieder folgendes »Bilderspiel«: Aus den zwei einfachen Zeichen 工, *Gong,* für Arbeit, und 人, *Ren,* dem Zeichen für »Mensch«, wurde der »Arbeiter«, *Gongren,* 工人. Schob man aber die zwei Zeichen übereinander, entstand das Zeichen 天, *Tian, das* »Himmel« bedeutet. Maos Auslegung: »Vereint ragt die Stärke der Arbeiter in den Himmel!«[78] Er entwarf Lernmaterial, das schon beim Lesen- und Schreibenlernen politische Inhalte vermittelte. Parolen übersetzte er in für den einfachen Mann verständlichere Slogans: Aus »Nieder mit den Imperialisten« machte er zum Beispiel »Nieder mit den reichen Fremden«.

毛泽东

Als Mao den Direktor des Ersten Lehrerseminars nach Räumen fragte, um Landarbeiter abends zu unterrichten, lieferte er die Argumente gegen die Bedenken einiger Lehrer gleich mit: Dass viele Schüler ungehobelt, schlecht gekleidet und übel riechend seien und im Unterricht laut schmatzend Essen vertilgen würden, sei unwichtig und Tischmanieren triviale Angelegenheiten, wenn es darum gehe, zu lernen. Mao durfte die Unterrichtsräume nutzen.

### Nach Anyuan gehen

Im Laufe des Jahres 1921 kamen immer mehr Werkstudenten aus Frankreich und Deutschland, Japan und Russland zurück, wo viele bereits in kommunistischen Gruppen gearbeitet hatten. In Hunan traf Liu Shaoqi ein, der in Moskau studiert hatte. Die KP in Changsha verzeichnete rund 20 Neuaufnahmen, darunter auch Maos Frau und sein Bruder Zemin. Wie in Schanghai beschlossen, organisierte Mao vor allem die örtlichen Gewerkschaften, um die Bauern kümmerte er sich noch nicht.

Die junge Familie Mao bewohnte inzwischen ein kleines Haus in der Nähe des östlichen Stadttores. Am 22. Oktober 1922 wurde ihr erstes Kind geboren. Die Namenswahl für den Sohn, Anying, spiegelt die hoffnungsvolle Stimmung wider, in der sich Mao in seinem privaten Leben, aber auch politisch befand. Er soll seiner Frau die beiden Zeichen – *An* steht für »Flussufer« und *ying* für »Held« – so gedeutet haben: der Held, der die Ufer des Sozialismus erreicht. Eine Ahnung, wie sich das anfühlen könnte, hatte Mao im Kohlerevier von Anyuan bekommen, das er seit dem Herbst des Vorjahres regelmäßig besucht hatte. Chinas »kleines Moskau« wurde der Ort genannt, der südöstlich von Changsha und schon in der Nachbarprovinz Jiangxi lag. Hunderte neuer Mitglieder hatte die KPCh hier gewonnen.

Zusammen mit dem Planer Mao waren zwei weitere Genossen nach Anyuan gegangen: der sechs Jahre jüngere Kommunist Li Lisan, der spätere Vorsitzende der KP, und der fünf Jahre jüngere Freund aus der Studiengesellschaft, Liu Shaoqi, der als geduldiger Organisator drei Jahre vor Ort blieb. Unterstützt wurde er von Maos Bruder Zemin, der sich um die Finanzen kümmerte. Diese Arbeitsteilung wird Mao Zedong auch in den nächsten Jahrzehnten beibehalten und immer wieder loyale Unterstützer um sich scharen, die ihn ergänzten und ihm halfen, seine politischen Ideen umzusetzen. In diesem Punkt war er ein guter Menschenkenner und Menschenfänger.

Damit die Gruppe von den Beamten, Minenbesitzern oder den Brüdern der Geheimgesellschaften, von Kaufleuten und Grundbesitzern nicht verjagt oder wegen Aufwiegelung gar inhaftiert wurden, traten sie anfangs im langen Gelehrtenrock auf, präsentierten sich als Lehrer, Kalligrafen, Dichter und beeindruckten mit ihrer Bildung, die in China traditionell hoch geachtet wird. Die Literatur, *Wen*, hat sogar ein noch höheres Prestige als der Kampf, *Wu*, die beide seit Jahrhunderten als bewundernswerte männliche Eigenschaften gelten und nicht nur einen Herrscher, sondern alle chinesischen Eliten auszeichneten.

Die Lebensbedingungen im Kohlerevier waren grausam. »Die Bergarbeiter lebten wie die ewigen Nachttiere. In den frühen Morgenstunden fuhren sie in die dunklen Erdlöcher und tauchten erst wieder auf, wenn sich neue Dunkelheit über die Erde legte. (...) Ihre Augen waren hart von dem Kampf, den sie um ihr Recht führten, als menschliche Wesen anerkannt zu werden.«[79] Die Arbeiter wollten nicht länger wie Vieh behandelt werden und sich endlich bilden dürfen. Um das durchzusetzen, appellierten die jungen Kommunisten geschickt an den Nationalstolz der lokalen Wortführer: Die Arbeiter und deren Familien zu unterrichten, bedeutete doch auch, sie zu besseren Chinesen, zu Patrioten zu machen. Mao und seine Mitstreiter durften den Arbeiterklub ausbauen, in dem Theater gespielt und das Neujahrsfest gefeiert wurde und wo Mao später politische Vorträge hielt. Sie eröffneten sieben Grundschulen für die Kinder der Bergleute und richteten Abendschulen für Erwachsene ein. Für den freiwilligen Schulbesuch warben sie mit Geschichten über den Begründer ihrer neuen Lehre: Schon vor über 100 Jahren habe Lehrer Ma – gemeint war Karl Marx – gelebt, ein Großvater mit Bart, und zwar weit entfernt, hinter den sieben Meeren. Wie wichtig es sei, sich zu organisieren, demonstrierten sie mit Essstäbchen, *Kuaizi*: Ein einzelnes Paar allein lasse sich brechen, ein Bündel dagegen sei unzerbrechlich.

Mit der Zeit erwarben drei Viertel der Bewohner im Revier Anyuan einfache Lese- und Schreibfähigkeiten. Es stärkte die Streikenden, wenn sie ihre Forderungen aufschreiben, verstehen und begründen konnten. Ihr Denken wurde verändert, zum ersten Mal fand eine Art »Kulturrevolution« statt, die sich der Ungebildeten annahm. Dabei wurden die alten Traditionen weiter gepflegt, allerdings – egal ob Lieder, Schutzgötter oder Feste – mit neuen politischen Inhalten. So ist zum Beispiel die Farbe Rot in China seit Jahrhunderten die Farbe des Lebens und des Jahreswechsels, der Freude und Feste. Fahnen in dieser Glücksfarbe flattern bei Hochzeiten und der Geburt des ersten Sohnes. Und nun verhießen ihnen die kommunistischen roten Fahnen ebenfalls ein neues und glücklicheres Leben.

Am Ende gelang es den 10 000 Bergleuten und 1000 Bahnarbeitern, mit ihren Streiks bessere Arbeitsbedingungen, Lohnerhöhungen und den Achtstundentag durchzusetzen, und zwar unblutig. Auch das ausbeuterische Kontraktsystem konnte eingedämmt werden, durch das Arbeiter wie Sklaven gehalten und mit Profit weitervermittelt wurden. Schon bald stammte ein Fünftel aller chinesischen Kommunisten aus dem Kohlerevier.

Anyuan sei das chinesische Erfolgsmodell schlechthin, urteilt die Politikwissenschaftlerin und Harvard-Professorin Elizabeth Perry.[80] Auf diese Weise konnte die Kommunistische Partei Chinas die breite Bevölkerung für sich gewinnen und mobilisieren – nicht nur bis zum Sieg der Revolution 1949, sondern lange darüber hinaus. Nicht zufällig ist bis heute in der Volksrepublik das Gemälde *Der Vorsitzende Mao geht nach Anyuan* eine der bekanntesten und beliebtesten Darstellungen von Mao Zedong geblieben. Allerdings entstand es erst im Jahr 1967, im zweiten Jahr der Kulturrevolution. Es wurde ein wichtiger Teil des Personenkultes um Mao, denn es glorifiziert die Zeit, als alles begann.

Auf dem Ölbild wandelt der junge Lehrer ganz allein auf den Bergspitzen. Die Naturkulisse ist als typische chinesische Landschaftsmalerei angelegt. Inspiriert fühlte sich der Maler bei der Motivwahl auch von der deutschen Romantik und dem italienischen Renaissancemaler Raffael, dessen *Sixtinische Madonna* für den Faltenwurf des Gelehrtenrocks Modell gestanden haben soll. Rechts hält der Wanderlehrer einen traditionellen roten Ölpapierschirm, die linke Faust ist geballt. Stark idealisiert, fast androgyn wirkt der 27-Jährige in dem typisch chinesischen dunklen Gelehrtenrock. Zeitlos kommt er daher, kann jedem Alter und jedem Geschlecht gefallen. Mit wehendem Gewand steht Mao vor einem leicht bewölkten Himmel und wirkt überhöht. Er hat etwas Entschlossenes an sich bei diesem ersten Besuch im Kohlerevier.

Das Bild wurde eine Zeit lang im römischen Vatikan ausgestellt, und zwar mit der falschen Kennzeichnung: *Junger chinesischer Missionar*. Denn wie beseelt von einer Mission wirkt der junge Mann tatsächlich. Als Revolutionär folgte er einem Auftrag, den Mao mit über 70 Jahren so zusammenfasste: »Die Revolution und die Kinder – für beide gilt: Wenn man sie groß

Das Gemälde »Der Vorsitzenden Mao geht nach Anyuan« zeigt Mao Zedong mit Ende Zwanzig, idealisiert als chinesischer Gelehrter. Es entstand 1967 und wurde zum Kultbild der Kulturrevolution.

ziehen will, muss man sie bilden.«[81] Und genau darauf konzentrierte er sich schon in den 20er-Jahren.

Viele Jahre hing das Original im Revolutionsmuseum von Beijing. Doch seine Geschichte und die politische Botschaft trieben 1995 in einer Auktion seinen Preis auf 6,05 Millionen Yuan, etwa eine Dreiviertelmillion Euro. Ersteigert wurde *Der Vorsitzende Mao geht nach Anyuan* von der »China Construction Bank« für ihren Firmensitz in Guangzhou. Der Maler Liu Chunhua begann daraufhin einen Rechtsstreit um die Bildrechte. Er wurde im Jahr 2002 mit 5,5 Millionen Yuan abgefunden, der Antrag des Museums auf Rückgabe dagegen abgelehnt. Da der Käufer – das Geldinstitut – dem Staat gehöre, bleibe das Werk als nationales Kulturgut in der Hand des Staates, urteilte das Gericht. Eine Geschichte, die wie keine andere für den Wandel in China steht – 80 Jahre nachdem der junge Kommunist Zedong nach Anyuan aufgebrochen war.

### Der innere Block

Maos Erfolge als Mitorganisator der Bergarbeiterstreiks sprachen sich herum. Auf dem Dritten Parteikongress, der im Mai 1923 in Kanton stattfand, erhielt er seinen ersten Posten in der KP. Er wurde in das Zentrale Exekutivkomitee (ZK) gewählt, das als höchste Instanz die Politik zwischen zwei Parteitagen umsetzt. Folgenreicher war in diesem Frühjahr eine andere politische Entscheidung. Auf Betreiben von Lenin und dessen späterem Nachfolger Josef Stalin sollten die Kommunisten in Zukunft mit den Nationalisten zusammengehen. Denn schließlich hatte die kleine KP nur 200 Mitglieder, die GMD immerhin 50 000. Aber auch zusammen waren sie noch zu wenige, um die gemeinsamen Ziele umzusetzen: das zersplitterte China zu einen und durch eine starke zentrale Staatsgewalt das Land sozial und wirtschaftlich vorwärtszubringen.

Dafür benötigte auch Sun Yatsen eine straffer organisierte Partei und eine besser ausgebildete Armee, das hatte er aus den Rückschlägen der letzten Jahre gelernt. Die finanzielle und organisatorische Unterstützung wollte er sich aus dem Ausland holen. Zuerst habe ihr Mann in London, Paris und Washington angefragt, jedoch vergeblich, erinnerte Song Qingling,»er wurde immer geringschätzig behandelt, ausgelacht und abgewiesen«.[82] Deshalb kam es 1923 zu dem Abkommen mit der Sowjetunion. Darin wurde vereinbart, dass die Kommunisten als Einzelmitglieder in die Guomindang eintreten konnten. Doktor Sun, der den linken Flügel seiner Partei vertrat, sympathisierte als sozialistischer Christ, der Karl Marx gelesen hatte, mit den Kommunisten, weil auch sie auf der Seite der Armen standen. Außerdem glaubte er an eine »Regierung von dem Volk, durch das Volk und für das Volk«.[83]

Politisch eher rechts stand GMD-General Chiang Kaishek, der drei Monate in Moskau verhandelt hatte, jedoch von Anfang an mit Widerwillen. Denn eigentlich hasste er die Kommunisten. Er vertrat mehr die Händler, Großgrundbesitzer, Offiziere und Teile der städtischen Mittelschicht, mit ihm sympathisierten auch die Kolonialherren. Der spätere Gegenspieler Maos wurde 1924 zum Leiter der Whampoa-Militärakademie in der Nähe von Kanton ernannt, die schon ein Jahr nach dem Abkommen mit der Sowjetunion eröffnet wurde, mitfinanziert vom Kreml. Dort bildeten nun sowjetische Offiziere Soldaten aus und viele nationalistische und kommunistische Generäle sollten aus der Akademie hervorgehen. Deren politische Abteilung übernahm im Jahr 1924 ein junger, aus Frankreich zurückgekehrter Kommunist, der 27-jährige Zhou Enlai, die spätere rechte Hand Maos.

Ein kompliziertes Dreiecksverhältnis entstand in dieser Zeit. Denn die Moskauer Kommunisten berieten nicht nur die KPCh, sondern versorgten auch deren späteren Gegner, die Nationalisten, mit Geld und Waffen. Gleichzeitig schwor Moskau die chinesischen Kommunisten auf eine Einheitsfront ein. Sie sollten als »innerer Block« politisch Einfluss in der Guomindang nehmen, Suns Partei unterwandern.

Auch Mao Zedong wurde GMD-Mitglied und war schon bald in vielen Gremien vertreten. Er reiste oft im Dreieck Changsha – Schanghai – Guangzhou hin und her, wobei eine einzelne Fahrtstrecke eine Woche Zeit beanspruchte. Yang Kaihui war deshalb in Changsha oft alleine. Nachdem am 13. November 1923 der zweite Sohn Anqing auf die Welt gekommen war, blieb Mao auf ihr Drängen hin den ganzen Dezember über zu Hause und verpasste eine wichtige ZK-Sitzung in Schanghai. Doch schon im Januar stand eine neue Zugreise an. In Kanton sollte die Zusammenarbeit von GMD und KP endgültig besiegelt werden und Mao war einer der Abgesandten. Das Paar stritt deswegen, und die bitteren Worte und Tränen seiner Frau überraschten Mao, der sich beim Abschied fragte: »Weiß der Himmel davon, wenn Menschen so leiden? Durchtrenne du die verworrenen Bande des Hasses. (…) Ich möchte ein Vagabund sein, bindungslos und unbehelligt von Liebesgeflüster.«[84]

Wieder zurück aus dem Süden, zog Mao Zedong im Frühjahr 1924 zusammen mit seiner Frau, den zwei Söhnen und der Schwiegermutter nach Schanghai in ein zweistöckiges Stadthaus. Dort mietete sich auch der Studienfreund Cai Hesen mit seiner Frau im ersten Stock ein. Seit 2002 ist auch dieses Haus an der Maoming-Straße ein Museum. Wer das Hoftor durchschritten hat, steht am Ende des langen Wohnganges der roten Musterfamilie gegenüber. In Bronze gegossen, sitzt Mao in Gelehrtenpose auf einem Stuhl, hält rechts ein Buch in der Hand und links eine Zigarette zwischen den Fingern, seit seiner Studienzeit war er starker Raucher. Sein Blick ist in die Ferne gericht-

Die 23-jährige Yang Kaihui, Maos erste
Frau und große Liebe, im Jahr 1924 in
Shanghai mit dem zweijährigen Anying
und dem jüngsten Sohn Anqing. Der dritte
Sohn Anlong wurde erst 1927 geboren.

tet, wichtig sieht er aus. Der erste Sohn, der vor dem Vater steht,
reckt die Ärmchen zu ihm hoch. Kaihui, den Säugling in den
Armen, steht bescheiden hinter ihrem Mann. Dabei hatte sie als
Jugendliche dagegen gewettert, Frauen wie schmückendes Beiwerk zu behandeln. Doch längst hatten in ihrer Ehe die alten
Rollen obsiegt. Dazu gehört auch, dass die Familie dem Politiker Mao in den nächsten zweieinhalb Jahren immer wieder
nachfolgen wird. Auch ihm ging es besser, wenn er nicht allein
leben musste. Diese Jahre waren die vielleicht normalste Zeit in
Maos Leben.

In Schanghai arbeitete er ein Vierteljahr lang eng mit Hu
Hanmin zusammen, der Nummer zwei in der Hierarchie der
Guomindang. Einige misstrauische KP-Genossen verspotteten
Mao als Hus »Sekretär«, schimpften ihn einen Rechtsabweich-
ler. Er wiederum misstraute dem rechten Flügel der GMD, der

längst offen gegen die »Linken« Front machte. Aber ebenso hasste er die ständigen Belehrungen der Komintern-Vertreter. Die KPCh kam ihm gegängelt vor: Er wolle nicht erleben, wie auf dem nächsten Parteitag ein »weiser« Vertreter Moskaus den KP-Vorsitzenden Chen Duxiu, der die Einheitsfront ebenfalls kritisch sah, einer Gehirnwäsche unterziehe.[85] Unzufrieden mit der politischen Situation, legte Mao Zedong zwei Monate vor dem Vierten Parteikongress der KP, die inzwischen 1000 Mitglieder zählte, alle Ämter nieder. Er wollte nur noch weg aus der Millionenstadt: »Ich war in Schanghai krank geworden.«

Im Laufe seines Lebens durchlebt Mao immer wieder Zustände, die damals als Nervenschwäche oder Neurasthenie bezeichnet wurden. »Krank« wurde er in schwierigen, ausweglos erscheinenden Situationen. Im Herbst 1924 war es eine Mischung aus Überarbeitung, massiver Kritik an seiner Person und eigenen Zweifeln, die ihm zu schaffen machte. Er flüchtete nach Hunan, wollte in der alten Heimat zur Besinnung kommen.

### Zurück zu den Wurzeln

Große Bücherkisten gehörten zum Gepäck, als die Familie im November nach Changsha umzog. Im Frühjahr 1925 ging es weiter nach Shaoshan, in Maos Geburtsort, dort lebten sie ein halbes Jahr in seinem Elternhaus, zeitweise mit den Brüdern. Der Jüngste, Zetan, war jetzt 19 Jahre alt und ebenfalls in die KP eingetreten.

Als Mao Zedong auf dem Land weilte, starb im März 1925 der krebskranke Sun Yatsen in Beijing, wohin er zu Verhandlungen mit dem regierenden Militärmachthaber gereist war. Der 58-Jährige hinterließ ein politisches »Testament«, in dem er sich zur nationalen Revolution bekannte und eine Staatsform einforderte, die »Chinas Freiheit und Gleichheit« garantiere;

dafür »müssen wir die Volksmassen erwecken und uns mit allen Nationen der Welt, die uns gleichberechtigt behandeln, zu gemeinsamem Kampf vereinen«.[86] Viele sahen in der Witwe, Song Qingling, die Hüterin seines Vermächtnisses. Als »Madame Sun Yatsen« wurde sie zum Aushängeschild des linken Flügels, der in Chiang Kaisheks Augen längst zu mächtig geworden war und den er loswerden wollte. Eine Spaltung drohte, doch ein Zwischenfall zwang alle Seiten nochmals zum Stillhalten: In Schanghai erschossen am 30. Mai 1925 die Wachen einer japanischen Baumwollweberei streikende Arbeiter.

Überall im Land flammten Proteste auf, Demonstranten sammelten sich vor ausländischen Einrichtungen. Bei Zusammenstößen in Schanghai schoss die britische Polizei in die Menge. Nun beklagte der Schriftsteller Lu Xun den Tod einer seiner Studentinnen: »Sie ist eine Chinesin, die für China gestorben ist.« Sich dieser rohen Gewalt nicht zu beugen und weiter zu protestieren, dazu rief auch Madame Sun Yatsen öffentlich auf: »Fürchtet euch nicht so, als Rote abgestempelt zu werden! (...) Was man am meisten fürchten muss, ist eine Spaltung unter uns.«[87]

Das wollte auch Mao Zedong nicht, der in Changsha Solidaritätskundgebungen für die demonstrierenden Schanghaier organisierte. Seit dem Februar 1925 bereiste er aber vor allem die ländlichen Gebiete rund um die Provinzhauptstadt und Shaoshan. Er befragte Bauern, füllte seine Notizbücher mit eigenen Beobachtungen. Seine Frau unterrichtete in den neu gegründeten Abendschulen, 20 waren es allein in Maos Heimatbezirk Xiangtan. Überall waren die Bauern in Aufruhr und weigerten sich, Mieten und Pacht zu zahlen: »In ein paar Monaten hatten wir über 20 Bauernverbände aufgebaut und den Zorn der Grundbesitzer erregt, die meine Verhaftung forderten.« Längst stand der Name Mao Zedong auf einer Liste kommunistischer Unruhestifter, die der Gouverneur suchen ließ. Soldatentrupps schwärmten bis in Maos Heimatdorf aus, aber er entkam Ende August noch rechtzeitig in einer Sänfte.

Kurz vor der Flucht hatte Mao sein erstes Gedicht im klassischen Stil verfasst, in dem er sich an die Studienzeit im nahen *Changsha* – so der Titel – erinnerte.* Für ihn selbst waren die Zeilen bestimmt, eine Art verdichtetes Tagebuch, in dem er über sich nachdachte. Verloren fühlte er sich damals und unsicher, wohin sein Leben sich entwickeln würde:

> *Verdrossen der Öde,*
> *frag ich die blaue Weite, die große Erde:*
> *Wer meistert das Auf und Ab?*[88]

### Bauernmacht über alles

Ab Herbst 1925 arbeitete Mao in Kanton in der Propagandaabteilung der Nationalisten und gab eine politische Wochenzeitschrift heraus. Er galt nach dem Aufenthalt auf dem Land als Experte für die Bauernfrage und übernahm die Leitung des »Instituts für die Bauernbewegung« der GMD, das seit zwei Jahren in einem alten Tempel untergebracht war. Dort hatte Sun Yatsen, wenige Monate vor seinem Tod, den ersten Absolventen versprochen: »Wir werden das Elend der Bauern beseitigen, und das heißt letztlich, dass dem Pflüger sein Feld gehören wird.«[89]

Nach einigen Monaten stand Mao auch der Bauernabteilung der KP vor, die ihren Sitz jedoch in Schanghai hatte. In diesem Jahr veröffentlichte er verschiedene Artikel, darunter eine *Analyse der Klassen in der chinesischen Gesellschaft*, die den ersten Band seiner gesammelten Werke so eröffnen wird: »Wer sind unsere Feinde? Wer sind unsere Freunde?«[90] Das sei eine Frage, die für die Revolution erstrangige Bedeutung habe.

*Dessen erster Teil ist nachzulesen auf S. 49

毛泽东

In Shaoshan hatte Mao gesehen, dass die Bauern zahlenmäßig am stärksten waren und politisch immer bewusster wurden. Im Vorwort zu einer Buchreihe betonte er, dass die nationale Revolution erfolglos bliebe, wenn die Bauern sie nicht unterstützen würden.

Dann endlich hatte das jahrelange Warten auf den Nordfeldzug ein Ende. Mit 70 000 Soldaten war Chiang Kaishek im Sommer 1926 Richtung Beijing aufgebrochen. Wo immer seine Truppen auftauchten, erhoben sich die Bauern und kämpften gegen die Grundherren und Milizen der lokalen Kriegsherren. Sie nahmen sich das Land und verteilten es hinter der Front neu. Einige ihrer Agitatoren hatte Mao selbst am Bauerninstitut ausgebildet. Provinz um Provinz wurde von den GMD-Truppen erobert und Chiangs Regierungssitz immer weiter nach Norden, in die Industriestadt Wuhan am Chang Jiang, verlegt. Überall erklang nun *Das Lied der nationalen Revolution*. Auf die Melodie des französischen Kinderliedes *Bruder Jakob* sang man nun: »Nieder mit den ausländischen Alliierten und Tod den Warlords, es lebe die nationale Revolution, fall in den Jubel ein.«[91]

Um den Jahreswechsel 1926/27 reiste Mao wieder nach Changsha. Als Inspektor der KP- und GMD-Bauernabteilungen wollte er sich ein Bild von der Lage machen und vor dem Ersten Bauernkongress von Hunan sprechen; Parteigenossen gaben ihm bereits den Titel »König von Hunan«. Die Bauern hatten sich weiter radikalisiert, sie zerschlugen Sänften oder trieben die Großgrundbesitzer durch die Dorfstraßen, gewaltsame Auseinandersetzungen nahmen zu. Mao schaute genau hin und war elektrisiert und nur wenige Wochen nach diesem zweiten Besuch in seiner Heimatprovinz veröffentlichte er im März 1927 seinen berühmten *Untersuchungsbericht über die Bauernbewegung in Hunan*.

Hinter diesem trockenen Titel verbarg sich ein aufwühlender Text, ein radikales politisches Manifest, geschrieben in der ersten Person. Der KP-Vorsitzende Chen Duxiu wollte sogar verbieten, dass diese Analyse in der Partei zirkulierte. Mao bedauerte, dass sein früheres Idol Chen »die Rolle der Bauernschaft in der Revolution« nicht verstand und ihre Möglichkeiten »vollständig unterschätzte«, sie hätten sich immer weiter voneinander entfernt. Kein Wunder, Chen Duxius Leben spielte sich fern der ländlichen Gebiete ab, vor allem im französischen Viertel von Schanghai.

Dieser *Untersuchungsbericht* ist vielleicht das Wichtigste, was Mao Zedong jemals geschrieben hat. Denn hier gab er die Richtung vor, in der sich die chinesische Revolution entwickeln würde, um am Ende zu siegen. An den Anfang stellte Mao die Prophezeiung, dass sich in naher Zukunft und in allen Provinzen Hunderte Millionen von Bauern erheben würden, um Imperialisten, Militärmachthaber und korrupte Beamte auszuschalten. Es stehe jedem Chinesen frei, sich dem Lauf dieser kommenden Ereignisse anzuschließen oder in den Weg zu stellen.[92]

Mao sah in den Bauern die treibende Kraft der Revolution. Inzwischen gab es zwar 58 000 kommunistische Parteimitglieder, aber zehn Millionen Männer und Frauen waren in Bauernvereinigungen organisiert! In wenigen Monaten hätten sie geschafft, was Sun Yatsen in 40 Jahren und auch niemand in den Tausenden Jahren zuvor je erreicht hatte: Die alte Ordnung wankte. Diese Volksmassen machten jetzt Geschichte, lautete Maos Fazit. Nie beschönigend schilderte er die Mittel, mit denen in Hunan gegen die Grundherren vorgegangen wurde: von einer erzwungenen Kontrolle ihrer Einnahmen über Schauprozesse bis hin zu Plünderungen der Häuser der reichen Großbauern, den Verhören und Folterungen, Anklagen und Hinrichtungen der alten Feudalherren.

Wer den berühmten roten Klassiker heute liest, stellt sich sofort eine Frage: Darf Gewalt im Dienste der Gerechtigkeit jemals eingesetzt werden? Ist eine bewaffnete Revolution zu rechtfertigen, die viele Todesopfer fordern wird? Mao antwortete im China der 20er-Jahre mit einem klaren Ja. Denn die Masse der Chinesen ging in Lumpen und litt an dieser vormodernen, halb feudalen Gesellschaft, die nur dem Namen nach eine Republik war. »Wenn wir zu dem Mann auf der Straße von Freiheit sprächen, würde er uns sicherlich nicht verstehen«, hatte Sun Yatsen bereits drei Jahre vor Maos Untersuchung geschrieben. Wenn 90 Prozent der chinesischen Bevölkerung Anfang des 20. Jahrhunderts für etwas kämpften, dann allein für die »Freiheit« menschenwürdig leben zu dürfen oder – noch elementarer – einfach zu überleben.

In dem Bericht über die Lage in Hunan steht auch eines der berühmtesten Mao-Zitate. Es war seine Antwort an diejenigen, die das brutale Vorgehen der Bauern ablehnten und verächtlich von einer »Bewegung des Pöbels« sprachen: »Die Revolution ist kein Gastmahl, kein Aufsatzschreiben, kein Bildermalen oder Deckchensticken; sie kann nicht so fein, so gemächlich und zartfühlend, so maßvoll, gesittet, höflich zurückhaltend und großherzig durchgeführt werden.«[93] Die im letzten Satz aufgelisteten fünf Eigenschaften waren Konfuzius von einem seiner Schüler zugeschrieben worden. Doch Zurückhaltung und Maßhalten, Höflichkeit, Großherzigkeit und Sittsamkeit würden bestenfalls in die Studierstuben, aber zu keiner Revolution passen. So lautete Maos klare Botschaft.

Den kommunistischen Kadern, die nur auf die Städte starrten und auf die Arbeiterschaft hofften, widersprach er ebenfalls und stürzte kühn ein zentrales Dogma des Marxismus: dass nur mit einem Industrieproletariat eine Revolution machbar sei. Er hält dagegen, dass sich vor allem jene erheben würden, die zuvor in abgerissenen Kleidern herumlaufen mussten und in den Schmutz getreten wurden. »Ohne die armen Bauern gäbe es keine Revolution. Wer ihre Rolle negiert, der negiert die Revolution.« Sie allein hätten nichts zu verlieren und würden kämpfen, sich organisieren und die revolutionäre Arbeit leisten. Niemand solle sich Illusionen machen: »Die Revolution ist ein Aufstand, ein Gewaltakt, durch den eine Klasse eine andere Klasse stürzt. Die Revolution im Dorf ist eine Revolution, in der die Bauernschaft die Macht der feudalen Grundherrenklasse stürzt.«[94]

Nur ein Vierteljahr nach der Veröffentlichung lehnte der Fünfte KP-Kongress in Wuhan Maos Untersuchungsbericht ab. Er verlor seine Posten in den Bauernabteilungen der KP und der GMD. Als zu radikal und als Hitzkopf galt er fortan in beiden Parteien, doch das erschütterte seine Überzeugung nicht mehr.

Wie und wann jene tiefe und am Ende alles entscheidende Gewissheit in ihm entstanden sei, dass die Bauernschaft die chinesische Revolution entscheiden würde, fragte der französische Kultusminister und Schriftsteller André Malraux Mitte der 60er-Jahre den Herrscher Mao. »Meine Überzeugung brauchte sich nicht erst zu bilden: Ich trug sie immer schon in mir«, lautete dessen Antwort. Mao erwähnte auch die große Hungersnot in Shaoshan, die er als 13-Jähriger erlebt hatte: »Aus Menschen, die gezwungen waren, sich von Rinde zu ernähren, konnten wir bessere Kämpfer machen als aus den Heizern Schanghais oder sogar den Kulis.« Es gebe keinen abstrakten Marxismus, es gebe einen »konkreten Marxismus«[95], der den realen Gegebenheiten Chinas angepasst sein müsse.

Dass Mao die Bauern entdeckt hatte, gründete auch auf den frühen bewussten wie unbewussten Erfahrungen des Bauernsohnes Zedong. Nie wäre er aus Shaoshan herausgekommen, wenn er nicht rebelliert hätte. Und vielleicht wäre er nie KP-

Mitglied geworden, wenn er die Verachtung nicht erlebt und ertragen hätte, die ihm wegen seiner ländlichen Herkunft in der Mittelschule und an der Hochschule in Beijing entgegenschlug. Was auch als persönliche Revolte begonnen hatte, war schon früh Teil einer gesellschaftlichen Rebellion, eines Umsturzes, der fast zwangsläufig kommen musste. Nur jemand mit Maos Biografie, dessen persönliche Geschichte so eng mit Chinas Geschichte verflochten war, konnte genau diesen *Untersuchungsbericht über die Bauernbewegung in Hunan* verfassen. Noch aus einem anderen Grund wurde 1927 zu einem Schicksalsjahr für die chinesische Revolution und in der Rückschau der Auftakt »zu einer der größten und erbarmungslosesten revolutionären Umwälzungen aller Zeiten«[96]: Es kam zum endgültigen und folgenschweren Bruch zwischen der Kommunistischen Partei und der Guomindang.

### Weißer Terror

Niemand hatte damit gerechnet, dass Chiang Kaishek im April 1927 seine Truppen nicht weiter nach Norden führte, sondern plötzlich nach Osten lenkte und vor die Tore Schanghais zog. Er nahm einen Arbeiterstreik zum Anlass, sich der Kommunisten zu entledigen. Unterstützt von Schanghaier Banden und Geheimgesellschaften und geduldet von den Ausländern in den internationalen Sonderzonen, starteten seine Soldaten im Morgengrauen des 12. April eine blutige Jagd auf Gewerkschafter und Kommunisten und auf alle, die mit den Streikenden sympathisiert hatten. Das Gemetzel begann auch in anderen Städten. Am 18. April nahmen die Nationalisten bereits das nahe Nanjing ein. Schon bald berichtete sogar die *New York Times* über Leichenberge auch im südlichen Guangzhou. Viele Linke gingen in den Untergrund oder ins Ausland, andere flüchteten – wie bald auch Mao – ins tiefste Hinterland. Von 60 000 KP-

Mitgliedern überlebte nur ein Drittel das erste Jahr des Weißen Terrors.[97] Als »Weiße« bezeichnete man seit der Französischen Revolution die Kräfte, die sich gegen eine Revolution stellen, also zu »Konterrevolutionären« wurden.

Letzte verzweifelte Rettungsversuche startete die GMD-Linke, die sogar noch eine Gegenregierung ausrief und Chiang aus der Partei ausschloss. Doch am Ende scheiterte die Einheitsfront, an der die Komintern und Stalin um jeden Preis hatten festhalten wollten. Nun musste sich selbst Sun Yatsens Witwe, Song Qingling, in Sicherheit bringen. Sie reiste im Sommer 1927 über Moskau nach Berlin, nachdem sie die Guomindang öffentlich angeklagt hatte, die Partei sei keine revolutionäre Partei mehr, sondern nur noch ein »Werkzeug dieses oder jenes Militärkommandanten, eine Maschine, ein Agent der Unterdrückung, ein Parasit, der sich am gegenwärtigen Sklavensystem ernährt.« Eine Revolution in China sei unausweichlich. »Mein Herz ist nicht an der Revolution verzweifelt; meine Entmutigung betrifft lediglich den Weg, auf den einige (…) abgeirrt sind.«[98]

Im Ausland erreichte sie einige Monate später die Nachricht, dass Chiang Kaishek am 1. Dezember 1927 ihre Schwester Meiling geheiratet hatte und dafür zum Christentum übergetreten war. Chinas charmante neue First Lady, die in Amerika studiert hatte und perfekt Englisch sprach, entthronte ihre Schwester als »Mutter der Nation«, sie wurde die wichtigste diplomatische Geheimwaffe der Guomindang im westlichen Ausland.

Die nationalistischen Truppen marschierten immer weiter, bis nach Beijing. General Chiang Kaishek erreichte sein Lebensziel am 10. Oktober 1928, er stand nun als Präsident einer Nationalregierung vor und befehligte eine Partei, die endlich kommunistenfrei war. Beijing wurde in *Beiping*, »Nördlicher Friede«, umbenannt und Nanjing nun offiziell die »südliche

Hauptstadt« der Republik China, deren Symbol ein blaues Rechteck mit einer zwölfstrahligen weißen Sonne war.

In der nun folgenden, nach der neuen Hauptstadt benannten Nanjing-Dekade, zwischen 1927 und 1937, durchkämmten die Blauhemden der GMD weiterhin Städte und Dörfer auf der Suche nach den Linken. Unter den Opfern dieses anhaltenden Weißen Terrors, die am Ende in die Hunderttausende gingen, war bereits 1927 in Beijing Li Dazhao gewesen, der den Studenten Zedong in der Bibliothek beschäftigt hatte. Professor Li hatten die Soldaten aus der russischen Botschaft, wohin er geflüchtet war, geholt und erhängt. 1929 wurden Maos Adoptivschwester, die nur 23 Jahre alt wurde, und sechs Jahre später sein jüngster Bruder Zetan ermordet. Ein Spitzel verriet Maos Studienfreund Cai Hesen bei einem kommunistischen Treffen in Hongkong; er wurde nach Guangzhou gebracht, gefoltert und mit 36 Jahren von einem GMD-Warlord exekutiert. Immer autoritärer gebärdeten sich die Nationalisten, deren Geheimpolizei Hitlers SA vergleichbar war. Militärberater aus Nazideutschland unterrichteten seit 1933 auch an der Whampoa-Akademie, das Deutsche Reich stieg zum drittgrößten Handelspartner Chinas auf.

Die wohlhabenden Chinesen und Ausländer ließen es sich in den Großstädten derweil gut gehen. Das Bild jener Zeit prägten modisch angezogene Schanghaierinnen mit ondulierten Haaren; sie trugen den berühmten chinesischen *Qipao*, ein enges, seitlich geschlitztes, hochgeschlossenes Kleid, das – kurz oder lang getragen – eine moderne Blütezeit in den Jazz-Clubs und Bars der Metropole erlebte. Mit der harten Lebenswirklichkeit des Volkes im Hinterland hatte das nichts zu tun. Dorthin hatten sich die »Roten« geflüchtet. Einer ihrer Anführer, der in den Bergen der Provinz Jiangxi 800 Kilometer südwestlich von Schanghai festsaß, hieß Mao Zedong.

## Die zweite Sonne

### Maos Gegner Chiang Kaishek (1887–1975)

Geboren wurde der Sohn eines wohlhabenden Salzkaufmannes
als Jiang Zhoutai in der Handelsstadt Ningbo, in der südlich
von Schanghai gelegenen Provinz Zhejiang. Ab seinem fünften
Lebensjahr besuchte er den klassischen konfuzianischen Schul-
unterricht, mit 16 wechselte er auf eine der modernen Schulen. Auch Chiang schnitt sich nun den Chinesenzopf ab. Nach
zwei Jahren Kadettenschule in Beijing ging er zum Militärstu-
dium nach Tokio und lernte den Exilanten Sun Yatsen kennen.
Dem Gründer der Guomindang folgte er nach Guangzhou und
nannte sich fortan Chiang Kaishek. Verbindungen zu der »Grü-
nen Bande«, den geheimen Herren Schanghais, wurden ihm
nachgesagt. Als ehrgeizig und machtbesessen, starrsinnig und
aufbrausend, aber auch als ideenreich und unerschrocken galt
der Vertraute und spätere Nachfolger Sun Yatsens.

Chiang war als 14-Jähriger zwangsverheiratet worden. Diese
erste Ehe hielt bis 1919, sein einziger Sohn war neun Jahre alt.
Der 32-jährige Chiang zahlte Ehefrau und Konkubine aus, weil
er sich in die 13-jährige Jenny Chen verliebt hatte. Zwei Jahre
später gab das Mädchen seinem Werben nach, er hatte an ihre
patriotischen Gefühle appelliert: Ohne sie könne er kein Revolutionär werden. Um seine Aufstiegspläne nicht zu gefährden,
musste Jenny Chen 1927 in die USA gehen, wo Zeitungen die
Ankunft einer »Madame Chiang Kaishek« meldeten. Ein Irrtum, versicherte Chiang der Familie Song, weil er im Dezember
1927 die jüngste Tochter Meiling ehelichen und in die mächtige
Song-Dynastie einheiraten wollte. Sein Schwager kontrollierte
die Medien, und die älteste der drei Song-Schwestern hatte den
wichtigen Bankier Kung geheiratet. In China sagt man bis heute

über die drei: Ailing liebte das Geld, Qingling – Sun Yatsens Witwe – liebte China, aber Meiling liebte die Macht. Der Schriftsteller Ernest Hemingway nannte die Präsidentengattin »die letzte Kaiserin Chinas«, so herrschaftlich trat sie auf. Immer reicher und mächtiger, aber auch korrupter wurde der Familienclan. Amerikanische Hilfsgelder in Milliardenhöhe, die vor allem während des Zweiten Japanisch-Chinesischen Krieges flossen, blieben auf ihren Privatkonten. Im Jahr 1929 ließ Chiang Kaishek die sterblichen Überreste des Republikgründers Sun Yatsen nach Nanjing, damals sein Regierungssitz, und dort in ein neu gebautes Mausoleum überführen. Die Sun-Yatsen-Gedenkstätte in den Purpurhügeln besuchen heute viele Touristen aus der Volksrepublik, aber längst auch aus Taiwan. Sie ist ein Ort geworden, der alle Chinesen eint.

Es könne nur »eine Sonne« geben, soll Mao Zedong gesagt haben, als 1947 der Bürgerkrieg zwischen Kommunisten und Nationalisten begann. Am Ende leuchtete nur der besiegte Chiang, die »zweite Sonne«, nach seiner Flucht über der Insel Taiwan, wo er diktatorisch regierte und viermal ohne Gegenkandidaten zum Präsidenten gewählt wurde. Er blieb für immer *Der Mann, der China verlor* – so der Titel einer Biografie. Das verwand Chiang nie, er glaubte weiter an die Rückeroberung des Festlandes. Chiang starb 1975 an einem Herzanfall in der Hauptstadt Taipei. Der Sieger, die »rote Sonne« Mao, überlebte seinen Gegner nur um ein Jahr. Erst Jahre nach Chiangs Tod, 1987, wurde auf Taiwan das Kriegsrecht aufgehoben, und es begann unter seinen Nachfolgern eine langsame Demokratisierung. Die Witwe Song Meiling lebte von 1976 bis 2003 in New York, dort verschied sie im hohen Alter von 106 Jahren.

## Rückzug in die Berge

Im Spätsommer 1927 nach dem Schanghai-Massaker hatte Mao noch eine »Erste Division der Revolutionären Arbeiter- und Bauern-Armee« organisiert, die aus etwa 1000 Mann bestand. Er sammelte Bauernmilizen und abtrünnige Guomindang-Soldaten um sich und Minenarbeiter, die aus Anyuan geflohen waren. Fast 200 Kommunisten waren dort ermordet worden, manche ließen auf dem Weg zur Hinrichtung noch laut den Arbeiterklub hochleben.

Als Mao die Soldaten rekrutierte, stellte ihn eine Großgrundbesitzer-Miliz. Als er exekutiert werden sollte, versuchte er, die Wachen zu bestechen: »Die gewöhnlichen Soldaten waren Händler ohne besonderes Interesse an meinem Tod und wollten mich freilassen, aber der Unteroffizier weigerte sich.« Kurz vor dem Hauptquartier konnte er fliehen und versteckte sich im hohen Gras: »Die Soldaten verfolgten mich und zwangen einige Bauern, ihnen beim Suchen zu helfen. Viele Male kamen sie sehr nahe heran, ein- oder zweimal so dicht, dass ich sie beinah hätte berühren können.«Im Dunkeln lief er barfuß los, bis er auf einen Bauern traf, der ihm den Weg wies. So nah war er dem Tod noch nie gewesen.

Yang Kaihui, die im April 1927 den dritten Sohn, Anlong, geboren hatte, sorgte sich unterdessen um ihren Mann. Dann kam zwar endlich ein Brief von ihm, aber Mao kehrte nicht zurück. Sie wartete auf weitere Lebenszeichen und quälte sich: »Er hat mich verlassen. Die Vergangenheit wirbelt durch meinen Kopf.« Sie fühlte sich »so elend, so einsam, so viele Qualen. (…) Ich kann nicht schlafen, ich werde wahnsinnig.«[99] Sie sollte ihren Mann tatsächlich nie wiedersehen.

Ein Vagabund zu sein, hatte Mao sich vor zweieinhalb Jahren nach einem Streit mit Kaihui gewünscht. Und so einer war er nun tatsächlich geworden. Als die kommunistischen»Herbst-

毛泽东

aufstände« überall mit Niederlagen geendet hatten, trat er mit seinem kläglichen Soldatenhaufen den Rückzug an. Sein Ziel waren die Jinggang-Berge, im Süden von Hunan. Eigene, im Hinterland gelegene Stützpunkte, sogenannte Sowjets, wollte er errichten, dort endlich Landreformen durchführen und die Bauernmassen unter der roten Fahne mobilisieren. Ein Entschluss, bei dem er jegliche Sicherheit aufgab und alles auf eine neue Karte setzte, mit ungewissem Ausgang.

Das geschützte Plateau, auf dem Nadelbäume und Bambushaine wuchsen, lag etwa 1000 Meter hoch und war oft in Nebel gehüllt. Es war nur über fünf Pässe und auf Trampelpfaden zu erreichen. So vogelfrei wie die Helden aus seinem Lieblingsbuch *Die Räuber vom Liang-Shan-Moor* muss er sich dort oben gefühlt haben, als er sein altes Leben hinter sich ließ und dichtete: *Vom Feind umzingelt, (...) stehn wir unbewegt. Der Wille von allen noch festeres Fort.*[100]

Bis Januar 1929 blieb Mao im Jinggangshan-Gebiet, wo auch zwei Banditenbanden hausten, die er in seine Truppen einzubinden versuchte. Anweisungen aus Schanghai beachtete er nicht, falls sie ihn überhaupt erreichten. Er verlor alle Parteiämter, aus der KP ausgeschlossen wurde er jedoch nie. Um ihn zu kontrollieren und sein eigenmächtiges Handeln zu tadeln, wurde der sieben Jahre ältere General Zhu De im Mai mit 2000 Soldaten in das Gebiet beordert, wo er mit Maos Truppen zusammen die »Vierte Rote Armee« bildete. Die zwei Männer verstanden sich auf Anhieb. Unverbildet und praktisch gesinnt, zäh und ausdauernd waren beide. Mao eher grübelnd und trotzdem voller Selbstvertrauen und Entschlossenheit. Der sieben Jahre ältere Zhu De dagegen verbarg unter seinem rauen Äußeren ein »starkes Gefühl der Bescheidenheit«, schreibt seine Biografin, die Amerikanerin Agnes Smedley. »Aus seiner instinktiven Menschenkenntnis heraus schien Tschu Teh (Zhu De) sogleich erfasst zu haben, dass er seinem anderen Ich begegnet war.«[101] Der »Mann der Aktion und militärische Organisator«, der in Deutschland studiert hatte, und der Planer Mao arbeiteten bis 1949 eng zusammen. In den Erzählungen der Bevölkerung verschmolzen sie schon bald zu einer Person, als die Zhu-Mao- oder auch Mao-Zhu-Armee bekannter wurde.

Anfang des Jahres 1929 verließen alle die Bergfeste, die zu klein geworden war, bewaffnete Bauern aus Hunan hatten die Armee auf 11 000 Mann anwachsen lassen. Immer tiefer zogen sie in die Jiangxi-Berge. Sie wurden nicht überall willkommen geheißen, manchmal für eine Räuberbande gehalten, so zerlumpt, verlaust waren sie. Der Feind war ihnen dicht auf den Fersen: »Unsere Leiden nahmen zu.«[102] Auf Maos Kopf, ob tot oder lebendig, setzte der Generalissimus die damals angeblich höchste Belohnung der Welt aus: eine Viertelmillion chinesischer Silberdollar – das entsprach etwa 100 000 US-Dollar. Bei den einfachen Leuten hatte dieser »Rote Bandit Nummer eins« schon bald den Ruf, gegen den Tod gefeit zu sein und sogar fliegen zu können.

Inzwischen begrüßte auch die KP-Führung die Gründung ländlicher Stützpunkte. Trotzdem plante Maos alter Gefährte aus Anyuan, Li Lisan, der inzwischen zum Generalsekretär der KP aufgestiegen war, im Sommer 1930 erneut Angriffe auf Städte. Denn sie seien das Herz und Hirn, das es zu erobern galt, die Dörfer dagegen unwichtige Anhängsel. Noch einmal ließen sich Mao und die Generäle Zhu De und Peng Dehuai, der mit seinen Soldaten von den Nationalisten zu den Kommunisten übergelaufen war, überreden und schickten ihre Truppen auch gen Changsha, eine der Nationalisten-Hochburgen. Der Angriff scheiterte, schreckte aber Chiang Kaishek und den Gouverneur der Provinzhauptstadt auf. Danach wurde die Auseinandersetzung persönlicher. GMD-Soldaten schändeten das

毛泽东

Grab von Maos Eltern und die dritte Frau von Zhu De wurde gefangen genommen und enthauptet. Ihren Kopf brachte man als Trophäe nach Changsha, um ihn in der Hauptstraße zur Abschreckung auszustellen, aufgespießt auf einem Pfahl. Im November 1930 dann blieb auch die Frau von Mao Zedong nicht länger verschont.

### Zwei Frauen

Drei lange Jahre hatte Yang Kaihui um Maos Leben gebangt. Nach seinem Weggang im Jahr 1927 war sie in ihr Elternhaus in dem Dorf Bancang zurückgekehrt, das 30 Kilometer entfernt im Nordosten von Changsha liegt. Außer den drei Söhnen lebten hier auch ihre Mutter, eine Kinderfrau und zeitweise ein Cousin. In Notizen und Gedichten schrieb sich Kaihui ihren Kummer von der Seele: »Töten, töten, töten! Das ist das Einzige, was ich höre! Warum sind die Menschen so böse? Warum so grausam?«[103] In nie abgeschickten Briefen beteuerte sie, wie sehr sie ihren Mann immer noch liebe, wünschte sich Flügel, um zu ihm zu fliegen, und bat ihn, zurückzukehren: »Vaterliebe ist mir wirklich ein Rätsel. Vermisst er seine Kinder nicht?« Sie schöpfte Hoffnung, weil Mao angeblich nach Schanghai käme. An seinem Geburtstag aß sie an seiner Stelle eine Suppe mit langen Nudeln, die in Asien ein langes Leben symbolisieren.

In Wachspapier wickelte sie die vielen beschriebenen Blätter und versteckte die Päckchen in Mauerritzen. So tief hatte Kaihui den Mörtel aus den Mauerfugen ihres Zimmers und aus einer Wand des Innenhofes gekratzt, dass ihre Aufzeichnungen erst Ende der 80er- und in den 90er-Jahren bei Renovierungsarbeiten auftauchten. An den Fundorten hängen ihre Texte heute unter Glas. Manchmal ist die Tusche verwischt, die Zeit hat einige Schriftzeichen unleserlich gemacht. Oder es waren Kaihuis Tränen. Vielleicht ahnte sie, dass Mao längst auch eine andere Frau hatte, aber »egal, wie sehr ich es versuche, ich kann einfach nicht aufhören, ihn zu lieben«.

Nur kurze Zeit nachdem Mao in die Jinggang-Berge geflüchtet war, hatte er die junge Kommunistin He Zizhen getroffen. Er war fast doppelt so alt wie die 18-Jährige, die aus einer besonderen Familie stammte. Ihr Vater, ein kleiner Grundbesitzer, betrieb eine Buchhandlung mit linker Literatur. Ab ihrem 15. Lebensjahr hatte Zizhen eine finnische Missionsschule besucht, die sie schon nach einem Jahr wieder verlassen musste, weil sie lieber dem kommunistischen Jugendverband beitrat. Mit ihrem älteren Bruder hatte sie sich vor dem Weißen Terror in die Berge gerettet. Die junge Frau wurde »Der Zwei-Pistolen-Mädchengeneral« genannt, da sie vom Pferderücken beidhändig schießen konnte. Ihre Augen seien wie ein Paar Kristalle, schwärmte ein Verehrer. Kein Wunder, dass Mao sich in sie verliebte.

Durch lange Trennungen zerbrachen in dieser Zeit viele Ehen und Verbindungen. Moralisch verurteilte niemand das neue Paar, das offen seine Liebe lebte. He Zizhen wusste, dass Mao Familienvater war. Aber sie war selbstbewusst, frei und jung und Changsha weit weg. Im Frühjahr 1928 heirateten sie in einer kleinen Zeremonie, bei der auch einer der Banditenführer ihr Trauzeuge war. Obwohl Mao mit He Zizhen zusammenlebte, vergaß er seine erste Familie nicht. »Ich denke oft an Kaihui, Anying und die anderen«[104], schrieb er an Li Lisan in Schanghai und bat den alten Weggefährten um Hilfe bei der Kontaktaufnahme, zu der es jedoch nie kam.

Im Oktober 1930 ließ der glühende Antikommunist, General Ho, der Changsha kontrollierte, Yang Kaihui und ihren ältesten Sohn, den achtjährigen Anying, verhaften und ins Gefängnis werfen. Vor dem Abtransport schlugen Soldaten den mittleren Sohn, Anqing, mit einem Gewehrkolben zu Boden. Wenn Kaihui sich öffentlich von ihrem Mann losgesagt und ihn denunziert hätte, wäre sie freigekommen. Doch sie weigerte sich und schwieg auch unter der Folter. Nach einem kurzen Prozess wurde die 29-Jährige am 14. November außerhalb der Stadtmauern erschossen.

In dem großen Yang-Kaihui-Museum, das nur wenige Gehminuten von ihrem Elternhaus entfernt errichtet wurde, ist der Zeitungsartikel ausgestellt, der über die Exekution sogar mit einem Foto berichtet. Auf dem grobkörnigen Schwarz-Weiß-Bild des Richtplatzes sind nur dunkle Haufen am Boden auszumachen, doch die Überschrift ist eindeutig: »Frau von Mao Zedong gestern hingerichtet – Beifall und zufriedene Jubelrufe.«[105]

Maos große Liebe war Kaihui gewesen, die er seine »stolze Pappel« nannte – im Chinesischen haben der Nachname Yang und der Baumname den gleichen Klang. »Der Tod von Kaihui kann nicht durch den hundertfachen Tod meinerseits wiedergutgemacht werden«[106], ihr Verlust schmerzte Mao umso mehr, je älter er wurde. Das glaubt selbst die umstrittene Mao-Biografin Jung Chang, die den Revolutionär Mao jedoch anklagt, seine Frau nicht gerettet und die Familie aus Changsha herausgeholt zu haben. Doch das wäre ein nicht minder gefahrvolles Wagnis für alle gewesen. Oder es hätte für Kaihui die Trennung von den Kindern bedeutet. Denn umkämpft und unsicher waren die roten Gebiete. Deshalb ließen Mao und He Zizhen ihre zwei Kinder, die 1929 und 1932 auf die Welt gekommen waren, in der Obhut von Bauernfamilien zurück, mit der Absicht, sie später zurückzuholen. Das Mädchen und der Junge sollen jedoch schon früh an Krankheiten gestorben sein.

Für die drei Söhne aus Maos erster Ehe hatte der Tod ihrer Mutter fatale Folgen. Freunde der Familie bestachen Beamte, um Anying freizubekommen, und brachten die drei Jungen, die Decknamen erhielten, im Jahr 1931 nach Schanghai in ein

Kinderheim. Im internationalen Gebiet lag der Unterschlupf für den Nachwuchs verfolgter Kommunisten. Vergeblich versuchten die Jungen, über ihren Onkel Zemin den Vater zu erreichen. Ob Mao ihre Briefe jemals erhalten hat, ist unklar. Im Museum von Bancang zeigt ein Foto die pausbäckigen Jungen noch zusammen, doch schon im Mai starb Anlong, der Jüngste, mit nur vier Jahren an einem Magen-Darm-Infekt. Nachdem das Heim geschlossen wurde, kamen Anying und Anqing bei Genossen unter, aber in keiner der fremden Familien blieben sie lange. Im Jahr 1932 rissen die neun und zehn Jahre alten Jungen aus und schlugen sich fortan als Straßenkinder in Schanghai durch. Sie blieben in den nächsten vier Jahren unauffindbar.

### Staat im Staate

Im Dezember 1930, nur wenige Wochen nach Kaihuis Ermordung, erreichte die Armee von Mao und Zhu De den Ort Futian, 200 Kilometer nördlich von Rujin, der späteren Hauptstadt des Sowjet-Gebietes. Dort arbeitete bereits ein kommunistisches Komitee, das versuchte, Landreformen sanfter durchzusetzen. Maos Urteil war vernichtend: Hier würden reiche Bauern regieren, eine gründliche Säuberung der Führung sei nötig, um die Partei zu retten, meldete er nach Schanghai. Es gab Gerüchte, dass antikommunistische Elemente am Werk und Saboteure eingeschleust worden seien. Die ständige Todesgefahr heizte das Misstrauen an. Denn Chiang Kaishek bereitete einen Angriff vor. Flugblätter wurden abgeworfen, in denen Soldaten zur Fahnenflucht und Generäle zum Überlaufen aufgerufen wurden. Auch auf den Kopf von Zhu De war inzwischen die Summe von 100 000 US-Dollar ausgesetzt, unvorstellbar hoch und verlockend für arme Tagelöhner, die neben ihrem Essen nur 30 Dollar im Jahr verdienten. Verräter und Spione konnten überall lauern.

In dieser angespannten Situation offenbarte Mao »im großen Maßstab das erste Beispiel seiner Unbarmherzigkeit«, urteilt sein Biograf Stuart R. Schram. »Im Übrigen gibt es aber keine Anzeichen dafür, dass Mao Tse-Tung (Mao Zedong) selbst Gefallen daran gefunden hätte.« Er habe jedoch niemals vor Gewalttaten zurückgeschreckt, »wenn er diese für nötig hielt. Dabei muss man gleich hinzufügen, dass er andernfalls nie überlebt hätte.«[107]

Über 4000 Personen werden im Dezember 1930 und in den folgenden Monaten auf Maos Befehl nach Verhören und oft erzwungenen Schuldbekenntnissen liquidiert. Die Vorkommnisse in Futian brachten Mao auf lange Zeit bei der Parteiführung, die ihn scharf kritisierte, in Misskredit. An diesen Gewaltausbruch erinnerten sich noch Jahrzehnte später hoch betagte Zeitzeugen. Aufgewühlt fragten sie sich, warum Kommunisten andere Kommunisten getötet hatten; es sei verrückt gewesen, und aufseiten Maos hätten sie einen regelrechten Verfolgungswahn beobachtet.[108] Wer im Ausnahmezustand lebt, gerät außer sich. Wer erleben muss, wie Freunde sterben und Familienangehörige hingerichtet werden, wer mitleidlos behandelt wird, dem kommt das Mitleid abhanden, der tötet leichter.

Generalissimus Chiang hielt die kommunistischen Banditen für Heuschrecken, die einem großen Ochsenkarren den Weg versperren wollten. Deshalb startete er im Dezember 1931 siegessicher den ersten und dann bis zum folgenden Sommer zwei weitere Vernichtungsfeldzüge gegen die roten Gebiete. Doch seine zahlenmäßig überlegenen und besser ausgerüsteten Truppen – 100 000 Mann trafen auf 30 000 kommunistische Soldaten – wurden zurückgeschlagen, weil Zhu De und Mao erfolgreich einen Guerillakrieg führten. Dessen Regeln hatten sie durch das Studium der über 2000 Jahre alten Kriegschriften von

In den roten Gebieten in der Provinz Jiangxi, um 1930, war der abgemagerte Mao Zedong nur ein Kommunist unter vielen.

Sunzi und der Taktik der Roman-Rebellen vom *Liang-Shan-Moor* entwickelt. Ihre Männer operierten nach den folgenden Anweisungen, die Mao mit jeweils vier chinesischen Zeichen in jeder der vier Zeilen gereimt hatte:

> *Feind geht vor – wir weichen ihm.*
> *Feind bleibt stehn – wir stören ihn.*
> *Feind wird müd – wir schlagen ihn.*
> *Feind entflieht – wir folgen ihm.*[109]

Mit dieser Taktik lockten sie den Gegner immer weiter ins Hinterland. Ihr Ziel war es auch, von den Dörfern aus die Städte einzukreisen. Diese Strategien übernahmen später Befreiungsbewegungen der »Dritten Welt«, die sich auch deshalb »maoistisch« nannten.

Ausgerechnet die Japaner verschafften den Kommunisten ab 1931 nach der dritten Kesselschlacht eine Ruhepause. Japanische Truppen besetzten die Mandschurei, gründeten dort im März 1932 einen Marionettenstaat und riefen Chinas letzten Kaiser Puyi zum Staatsoberhaupt von Mandschukuo aus. Als die Besatzer nun gen Schanghai marschierten und die Stadt auch bombadierten, musste Chiang Kaishek seine Kräfte dort zusammenziehen. Das rettete das Heer von Mao und Zhu De vor der Vernichtung.

Weiter wachsen konnte jetzt die »Allchinesische Sowjet-Republik« von Jiangxi, so lautete ab November 1931 der Name des roten Staates im Staat. Seine roten Fahnen schmückte ein fünfzackiger weißer Stern, in dessen Mitte in Schwarz Hammer und Sichel prangten. Fünf bis sechs Millionen Menschen lebten in dem Gebiet, wo die drei Provinzen Hunan, Jiangxi und Guangdong zusammenstießen. Hier wurde der Regierungsernstfall geprobt und sogar eigenes Geld gedruckt. Modelldörfer entstanden, die von Räten und Parteikomitees verwaltet wurden, die Frauenquote sollte 25 Prozent betragen. Die Bewohner, die plötzlich von Machtlosen zu politisch Handelnden wurden, konnten es kaum fassen: Für sie war es, als ob Himmel und Erde die Plätze getauscht hätten.

Mao fungierte zeitweise als »Regierungschef« und unterzeichnete mehrere Dekrete und Gesetze, darunter den »Erlass über die Ehe«. Das fortschrittlichste und frauenfreundlichste Ehegesetz, das China je gesehen hatte, verbot Ehekontrakte und erlaubte Witwen, wieder zu heiraten. Wer zusammenlebte, galt als verheiratet, uneheliche Kinder gab es nicht mehr. Ein Arbeitsgesetz garantierte außerdem den Achtstundentag, und ein Zusatzartikel versprach: »Allen Bauern und arbeitenden Massen wird das Recht auf Bildung garantiert.«[110] Nach dem Erfolgsmodell Anyuan entstanden Zehntausende Grund- und Abendschulen! Bei der Landreform, die immer wieder auch auf blutigen Widerstand stieß, wurden unterschiedlichste, radikale bis moderate Regelungen erprobt.

Die Versorgung blieb schwierig, die Nationalisten sperrten immer wieder die Versorgungswege. Die Lebensmittel waren schlecht und knapp, manchmal gab es tagelang nur Kürbis zu essen. Es fehlten Schuhe und warme Kleidung im Winter. Das Gebiet war ständig belagert, doch der Schmuggel – etwa mit Salz – durch die feindlichen Linien florierte. He Zizhen bat einige der Schmuggler, ihre Waren in die neuesten Zeitungen einzuwickeln. Geglättet waren sie lesbar und sorgten manchmal für Maos Nachrichtennachschub. Dieser glaubte weiter fest an die Revolution: »Ganz China ist voller Zündstoff, der bald in Flammen aufgehen wird. ›Aus einem Funken kann ein Steppenbrand entstehen.‹ Es genügte, sich zu betrachten wie Arbeiterstreiks, Bauernaufstände, Soldatenmeutereien und Studentenstreiks an vielen Orten um sich greifen, um zu verstehen, »dass es von einem ›Funken‹ bis zu einem ›Steppenbrand‹ unzweifelhaft nicht mehr weit ist.«[111]

### Den chinesischen Weg suchen

Politisch geriet Mao immer mehr ins Abseits, als eine neue, junge kommunistische Garde, frisch von den Moskauer Universitäten zurück, plötzlich das Sagen hatte. Diese sogenannten »28 Bolschewiken« forderten: Erobert endlich die Schlüsselstädte! Der Marxismus könne nicht aus dem bäuerlichen Hügelland kommen, war das Credo des 22 Jahre jungen Bo Gu. Theoretisch dürftig, zu pragmatisch, provinziell und eine veraltete Kriegsführung – so lauteten die Vorwürfe in Richtung des Enddreißigers Mao, der längst nicht mehr machen konnte, was er wollte. Mit der Abgeschiedenheit war es vorbei, seit das ZK im Januar 1933 aus Sicherheitsgründen Schanghai verlassen hatte und in das Jiangxi-Sowjet-Gebiet umgezogen war.

Mao hielt seinen jungen Kritikern entgegen: »Wer nicht selbst eine Untersuchung durchgeführt hat, hat kein Recht zu sprechen.«[112] Statt Bücherwissen zähle die Praxis, das war eine seiner prägenden Erfahrungen gewesen – angefangen von den Reisen mit Studienfreund Xiao Yu und zum Grab des Konfuzius bis zu den Untersuchungen, die er bereits in den Bauerndörfern von Hunan, im Jinggangshan-Gebiet und nun erneut vor Ort durchführte. Wie ein Sozialforscher schrieb er auf, was die Menschen aßen und mit welchen Gütern sie handelten, vom Tabak bis zur Kräutermedizin. Wie Metzger, Friseure und Prostituierte arbeiteten und wie viele Kunden sie hatten. Ob die Leute lesen und schreiben konnten, wie sie mit Eheproblemen umgingen oder sich kleideten. Die wichtigsten Fragen jedoch lauteten: Wie waren die Besitz- und Klassenverhältnisse? Welcher Bauer war arm, reich oder ein Mittelbauer?

Dieses »konkrete Lernen« hatten schon im 19. Jahrhundert die sogenannten Neu-Konfuzianer hochgehalten; ihre Texte hatte Mao unter Anleitung von Lehrer Yang gelesen. Aus dieser Denkschule stammte die Formulierung, die eine Außenwand des ersten Lehrerseminars geschmückt und der Student Zedong täglich vor Augen gehabt hatte: »Die Wahrheit in den Tatsachen suchen!«[113] Die Parole folgt auf Chinesisch wieder dem beliebten Viersilbenmuster und klingt wie ein Zungenbrecher: *Shishi qiu Shi*. In den nächsten Jahrzehnten sollte Mao daraus einen der »Kerngedanken des chinesischen Sozialismus« machen. Nach seinem Tod wird auch Chinas Reformer, Deng Xiaoping, diesen Leitsatz hochhalten. Statt der Ideologie zählten nun die Ergebnisse der Öffnungspolitik und der Marktreformen.

Anlässlich der Feiern zu Maos 120. Geburtstag im Jahr 2013 betonte auch Chinas Staatspräsident Xi Jinping: »Die Wahrheit in den Tatsachen suchen«, das sei eines der wesentlichen politischen Konzepte der Mao-Zedong-Ideen. Daran halte man sich, denn: »Der Weg bestimmt das Schicksal.«[114] Der Sozialismus chinesischer Prägung falle nicht vom Himmel.

Dass der »chinesische Weg« kein einfacher war, erlebte Mao Zedong bereits im Sowjet-Gebiet von Jiangxi, wo der Kampf um die richtige politische und militärische Strategie weiterging. Er geriet immer mehr ins Abseits und wurde »krank« – wie damals in Schanghai. Mit seiner Frau und Anhong, dem im November 1932 geborenen Sohn, zog er sich an einen einsamen Ort in die Berge zurück. Er litt außerdem an Malaria und Tuberkulose, zeitweise lag er in einem Krankenhaus.

Als Vorsitzender der provisorischen Sowjet-Regierung hatte Mao bereits im April 1932 dem Eindringling Japan den Krieg erklärt. Diesem eher symbolischen Akt ließ er 1933 erneut einen *Aufruf an das chinesische Volk* folgen. Er erklärte, dass die Kommunisten unter einer Bedingung bereit seien, sich mit den nationalistischen Truppen gegen die Japaner zu verbünden: Die Angriffe gegen ihre Gebiete müssten aufhören. Diesem Vorschlag verweigerte sich Chiang Kaishek, ihm war es wichtiger, zuerst die Roten auszuradieren. Deshalb trieb er seine Truppen 1934 in die vierte Kesselschlacht und scheiterte erneut an der von Mao und Zhu De ausgearbeiteten Guerillataktik.

Trotz dieses Erfolges übernahm nun Zhou Enlai die militärische Führung, und die Komintern setzte Mao sogar einen deutschen Berater vor die Nase, der ihm den Partisanenkrieg ausreden sollte. Otto Braun, der kein Chinesisch, aber dafür Russisch sprach, verständigte sich mithilfe eines Dolmetschers. Der Deutsche mit dem chinesischen Namen Li De wird erst 1970 in der DDR seine Erinnerungen verfassen und den schlanken, fast schmächtigen Mao die »herausragendste Figur« unter den chinesischen Revolutionären nennen, der sich die marxistische Theorie jedoch nur oberflächlich angelesen habe.

Unter Proletariat verstünde Mao die ärmsten Schichten der Bevölkerung und entstelle damit »vulgär« den marxistischen Klassenbegriff, kritisierte der Deutsche. Für Mao spiele sich der Klassenkampf als Bürgerkrieg ab, die Diktatur des Proletariats reduziere er auf die Herrschaft der Kommunistischen Partei. Maos Stärke sei seine »volkstümlerische Masche«, so Braun abschätzig; der Chinese ändere seinen Lieblingsspruch »*Die Nahrung des echten Revolutionärs ist roter Pfeffer*« je nach Lage immer wieder ab.[115] Maos großer Einfluss bei den Truppen, analysierte Braun, gründe sich vor allem »auf die lange Tradition des gemeinsamen, bewaffneten Kampfes, durch die er mit den Bauern fest verwachsen war«.[116] Genau deshalb wird es Mao während des bald beginnenden »Langen Marsches« auch gelingen, in der Partei wieder Fuß zu fassen.

### Der Lange Marsch

Der berühmte Name »Der Lange Marsch« existierte nicht, als dieses waghalsige Unternehmen begann. Was zum Gründungsmythos der Volksrepublik China werden sollte, begann mit einer Niederlage und war anfangs nur eine verzweifelte Flucht. Fast wäre es den Nationalisten nämlich doch noch gelungen, die roten Rebellen auszulöschen. Denn für seinen fünften Vernichtungsfeldzug bot Chiang Kaishek nicht nur über eine Million Soldaten auf, er änderte auch seine Strategie. Deutsche Generäle, die ihm Adolf Hitler geschickt hatte, ließen Wachhäuser bauen, in denen sich die Soldaten verschanzten. So zwangen sie die schlecht bewaffneten kommunistischen Truppen in einen Stellungskrieg, in dem sie unterlegen waren. Die Verluste waren so schwer, dass die Dreiergruppe – Zhou Enlai, Bo Gu und der deutsche Militärberater Braun – begann, einen Ausbruch zu planen. In der Nacht vom 14. auf den 15. Oktober 1934 war es so weit, das heimliche Manöver gelang.

Mao Zedong war weder an den letzten Kämpfen beteiligt noch an der Entscheidung, die Jiangxi-Basis aufzugeben. Er lag, gesundheitlich schwer angeschlagen – die Malaria hatte sich zurückgemeldet –, in einem Haus im Ort Yudu, der auf der Fluchtroute der Armee lag. Seine Frau war erneut schwanger und bereits im vierten Monat. Die harte Regel, keine Kinder auf diese gefährliche Flucht mitzunehmen, zwang das Paar, den zweieinhalbjährigen Anhong in die Obhut von Maos Bruder Zetan und dessen dritter Frau He Yi zu geben, einer Schwester von He Zizhen. Dieses Kind konnte in der Familie, bei Onkel und Tante, bleiben und sollte doch auf besonders tragische Weise verloren gehen: Als Mao Zetan, der mit einer Schutztruppe im Sowjet-Gebiet zurückblieb, ein Jahr später bei einem Einsatz getötet wurde, wusste niemand, welchem Leibwächter er das Kind zur Aufsicht überlassen hatte. In den 40er-Jahren wird sich He Yi auf die Suche nach Anhong machen und dabei bei einem Autounfall ums Leben kommen. Die Spur des Kindes verlor sich für immer.

Am 18. Oktober 1934 schlossen sich der 40-jährige Mao und

seine 25 Jahre alte Frau den fliehenden Truppen an. Sie hatten eine überdachte Trage aus Bambusstangen und Segeltuch gebaut, die vor allem die schwangere und später auch verwundete He Zizhen benutzte. Leibwächter, Sekretäre und ein Koch sowie die Sänftenträger begleiteten das Paar – Privilegien, die alle Führungskader genossen.

Die knapp 100 000 Soldaten, die nach Westen marschierten, wollten sich einem anderen Sowjet in Hunan anschließen. Gut 30 Ehefrauen von KP-Funktionären waren dabei und einige Hundert Soldatinnen, von denen jede ihre »vier Schätze« hütete: eine Waschschüssel, einen Stock, eine Nähnadel und eine Tierhaut, die als Schuhersatz um die Füße gewickelt und in höchster Not auch gegessen werden konnte.[117] Auf Pferden und Eseln wurden Waffen und Munition, Werkzeuge, Drehbänke und Druckgeräte transportiert. Die Männer trugen Reis- und Benzinvorräte sowie Decken. Tausende von Lastenträgern schleppten in Holzkisten Akten und sogar eine kleine Bibliothek, aber auch Medikamente sowie Röntgengeräte. Der rote Staat zog um, der Zug soll 80 Kilometer lang gewesen sein. Noch ahnte niemand, welche Odyssee sie erwartete. In gut einem Jahr würden sie eine Strecke von über 12 500 Kilometern zurückgelegt haben, das entspricht etwa einem Drittel des Erdumfangs. Auf ihrem Weg wurden sie ständig angegriffen: von Guomindang-Soldaten und Räuberbanden oder den Milizen der lokalen Kriegsherren. Auch Luftangriffe flogen die Nationalisten und jagten die kommunistischen Bodentruppen vor sich her. Zickzackkurse und die Wahl gefährlicher Wege sollten die Marschierenden vor den Verfolgern schützen. Doch schon die ersten vier Monate überstand nur ein Drittel, noch 30 000 Mann erreichten im Januar 1935 die Stadt Zunyi in der südchinesischen Provinz Guizhou. Hier hatte die Parteiführung einen längeren Halt eingeplant, um Bilanz zu ziehen.

Die Dreiergruppe, die alles anders gemacht hatte als Mao und Zhu De, wurde im Januar 1935 für die militärische Niederlage zur Rechenschaft gezogen und abgesetzt. In seinem 42. Lebensjahr kehrte Mao in das Politbüro zurück. Das war kein kometenhafter Aufstieg, aber der Anfang seiner Parteikarriere. Noch teilte er sich das militärische Kommando mit dem 1904 geborenen Wang Ming, einem der »28 Bolschewiken« und damals einer der schärfsten Konkurrenten Maos, und mit Zhou Enlai, der seit dieser Zeit immer an Maos Seite blieb und dessen Führungsanspruch nie wieder infrage stellte.

Im Vorfrühling, dem Februar 1935, brachte He Zizhen eine Tochter zur Welt. Es war ein Wunder, dass das Mädchen lebte, denn die Schwangere war durch Bombensplitter schwer verletzt worden. Erneut musste sie das Neugeborene zurücklassen. Mao blieb hart, er duldete für sich und seine Frau keine Ausnahmeregelung. He Zizhen weigerte sich unter Tränen, dem Mädchen überhaupt einen Namen zu geben, weil sie ahnte, dass sie das Kind nie wiedersehen würde. Das Mädchen kam in die Obhut einer Frau, die mit Opium und Silbermünzen bezahlt wurde, die Kleine soll schon bald an den Pocken gestorben sein. So verlor das Paar auch dieses Kind.

Auf dem weiteren Weg durchquerten die Männer und Frauen die entlegensten Gebiete Chinas, kamen sogar bis an die Grenze zu Tibet. Sie trafen auf Menschen anderer ethnischer Gruppen, die noch nie einen Han-Chinesen gesehen hatten und deshalb vor den Fremden flüchteten oder die Eindringlinge bekämpften. Genug Essen aufzutreiben, war überall schwierig, da niemand viel besaß. Wer der Roten Armee nicht freiwillig etwas gab, wurde dazu gezwungen. Pferde wurden konfisziert oder in Notzeiten geschlachtet. Die Armee erntete am Weg liegende Felder ab und hinterließ auf den Äckern Geld oder Schuldscheine, auf denen stand, wer dafür bezahlen würde. Wenn der

Hunger zu groß wurde, aßen die Soldaten Gras, Baumrinde und vor Verzweiflung Erde. Viele desertierten, wurden sesshaft und gründeten Familien. Kranke und Verwundete mussten zurückbleiben; mit etwas Geld, Proviant und einer Pistole ausgestattet, waren sie dann auf sich selbst gestellt. Die vielen Kämpfe, aber auch der Hunger und Krankheiten dezimierten die Soldaten auf ihrem Weg durch insgesamt zwölf Provinzen. Zeitweise waren sie von der Außenwelt völlig abgeschnitten.

Ein besonders grausamer Gegner war die Natur. Die Männer und Frauen mussten breite Ströme und öde Steppen durchqueren. Sie zogen über 18 Gebirgszüge, davon einige mit ewigem Schnee und Eis, an den Füßen nicht mehr als Lumpen und Strohsandalen. Ein 4000 Meter hoch gelegenes Plateau, wo sich zähflüssiger schwarzer Sumpf unter einer trügerischen Grasdecke verbarg, war der »schwierigste Teil des Marsches«, erinnerte Otto Braun. Der Sumpf verschluckte Maulesel wie Menschen. Wer das Sumpfwasser trank – zum Abkochen fehlte das Holz –, bekam Typhus oder blutige Ruhr. Zu essen hatten sie nur noch Getreidekörner und einige Stücke steinhartes, getrocknetes Fleisch.

Was aber ließ die jungen Soldaten, von denen die meisten zwischen 15 und 20 Jahre alt waren, diese Strapazen durchstehen und immer weiter gehen? Was überzeugte andere junge Männer, sich dem Marsch anzuschließen, der durch ihr Dorf kam? Warum legten Frauen ihre Fußbandagen ab, verließen die Familien und zogen mit den Truppen weiter? Glaubten sie eigentlich an den Kommunismus? Das wollte die chinesische Autorin Sun Shuyun von Überlebenden des Langen Marsches wissen. Noch 40 konnte sie ausfindig machen, als sie im Jahr 2004 die berühmte Route abfuhr. Die übereinstimmende Antwort lautete, sie hätten eine Mission gehabt: »Wir wollten Chiang Kaishek stürzen, die Japaner vertreiben, die Macht

Mao Zedong Mitte der 30er-Jahre im Gespräch mit Bauern, die er weiter für die Revolution mobilisieren wollte.

übernehmen, die Großgrundbesitzer loswerden und ihr Land verteilen. (…) Was konnte es noch Wichtigeres geben?«[118]

Auf diese Ziele hatte Mao Zedong nicht nur die politische Führung, sondern auch die einfachen Soldaten eingeschworen und ihrer Flucht eine Richtung gegeben: gen Norden! Dort waren die Japaner, die es zu vertreiben galt! Damit stellte sich Mao auch gegen seinen späteren starken Rivalen um den Parteivorsitz, Zhang Guotao, der eine andere Richtung wählte und dessen Truppen von Warlords aufgerieben wurden. Er wird im Jahr 1938 zur Guomindang überlaufen.

Wörter wie »Rückzug«, »Niederlage« oder »Wellental der Revolution« brachte Mao ab dem Frühjahr 1935 nie wieder über die Lippen, beobachtete der deutsche Mitmarschierer

毛泽东

Braun. Der sinnlos scheinende Marsch hatte nun einen politischen Sinn. Das machte das harte Leben, das die jungen Soldaten und Soldatinnen in der Volksarmee führten, gewichtiger als ein Leben in ihren Heimatdörfern, das zudem nicht weniger beschwerlich und ärmlich gewesen war. Auf dem Marsch lernten sie nebenbei auch lesen und schreiben. So konnten sie Wände und Papierbahnen mit politischen Parolen bemalen und allen verkünden, warum sie nach Norden zogen.

Die Menschen, durch deren Dörfer die kommunistischen Truppen kamen, hörten den politischen Unterweisungen noch lieber zu, wenn getanzt, Theater gespielt und gesungen wurde. Jede Abteilung hatte neben der Plakateinheit auch ein kleines Propagandateam, zu dem das damals gerade 18 Jahre alte Fräulein Wu gehörte. Sie trällerte besonders gerne Liebeslieder mit neuen politischen Texten.[119] Für die Theateraufführungen schwärzte sie sich Augenbrauen und Lider mit Holzkohle, gewässertes rotes Papier verwendete sie als Wangenrouge. Aus den geplünderten Kleiderkisten der Grundbesitzer kamen die Kostüme für die Kurzdramen, die von Chiang Kaisheks Landesverrat oder vom Los der Armen erzählten. Die Schauspielertruppe baute nach kurzen Befragungen im Dorf die Namen der örtlichen Ausbeuter in ihre Texte ein, das begeisterte ihr Publikum umso mehr.

Deng Xiaoping, damals 30 Jahre alt, druckte während des Marsches mit Wachsmatrizen die vierseitige Zeitung *Roter Stern*, die den Gemeinschaftsgeist beschwor und alle politisch schulte. Deng veröffentlichte darin auch praktische Hygiene-Tipps oder tadelte Disziplinlosigkeit, zum Beispiel, wenn Bettstroh herumflog: »Die Menschen hören nicht auf unsere süßen Worte, die beobachten, was wir tun.«[120]

Im Oktober 1935 erreichten nur noch 8000 halb verhungerte und abgerissene Gestalten endlich eine ärmliche Lößregion in

Shaanxi, wo der rote Stützpunkt Yan'an lag. Das war ein Zehntel derer, die aufgebrochen waren. *Ihr Weg ist zu Ende, gelöst ist ihr Gesicht*, dichtete Mao.[121] Wer dieses Jahr überstanden hatte, musste sich besonders fühlen, vielleicht auch für unbesiegbar halten. Was konnte ihnen noch passieren? Die Qualen, die alle erlitten hatten, und die schwere militärische Niederlage, die Chiang Kaishek den Kommunisten beigebracht hatte, deutete Mao Zedong schon bald in einen großen politischen und moralischen Sieg um. Im Dezember 1935 hielt er den Vortrag *Über die Taktik im Kampf gegen den japanischen Imperialismus*. Darin benutzte er den Namen »Der Lange Marsch«, *Chang Zheng*, zum ersten Mal, und zwar für einen Feldzug, wie ihn die Geschichte noch nicht gekannt habe. Ein Propagandatrupp und eine ideologische Sämaschine sei der Lange Marsch gewesen, »ein Manifest, das der ganzen Welt verkündet hat, dass die Rote Armee aus Helden besteht«.[122]

Mao ließ in den folgenden Monaten die Geschichten über den »Langen Marsch« zusammentragen, Erinnerungen, die sich sonst vielleicht verflüchtigt hätten. Später beauftragte er die Schriftstellerin Ding Ling, daraus ein Buch zu machen. Es waren tatsächlich unglaubliche Geschichten, die die 33 Jahre alte Kommunistin, die im Jahr 1937 aus Schanghai nach Yan'an kommen wird, in ihren Händen hielt: »Auf Wachspapier oder Packpapier geschrieben, rote und grüne Pamphlete, befleckt, zerknüllt und staubbedeckt. Stück um Stück wurde darin von Ehrfurcht gebietenden Schlachten berichtet.«[123] 100 dieser Geschichten erschienen ein Jahr später in einem Buch und wurden die Quelle für alles, was man sich in der Volksrepublik China bis heute über den Langen Marsch erzählt und in Filmbilder bannt.

Ob alle Aufzeichnungen der Wahrheit entsprachen, ob Dinge ausgeschmückt oder weggelassen wurden oder Propaganda-

Kurz nach dem langen Marsch,
ca. 1936, posieren Mao und seine
Frau He Zizhen in Yan`an in wattier-
ten Winterkleidung, auf den Kopf
Mützen mit dem roten Stern. Nur
ein Jahr später sind sie getrennt.

lieder das Gedächtnis narrten, spielt dabei keine Rolle. Denn
wie jeder Mythos transportierte auch der vom Langen Marsch
eine Botschaft mithilfe von Geschichten, die einen wahren Kern
besitzen. Dass Mao es geschafft habe, daraus die »Gründungs-
legende« des kommunistischen China zu machen, urteilt nach
dem Besuch der berühmten Schauplätze des Langen Marsches die chinesische Autorin Sun, zeige einen »politischen
Scharfsinn, eine Begabung für Propaganda und einen Optimismus, eine Selbstsicherheit, wie sie nur ganz wenige besitzen.«[124]

Zusammengeschweißt hatte diese Grenzerfahrungen eine
kommunistische Führungsgruppe, die neu anfangen musste.
Dass die Welt sie vergessen hatte, schreckte niemanden. Sie hatten überlebt und waren zurück auf der politischen Bühne, auch

wenn diese in einer unwirtlichen, kargen Gegend im Norden lag. Hier wurde kein Reis, sondern rote Hirse angebaut.

## Wehrhafter Friede

Der kleine Ort mit seinen Lehmhütten, wo nach dem »Langen Marsch« Maos erstes Hauptquartier stand, hieß *Bao'an*, »wehrhafter Friede«. Grün war nur das Tal zwischen den zerklüfteten gelben Lößhügeln, in deren weiche Berghänge auch Wohnhöhlen gegraben waren. In den aus Ziegeln gemauerten Vorderfronten saßen nach oben abgerundete Holzfenster und Türen, die Ziersprossen waren mit Reispapier abgedichtet.

Mao bewohnte mit He Zizhen eine Zwei-Zimmer-Höhlenwohnung mit kahlen Wänden, an denen Landkarten hingen. Ein Moskitonetz zu haben, war ein Privileg, ihr größter Luxus.

Mager war er während des Langen Marsches geworden, er wirkte fast knabenhaft und durch seine schnellen Bewegungen jugendlicher als 43. Seine Frau wurde wieder schwanger, und endlich bekam das Paar die Chance, wenigstens eine Tochter friedlich aufwachsen zu sehen. Als Mao Jiaojiao wird sie im Januar 1937 zur Welt kommen; die Eltern werden sie später in Li Min umbenennen, um sie vor politischen Gegnern zu schützen. Ihr Name sollte nicht verraten, dass sie Maos Tochter war.

Jeder Tag sei vergeudet, an dem er nicht gekämpft oder 60 Seiten gelesen habe, hatte Mao Zedong einmal gesagt. Jetzt las und schrieb er viel an einem Holzschreibtisch. Nur wenige Monate nach dem Ende des Langen Marsches, im Februar 1936, entstand sein berühmtestes Gedicht *Schnee**, das bis heute volksrepublikanischer Schulstoff ist. Denn es ist eine Ode an sein Vaterland, das sich die Japaner einverleiben wollen. Diese Eindringlinge lauerten in der Mandschurei, wollten Krieg und

*Das vollständige Gedicht ist abgedruckt auf S. 173

毛泽东

hatten vor, Beijing anzugreifen, davon war Mao überzeugt. Wie aber konnte er Chiang Kaishek dazu bringen, endlich gemeinsam gegen diese Besatzer zu kämpfen?

Während des Langen Marsches hatte der Weltkongress der Komintern in Moskau getagt und allen Mitgliedern empfohlen, breite politische Bündnisse, sogenannte Volksfronten, zu bilden. So konnte man sich gegen die in Europa erstarkenden Faschisten wappnen. In Deutschland war Hitler, der schon bald ein Verbündeter Japans sein würde, bereits an der Macht, die Kriegsgefahr stieg. Auch Mao war weiter zu einem Bündnis mit der Guomindang bereit, doch deren Führung lehnte alle Gesprächsangebote ab. Stattdessen bereitete Chiang Kaishek seinen sechsten Feldzug gegen die Kommunisten vor: Die Japaner seien nur eine »Hautkrankheit«, die Kommunisten dagegen eine »Krankheit des Herzens«. Doch immer weniger Menschen, sogar in seiner eigenen Partei, verstanden, warum Chinesen gegeneinander statt gegen die japanischen Eindringlinge kämpfen sollten. Im Winter 1935 hatten deshalb Studenten in Beijing demonstriert und in Richtung Nationalregierung gerufen: »Rettet China!«

Zu lange, zuerst in den Bergen von Jiangxi und dann auf dem Langen Marsch, war die KP Chinas für die Welt unsichtbar gewesen. Vor allem im westlichen Ausland wurde Chiang Kaishek als Vertreter des großen China hofiert und erhielt Geld und Waffen. Er und seine schöne Frau zierten immer wieder die Titelblätter westlicher Magazine. Um die politischen Ziele der Kommunisten besser bekannt zu machen, beschloss Mao Zedong, in die Offensive zu gehen. Als Journalist wusste er um die Macht des Wortes und was eine gute Propaganda bewirken kann. Über Kontaktpersonen ließ er Song Qingling einen Brief zukommen mit der Bitte, ihm einen ausländischen Journalisten zu vermitteln, der unvoreingenommen über die Kommunisten und ihre Ziele schreiben würde. Vielleicht ließe sich so der ausländische Druck auf die Guomindang erhöhen, endlich die Einheitsfront gegen die Japaner zu bilden.

Sun Yatsens Witwe empfahl den Amerikaner Edgar Snow als einen »Freund Chinas«. Deshalb wurde der junge Journalist im Sommer 1936 von Beijing nach Westen bis nach Bao'an eskortiert, mit einem Empfehlungsschreiben an Mao in der Tasche. Snow blieb vier Monate, um danach mit dem gesammelten Material das Buch seines Lebens zu schreiben; es wird den Titel *Roter Stern über China* tragen.

### Roter Stern über China

Mit 23 Jahren war der 1905 geborene Snow, Sohn eines Zeitungsdruckers und Verlegers aus Missouri, als Korrespondent für amerikanische Zeitungen nach Schanghai gekommen, »auf der Suche nach dem Glanz des Orients, nach Abenteuern«.[125] Die wohlgenährten Ausländer, die in glücklicher Unwissenheit in Luxus lebten, waren ihm bald zuwider, immer öfter verließ er das städtische »Märchenland«. Als 1929 eine Dürre den Nordwesten heimsuchte, war er in das Hungergebiet gereist, wo nach offiziellen Schätzungen drei bis sechs Millionen Menschen starben. »Haben Sie jemals einen Menschen gesehen«, fragt Snow seine späteren Leser, »der seit über einem Monat nichts zu essen hatte? Sein sterbendes Fleisch hängt in runzligen Falten an ihm; jeden Knochen an seinem Körper kann man genau sehen; seine Augen starren, ohne etwas zu sehen. Und selbst wenn er ein Jugendlicher von 20 Jahren ist, bewegt er sich wie eine uralte Frau, schleppt sich von Ort zu Ort.«

Noch mehr entsetzte es Snow, dass Guomindang-Generäle Hilfstransporte blockierten. Aus Angst, ein Rivale könne Weizen und Hirse beschlagnahmen, horteten sie in den Städten lieber Tonnen von Getreide. Spekulanten fielen wie Geier unter den Not leidenden Bauern ein und kauften für ein paar Pfennige das letzte Ackerland auf. »Warum revoltieren sie nicht?«, fragte sich der Journalist. »Ich war von ihrer Passivität tief verwirrt. Eine Zeit lang dachte ich, nichts würde einen Chinesen zum Kämpfen bringen. Ich hatte mich geirrt.« Deshalb wollte er wissen, was für Menschen diese Kommunisten waren, die den Bauern »Hoffnung und Waffen« gegeben hatten. Es seien tausend hungrige Räuber, deren Frauen »Volkseigentum« waren – solche Gerüchte gab es viele. Snow interessierte sich vor allem für den Oberbanditen Mao, er wollte wissen: »Was ging in diesem steckbrieflich gesuchten asiatischen Kopf vor sich?«

Als der Amerikaner dem schon öfter Totgesagten endlich gegenüberstand, sah er eine »hagere lincolnsche Gestalt, größer als der Durchschnittschinese, ein wenig nach vorne gebeugt, mit einem Kopf voller dicker schwarzer, sehr langer Haare und großen forschenden Augen«. Der Amerikaner erlebte Mao als »einen Intellektuellen mit Scharfsinn«, der humorvoll und ironisch war, aber auch »von einer bemerkenswerten Tiefe des Gefühls (…). Er hatte einen ausgesprochenen Sinn für persönliche Würde, und irgendetwas an ihm ließ die Kraft zu rücksichtslosen Entscheidungen spüren, wenn er sie für notwendig hielt.« Dabei hatte Mao auch die Umgangsformen eines Bauern; vor seinem Gast ließ er ungeniert den Hosenbund herunter, um »nach ungebetenen Gästen« zu suchen.

Der Journalist wurde herumgeführt, sprach mit der Führungsgruppe der KP genauso wie mit einfachen Soldaten. Snow lebte gut und fühlte sich manchmal »wie in den Ferien«. Alle zeigten sich von ihrer besten Seite, erzählten von einem »parteiischen Standpunkt« aus, natürlich auch Mao. Das war Snow sehr bewusst: »Er setzte mich sanften Dosierungen politischer Propaganda aus.« Viele Stunden saßen der Amerikaner und der Chinese zusammen. Der Journalist stellte seine Fragen auf Englisch, Dolmetscher Wu übersetzte ins Chinesische. Was Mao erzählte, wurde zurück ins Englische übertragen und Snow schrieb alles auf. Sein englischer Text wurde nun nochmals ins Chinesische rückübersetzt, diese Fassung korrigierte Mao, bevor Helfer Wu die zweite englische Version freigab. In den Gesprächen entstand zwischen dem 30-jährigen Snow und dem zwölf Jahre älteren Mao ein Vertrauen, an das sie Jahrzehnte später anknüpfen konnten. 1960 betonte der Herrscher Mao, als er den Amerikaner wiedertraf: »Ich habe Sie nie belogen und Sie haben mich nie belogen.«[126]

Wie jeder Mensch, der in der Mitte seines Lebens zurückschaut, zog Mao im Jahr 1936 neue Linien, deutete Zusammenhänge auch mit Politvokabeln der Zeit, betonte seine rebellische Seite. Er vermied es, zu persönlich zu werden, sagte fast nichts zu der arrangierten Ehe und dem Tod seiner ersten Ehefrau Yang Kaihui. Seit sich die Gespräche um das Sowjet-Gebiet in Jiangxi und den Langen Marsch drehten, verschwand in Maos Erzählungen das »ich« immer mehr, nur noch das »wir« zählte dann, beobachtete Snow. Am Ende gab Mao in den über 100 Gesprächsstunden dennoch viel von sich preis, was diese *Entwicklungsgeschichte eines Kommunisten* authentisch und fesselnd macht. So überschrieb Snow das über 100 Seiten starke spätere vierte Buchkapitel, das als »Autobiografie« Maos gilt und die beste Quelle für Maos Kindheit und Jugend geblieben ist. Nie wieder wird er oder ein hochrangiger chinesischer Politiker nach ihm ein so langes und persönliches Interview geben.

Edgar Snow wagte in *Roter Stern über China* sogar eine historische Einschätzung Maos, die im Rückblick visionär war: »Man fühlte, dass alles, was es an Außergewöhnlichem in diesem Mann gab, aus der erstaunlichen Fähigkeit erwuchs, die dringenden Bedürfnisse der Millionen Chinesen, besonders der Bauern, zusammenzufassen und auszudrücken. Wenn ihre Forderungen und die Bewegung, die sie vorwärtstrieb, die dynamischen Kräfte waren, die China zu neuem Leben erwecken konnten, dann mochte in diesem tiefen historischen Sinn Mao Tse-tung möglicherweise ein sehr großer Mann werden.«[127]

Unkritisch und naiv war der Amerikaner nicht, aber wohlwollend und neugierig. Das machte sein Buch besonders, fern aller Exotik und über das Neue hinaus, das die Leser auf mehr als 600 Seiten über China erfahren. Snow fing einen der Momente ein, in denen Weltgeschichte gemacht wurde. *Roter Stern über China* ist journalistisch brillant und Snows ehrliche Begeisterung lässt niemanden kalt. Kein Wunder, dass im Winter 1937, nachdem das Buch in London erschienen war, in Kürze 100 000 Exemplare verkauft wurden. Die amerikanische Zeitschrift *Life* druckte Snows Reportagen; die Fotos, für die Mao Zedong und seine Kampfgefährten in baumwollenen Anzügen und mit Schirmmützen auf dem Kopf posiert hatten, verströmten – fern der harten chinesischen Wirklichkeit – revolutionäre Romantik und machten Mao zum roten Weltstar.

Der Bestseller brachte seinem Autor jedoch nicht nur Ruhm: Anfang der 50er-Jahre, in den Anfängen des Kalten Krieges, wurde Edgar Snow in Amerika als Kommunistensympathisant verdächtigt und bespitzelt. In der McCarthy-Ära konnte er kaum noch arbeiten, seine Frau erhielt als Schauspielerin quasi Berufsverbot. Die Familie ließ sich deshalb in der Schweiz nieder, sie blieben aber amerikanische Staatsbürger. Erst 1960 konnte Edgar Snow erneut nach China reisen. Dort war sein Buch nach 1949 zeitweise verboten gewesen, weil es zu offene Bemerkungen über die Rote Armee und den Großen Vorsitzenden enthielt. Mao als Mensch, wie er in dem Buch sichtbar wird, störte bereits seine Inszenierung und Idealisierung als Herrscher. Viele Fakten passten auch nicht länger in die an einigen Stellen geglättete, offizielle Parteigeschichte.

## Wendepunkte

Im Jahr 1937, als *Roter Stern über China* mit Unterstützung des Autors sehr schnell ins Chinesische übersetzt worden war, bewegte das Buch eine ganze Generation in Chinas Städten. Aus erster Hand erfuhren die jungen Radikalen, die patriotisch gesinnte neue Mittelschicht und die gesamte Vierter-Mai-Generation, dass in ihrem Land ein lebbares Gegenmodell existierte: eine Partei mit anderen Idealen und einer anderen Politik als die herrschende Guomindang. Plötzlich konnte man sich entscheiden! Die Mitgliederzahl der KP stieg rapide an. Vor allem Intellektuelle – Schriftsteller, Schauspielerinnen und Musiker, Lehrer und Lehrerinnen – pilgerten in Scharen nach Yan'an, weil sie sich als Patrioten fühlten. Snows Buch leitete die Wiederentdeckung der Kommunistischen Partei ein und machte so selbst Geschichte.

Den Riesenerfolg, vor allem auch im Inland, hatte niemand vorausgesehen, weder Snow noch Mao selbst. Die achteckige Pagode, die auf einem Lößhügel die Stadt Yan'an überragte, wurde nun zu einem Symbol, einem Versprechen für die Zukunft. Dorthin hatten die Kommunisten bereits im Winter 1936/37 ihren Partei- und Regierungssitz verlegt, über 100 neue Bungalows gebaut und mehr als 50 Höhlenwohnungen bezogen.

Dass die jungen Leute aus den östlichen Küstenstädten und Beijing in das »gelbe Land« im Norden reisen konnten, hatte erst der Waffenstillstand möglich gemacht, den die Kommunisten und Nationalisten inzwischen geschlossen hatten. Denn im Sommer 1937 war die Einheitsfront gegen die Japaner endlich zustande gekommen. Was Chiang Kaishek zum Umdenken bewogen hatte, hatte sich Mao in seinen kühnsten Träumen nicht ausmalen können.

Während Mao von dem Journalisten Snow interviewt wurde, plante Chiang Kaishek längst einen neuen Angriff auf die Roten im Grenzgebiet der drei Provinzen Shaanxi, Gansu und Ningxia. Doch die patriotischen Appelle der Kommunisten hatten einen Guomindang-Kriegsherrn überzeugt, den 1901 geborenen Zhang Xueliang. Ihn hatten die Japaner vor vier Jahren aus der Mandschurei vertrieben. Er war der Nachfolger seines Vaters, des »alten Marshalls«, den die Japaner getötet hatten. Mit Mao und Zhou Enlai hatte der 35-jährige »junge Marshall« bereits konferiert. Er hatte den Kommunisten sogar Geld gegeben und warme Kleidung besorgt, damit sie den ersten harten Winter besser überstanden. Nicht gegen seine Landsleute wollte Zhang kämpfen, der 400 000 Mann befehligte, sondern endlich die Japaner aus seiner reichen Heimatprovinz verjagen.

Im Dezember 1936 reiste Chiang Kaishek in die Stadt Xi'an, die etwa 300 Kilometer südlich von Yan'an liegt. Er wollte den rebellischen Zhang auf seine Politik einschwören, eine Mobilmachung der Streitkräfte war für den 12. des Monats geplant. Doch genau an diesem Tag ließ der junge Marshall den Generalissimus kidnappen. Chiang versuchte noch zu entkommen, sprang im Schlafanzug und ohne Zahnersatz aus dem Fenster der Residenz. Zhangs Soldaten stellten ihn, als er, verschmutzt und frierend, hinter einem Felsen kauerte. Diese entwürdigende Verhaftung verzieh er dem jungen Marshall nie.

Dieser informierte umgehend die Kommunisten in Yan'an, wo seine telegrafierte Nachricht über die Entführung einen Freudentaumel auslöste. Beim Treffen in Maos Wohnhöhle war die erste Reaktion von Zhu De: »Was gibt es da noch viel zu reden? Lasst uns als Erstes diesen Bastard töten.«[128] Oder sollte Chiang besser vor ein Volksgericht? Doch die per Funk unterrichtete sowjetische Regierung verurteilte den Alleingang scharf, weil er einen Bürgerkrieg provozieren und die antijapanische Front schwächen könnte; eine Fraktion der Guomindang-Regierung drohte bereits mit der Bombardierung der Stadt Xi'an. Stalin drängte deshalb in einer Depesche darauf, den Gefangenen bedingungslos freizulassen. Mao soll in einem Wutanfall diese Nachricht zerrissen und schimpfend darauf herumgetrampelt haben.[129] Doch am Ende erwies es sich als klüger, die Situation politisch zu nutzen. Mao unterstützte die Entführung nicht öffentlich, sondern er schickte Zhou Enlai als Unterhändler der KP nach Xi'an, um mitzuhelfen, einen für alle akzeptablen Ausweg aus der verfahrenen Lage zu suchen.

Nach knapp zwei Verhandlungswochen, am 26. Dezember 1936, kam Chiang frei. Im Gegenzug hatte er sich verpflichten müssen, endlich die Einheitsfront mit den Kommunisten gegen die japanischen Eindringlinge zu bilden – eine Lösung, die es dem GMD-Führer erlaubte, sein Gesicht zu wahren. Chiang sollte außerdem den Nordwesten räumen und seinen »Krieg« gegen die Kommunisten einstellen, die in den Städten dann nicht mehr im Untergrund arbeiten müssten und Büros eröffnen könnten. Mao veröffentlichte »eine Erklärung zur Erklärung« des vor zwei Tagen Freigelassenen; darin lobte er dessen Einsicht und »die Bereitwilligkeit der Guomindang (...), mit ihrer zehnjährigen falschen Politik Schluss zu machen«.[130] Maos Botschaft in den nächsten Monaten lautete: Kommunist zu werden bedeutet, ein wahrer Patriot zu sein. Das war keine Taktik, sondern für Mao persönlich ein Wert an sich. Das Bündnis aller Chinesen konnte endlich zustande kommen, um ihr Land zu retten.

Der Verlierer war am Ende der junge Marshall, den GMD-Anhängern galt er als Verräter. Entgegen dem Rat von Zhou Enlai reiste Zhang nach Nanjing und entschuldigte sich bei Chiang Kaishek, der den Verräter sofort inhaftieren ließ. Zhang akzeptierte die Strafe, kaum ahnend, dass sein Hausarrest 55 Jahre währen sollte. Denn erst im Jahr 1995 wanderte er von Taiwan nach Hawai aus, wo er sechs Jahre später 100-jährig starb.

Zhang wird heute in China als Held verehrt, weil der »Zwischenfall von Xi'an« die militärische Vernichtung der Roten Armee abwendete und die Kommunisten für die GMD erstmals zu einem Partner auf Augenhöhe machte. Allerdings forderte Chiang dafür einen hohen Preis: die Unterordnung der roten Gebiete und ihrer Streitkräfte unter seine Zentralregierung. Die kommunistische Führung machte Zugeständnisse, die Sowjet-Regierung hieß fortan »Regierung des Sondergebietes der Republik China«. Ihr Heer sollte zwar formal ebenfalls unter Chiangs Oberbefehl stehen, aber trotzdem seine kommunistischen Kommandanten behalten. Dagegen sperrte sich der GMD-Chef, die Verhandlungen stockten. Doch Mao blieb hart, gegen den Rat Russlands. Er und seine Mitstreiter hatten im Jahr 1927 erfahren müssen, dass der in die GMD eingegliederte »innere Block« ohne eine eigene Armee den Angriffen der Nationalisten hilflos ausgeliefert war. Er hatte seine Lektion gelernt: »Wer die Armee hat, hat die Macht. Jeder Kommunist muss diese Wahrheit begreifen: ›Die politische Macht kommt aus den Gewehrläufen.‹«[131]

Im Mai 1937 war es immer noch zu keiner Einigung gekommen, als Mao in Yan'an einen Vortrag über *Die Aufgaben der KP in der Periode des Widerstandes gegen die japanische Aggression* hielt. Er prophezeite das Vordringen der landhungrigen Besatzer in »Gebiete südlich der Großen Mauer«. Die Verhandlungen mit den Nationalisten standen auf der Kippe, als die Japaner im Juli einen Zwischenfall an der Marco-Polo-Brücke nahe Beijings provozierten und so der KP erneut ungewollt zu Hilfe kamen. Denn jetzt konnte Chiang Kaishek das Bündnis gegen die »japanischen Imperialisten« nicht länger aufschieben, sonst hätte er als Verräter dagestanden.

Der Amerikaner Edgar Snow, der zurück in Beijing war, beendete gerade sein Manuskript *Roter Stern über China*, als er »den Donner japanischer Geschütze vor den Mauern der Stadt« vernahm.[132] Dieser Kanonendonner läutete den Zweiten Japanisch-Chinesischen Krieg ein.

### Zukunftsstadt Yan'an

Acht Jahre – von 1937 bis 1945 – wird dieser Krieg dauern, der in China als Beginn des Zweiten Weltkrieges gilt. Die Japaner kämpften besonders gnadenlos, ihr Befehl lautete: Alles niederbrennen, alles zerstören, alles töten. Im Dezember 1937 erlebte die Nanjinger Bevölkerung ein Pogrom, in nur einer Woche wurden 300 000 Chinesen von japanischen Soldaten niedergemetzelt. Der Deutsche John Rabe[133], Siemens-Manager und NSDAP-Mitglied, schützte seine chinesischen Arbeiter vor Luftangriffen, indem er im Fabrikhof eine riesige Hakenkreuzfahne aufspannte. Darunter fanden die Chinesen Schutz, das nationalsozialistische Emblem war das Signal an die mit Deutschland verbündeten Japaner, die Fabrikanlage aus der Luft nicht zu bombadieren.

Die Nationalregierung von Chiang zog sich zuerst nach Wuhan zurück, um dann ein Jahr später, im Sommer 1938, vor den japanischen Angreifern weit ins Landesinnere, nach Chongqing, zu fliehen, zu jener Zeit eine »verschlafene Stadt auf einer Felsenklippe«.[134] Sie liegt am Zusammenfluss von Yangzi und Xialing in der Provinz Sichuan, die so groß ist wie Frankreich und Deutschland zusammen. Keine einzige Straße führte dorthin, erst im Lauf des Krieges wurde von Tausenden Chinesen ein Versorgungsweg von Burma (heute Myanmar) aus gebaut; zuvor blieben nur der Luft- und der lange Wasserweg. Die Schiffe mit Menschen und Gütern mussten am Ende von schmalen Uferpfaden aus getreidelt, also von Arbeitern an Seilen

durch die berühmten Schluchten gezogen werden. In die Fels-
wände der Stadt trieb man Luftschutzbunker, um vor den Angriffen der japanischen Kampfflieger sicher zu sein. Bevor
Chongqing zur Kriegshauptstadt wurde, lebten 200 000 Menschen innerhalb der Stadtmauern, sechs Monate später waren
es eine Million.

Heute gilt Chongqing als die größte Stadt der Welt. Von dieser 32-Millionen-Metropole aus soll Anfang des 21. Jahrhunderts Chinas Westen weiterentwickelt, modernisiert werden.
Nachts erinnern die bunt blinkenden Hochhäuser der Megacity
an die Kulisse des Science-Fiction-Films *Blade Runner*. Das
gigantische *Gran Theatre* am Yangzi-Ufer, einer der modernsten
Theaterbauten, sieht aus wie eine Mischung aus Ozeandampfer
und Raumschiff: ein Sinnbild für Chinas ultramoderne Zukunft.

Ende der 30er-Jahre lag für viele die Zukunft des Landes
nicht in Chongqing, Chiang Kaisheks neuem Regierungssitz,
sondern in Mao Zedongs Yan'an. Ein Modell für eine neue
Gesellschaft und einen neuen Menschen schien diese rote
Hauptstadt zu sein. Wer hierher, in den Nordwesten, komme, wechsle »aus einer historischen Epoche in eine andere«,
verkündete Mao begeistert Anfang der 40er-Jahre, mitten im
Krieg gegen die Japaner und mit Blick auf den großen Rest des
Landes. »Dort ist es eine (…) halbfeudale, halbkoloniale Gesellschaft, hier eine (…) revolutionäre Gesellschaft der Neuen
Demokratie.« In ein revolutionäres Stützpunktgebiet zu kommen, bedeute, in »eine Epoche versetzt werden, wie es sie in der
gesamten vieltausendjährigen Geschichte Chinas noch nicht
gegeben hat«, eine Epoche, »in der Volksmassen an der Macht
sind«.[135]

## Die Mao-Zedong-Gedanken

Der Name Yan'an bedeutet »lang anhaltender Friede«, und tatsächlich blieb der Ort während des Japanisch-Chinesischen Krieges – zwischen 1937 und 1945 – von Kämpfen weitgehend verschont. Hier fand Mao endlich wieder Zeit und Ruhe zum Selbststudium, genau wie damals als angehender Student in der Bibliothek von Changsha. Zwei Drittel seiner Schriften, die erst in den 50er-Jahren überarbeitet und sprachlich geglättet als *Ausgewählte Werke* herausgegeben wurden, schrieb Mao in dieser Zeit. Darunter waren schon im ersten Sommer 1937 die bekannten Abhandlungen *Über die Praxis* und *Über den Widerspruch*. Mao benutzte gerne einen Pinsel und tuschte die Schriftzeichen in konzentrierter Ruhe.

Auf seinem Arbeitstisch lagen die dreibändigen gesammelten Werke von Lu Xun, der im Oktober 1936 in Schanghai gestorben war. Ihm zu Ehren wurde auch eine Lu-Xun-Bibliothek in Yan'an eingerichtet. Mao sah den Schriftsteller als »den Heiligen des modernen China, wie Konfuzius der Heilige des alten China war«.[136] Die Lektüre von Lu Xuns Prosa veränderte Maos Schreibstil, der moderner, knapper und direkter wurde, gewürzt mit einer Prise Sarkasmus.

Orte und Gelegenheiten für Vorträge gab es in Yan'an genug: von der Frauenuniversität bis zu den vielen Parteischulen. Ab 1937 hatte Mao einen Sekretär an seiner Seite, den zehn Jahre jüngeren Chen Boda, der fließend Russisch sprach und in Moskau Marxismus-Leninismus studiert hatte. Dieser führende Parteiideologe beriet Mao bis ins Jahr 1956 vor allem in Theoriefragen; sicher hat er auch Reden und Texte von Mao überarbeitet, wenn nicht mitverfasst.

In seiner Wohnhöhle und einem Herrenhaus brachte Mao zu Papier, was er anfangs selbst die »Sinisierung des Marxismus«[137] nannte. In Aufsätzen und Aufrufen, Essays und

Abhandlungen und immer wieder auch in Zeitungsartikeln brachte Mao die chinesische Geschichte und Gegenwart, die marxistische Theorie und seine politischen Erfahrungen der letzten Jahre zusammen.

Die kommunistische Gesellschaft hieß bei ihm »Reich der Großen Harmonie«, ein Ausdruck, den es auch schon bei Konfuzius gegeben hatte.[138] Damals entwickelte Mao auch die berühmte Idee einer »Massenlinie«[139]: Um gut zu führen, sollte die Partei Meinungen »aus den Massen schöpfen und in die Massen hineintragen«. Der Begriff »Masse« ist nicht abwertend gemeint, ganz im Gegenteil: Glorifiziert wird zum einen die schiere (Arbeits-)Kraft der Bevölkerung, die etwa »Die Große Mauer« oder den Kaiserpalast gebaut hat. Zum anderen sind Maos Vorbilder, wenn er von »Massen« spricht, die großen Bauernrevolutionen, die immer wieder Dynastien gestürzt haben. Staatskunst nun verlangte, dem Volkswillen, den Massen, gerecht zu werden. Um zu führen, musste der Herrscher »eins sein mit dem Volk«, dessen Stimmungen aufnehmen. Das stand bereits in chinesischen Klassikern aus dem 7. Jahrhundert vor Christus, die Mao studiert hatte. Zu Beginn des 20. Jahrhunderts sollte nun die KP Chinas genau das leisten: Ihre Führungsrolle »verdichtete sich in dem Führer selber, in der Person Maos«, er verkörperte die moderne Massenlinie. Er konnte die Menschen auf ein Ziel einschwören und dafür mit ihnen in den »Krieg« ziehen, den Produktions- wie auch den ideologischen Kampf führen. Maos Waffen waren die Massenkampagnen, die unter den Menschen eine Art Selbsterziehung in Gang setzten und an deren Ende ein neuer Mensch stehen sollte. Das meinte er später mit der Aussage, »die Massen könnten sich nur selbst befreien«.

Erfolgreich übertrug Mao so in Yan'an »den Marxismus in die chinesische Kultur« und Wirklichkeit.[140] Dabei entwickelte er weder als Theoretiker noch als Philosoph ein vollkommen neues Gedankengebäude. »Vielleicht war er sich damals seiner eigenen Grenzen besser bewusst als diejenigen, die heute in China ein Loblied auf seine Verdienste als Theoretiker anstimmen«, schrieb der Pionier der westlichen Mao-Forschung, Stuart Schram, in den 60er-Jahren, ein Urteil, das bis heute Bestand hat. Mao ging es darum, herauszufinden, wie China am besten in die Zukunft zu führen und zu einer modernen Gesellschaft zu machen sei. Und die sollte nicht westlich und vor allem antikapitalistisch sein.

Bis heute steht in der chinesischen Verfassung, dass die Regierung ihre Politik nach dem *Mao Zedong Sixiang*, »den Mao-Zedong-Gedanken« ausrichtet. Das bedeutet auch, flexibel zu sein und sich »auf chinesische Art« den Erfordernissen – inzwischen jenen des 21. Jahrhunderts – zu stellen. Dieses pragmatische Herangehen betonte Mao bereits mit 27 Jahren: »Ideale sind wichtig, aber die Realität ist noch wichtiger.«[141]

Nach dieser Maxime handelte er auch in Yan'an, als er den Kampf gegen Japan – zum Entsetzen strenger Marxisten – als den »Hauptwiderspruch« definierte, der alle Klassengegensätze in der Gesellschaft zu »Nebenwidersprüchen« machte und China zusammenstehen ließ. Für die nahe Zukunft entwarf er eine »neudemokratische Ordnung«, ein Durchgangsstadium, in dem alle gesellschaftlichen Klassen vereint wären. Ein politisches Programm, das sich noch stark an westlichen Demokratien orientierte und deshalb besonders viele Liberale in den Städten überzeugte. »Nur über die Demokratie kann man zum Sozialismus gelangen – das ist ein unerschütterliches Gesetz des Marxismus«, schrieb Mao, »und in China wird der Kampf für Demokratie noch lange dauern.«[142] Diese Botschaft erreichte immer mehr Menschen. Aber schon bald sollte sich zeigen, dass die Freiheit des Andersdenkenden kein hohes Gut

毛泽东

war in Maos Gedankenwelt. Aus der »Demokratie« sollte der »demokratische Zentralismus« werden, ein politisches Konzept, in dem die KP festlegte, welches Denken und welche Politik richtig oder falsch war, und in Freund oder Feind unterschied.

### Der »Yan'an Spirit«

Wer in das nördliche Sowjet-Gebiet aufbrach, sagte: »Ich gehe auf den Langen Marsch nach Yan'an«. Wie in den roten Gebieten in den Jiangxi-Bergen wurden Wahlen abgehalten, Räte gebildet, es gab anfangs so etwas wie ein »Demokratiegefühl«.[143] Man lernte und lehrte zusammen, spielte Theater und ging zu politischen Schulungen. Die Intellektuellen aus den Städten wollten die Trennung von Hand- und Kopfarbeit aufheben: Sie halfen auf den Feldern, züchteten Hühner und bauten Obst und Getreide an, aber auch Tabak für Raucher wie Mao. Die vielen jungen Leute – Mao Zedong gehörte als Mittvierziger bereits zu den Älteren – schienen manchmal in einem kommunistischen Pfadfinderlager zu leben. Eine neue und gerechtere Gesellschaft wollten viele schaffen.

Der Lyriker Ai Qing, der Vater des heute weltweit bekannten chinesischen Künstler Ai Weiwei, stieß 1941 dazu und trat ein Jahr später in die KP ein. Eine der bekanntesten Yan'an-Bewohnerinnen war die chinesische Literatin Ding Ling, deren Mann von der GMD getötet worden war; sie selbst war zeitweise inhaftiert gewesen, bevor sie sich zum Hauptquartier der Roten Armee durchgeschlagen hatte. Sie machte Agitprop-Theater an der Front und gab Parteizeitungen und Zeitschriften heraus.

Als späterer Herrscher wird Mao Zedong »alle, die für die Revolution tätig sind«, aufrufen, am »Stil des einfachen Lebens und harten Kampfes« festzuhalten, der die Yan'an-Arbeitenden zehn Jahre ausgezeichnet habe.[144] Dieser »Yan'an Spirit« lockte auch linksorientierte Europäer und Amerikaner und Journalisten aus aller Welt, die Snows Buch gelesen hatten, zu den »roten Sternen«. Viele suchten das Gemeinschaftserlebnis.

Die kommunistische Führungsriege von Zhou Enlai bis Lin Biao, die hier zusammenlebte, wird mit Mao Zedong die Geschicke der Volksrepublik bis in die 70er-Jahre hinein bestimmen. Nach dem Langen Marsch formte nun Yan'an die Elite der Berufsrevolutionäre.

Mao selbst hatte seinen drei Jahre jüngeren Bruder Zemin um sich, der wieder für Wirtschaftsfragen verantwortlich war; er sollte 1943 von einem Militärmachthaber in der Nordprovinz Xinjiang gefangen und hingerichtet werden. In Yan'an arbeitete außerdem Maos alter Lehrer Xu Teli aus dem »Ersten Lehrerseminar« in Changsha, der bereits auf dem Langen Marsch dabei gewesen war. Er gehörte zu den »Fünf Alten von Yan'an«. Ihm schrieb Mao 1937 zum 60. Geburtstag: »Sie waren vor 20 Jahren mein Lehrer; Sie sind es noch heute und Sie werden in alle Zukunft mein Lehrer sein. (…) Für Sie heißt es: ›erst die Revolution‹, ›erst die Arbeit‹ und ›zuerst die anderen‹, wogegen für manche anderen die Devise lautet: ›erst meine Berühmtheit‹, ›erst meine Ruhe‹ und ›ich zuerst‹.«[145] Xu organisierte das Bildungswesen, steigerte die Alphabetisierungsrate von 10 auf 50 Prozent.

Aus einem zehnjährigen politischen Exil in der Sowjetunion kam 1939 Maos alter Schulfreund Xiao San in das befreite Gebiet. Der Schriftsteller wurde Vorsitzender des Kulturclubs. Im Frühjahr 1940 ließ er seine deutsche Frau Eva, eine Fotografin, und den einjährigen Sohn nachkommen. Dazu hatte Mao persönlich die Erlaubnis gegeben. In Yan'an, wo die Familie drei Jahre lang blieb, brachte die Deutsche ihren zweiten Sohn zur Welt. Wie alle Ausländer erhielt auch die 29-Jährige politischen Unterricht auf Englisch; Eva Xiao lernte Chinesisch und wurde

»Beraterin in Kinderfragen«, aber aus ihr damals »unverständlichen Gründen« durfte sie nicht fotografieren.

Die deutsch-chinesische Familie bewohnte eine der typischen, in den Felsen eingegrabenen Höhlenwohnungen, die im Winter mit Holzkohle in einem Eisenkasten beheizt wurden.»Ein Maulesel brachte jeden Tag Wasser. Die Beleuchtung waren Öllämpchen, Kerzen waren Luxus. Wir bekamen kein Monatsgeld in Yan'an, sondern Lebensmittel und Kleidung.«[146] Ob Frauen oder Männer – alle trugen die gleichen Jacken und Hosen aus Baumwolle. Aber war das tatsächlich auch ein Zeichen von Gleichheit und Brüderlichkeit und vor allem von Freiheit?

### Hässliche Geister

Der »Mythos Yan'an« wurde mit der Zeit ebenso mächtig wie der »Mythos Langer Marsch«. Das macht die Höhlenstadt neben Maos Geburtsort Shaoshan zu einer der heiligsten Pilgerstätten des heutzutage boomenden Revolutionstourismus. Mit dem Namen Yan'an werden immer noch Werte wie *Solidarität, Gemeinschaft, Gleichheit* und auch *keine Korruption* verbunden. Doch diesen »guten Geist« von Yan'an, die idealistische Begeisterung der Anfangszeit, vertrieb schon bald eine »Ausrichtungskampagne«, die ab Ende der 30er-Jahre, vor allem aber 1942 und 1943 ganz andere, hässliche Geister wachrief.

Weil die Mitgliederzahl der KP zwischen 1937 und 1940 explodierte – von 40 000 auf 800 000[147] –, war eine politische Schulung überfällig. Unerfahren waren die neuen Kommunisten und sogar zu zwei Dritteln noch Analphabeten. Die »Ausrichtung« der Kader wurde in über 44 Parteischulen durchgeführt, um die politische Zuverlässigkeit zu sichern. In kleinen Gruppen las und diskutierte man zum ersten Mal Mao-Zedong-Texte. Beliebt war sein Essay *Gegen den Liberalimus*, der mit dem Satz beginnt: »Wir sind alle für den aktiven ideologischen Kampf.«

Und das hieß: Vereinheitlichung des Wissens und Denkens und zur Not eine Harmonie bis aufs Messer!

Anfang der 40er-Jahre brach eine regelrechte Hysterie aus, überall wurden GMD-Spione vermutet. Am Ende werden 1000 aufgespürt, zu Geständnissen gezwungen, inhaftiert oder auch hingerichtet. Die Kampagne geriet außer Kontrolle. Zu den Opfern, deren Ruf zum größten Teil später wiederhergestellt wurde, zählte auch Maos Übersetzer, der Amerikaner Sidney Rittenberg, der sogar noch Ende der 40er-Jahre wie so viele vor ihm ohne eine Verhandlung für mehrere Jahre in Einzelhaft kam. Denn auch Geheimgefängnisse existierten in Yan'an.

Angst und Misstrauen vergifteten mit der Zeit den »Yan'an Spirit«, alles wurde rigider, enger und prüder. Als zehn Studenten, die hoffnungsvoll nach Yan'an gekommen waren, einen »Club der freien Liebe« gründen wollten, wurden sie mit Billigung Maos verhaftet.[148] Was war aus den Idealen des jungen Zedong geworden? Er hatte Edgar Snow sein Leben – zu Recht – auch als die Geschichte einer Rebellion erzählt und 1919 noch die »freie Liebe propagiert«. Und der Student Zedong hatte geschrieben: »Es gibt kein größeres Verbrechen als die Unterdrückung des Individuums, als die Handlungen, die wider die Natur des Individuums vollzogen werden.«

Der Revolutionär Mao meinte jedoch mit »Rebellion« nicht länger und vor allem nicht an erster Stelle einen Kampf für persönliche Freiheit und Selbstverwirklichung. Nicht das Individuum sollte sich gegen die Autorität erheben. Ihm ging es um den Klassenkampf, den gesellschaftlichen Umsturz: »Tausende von Jahren hat jedermann behauptet: Unterdrückung ist gerechtfertigt, Ausbeutung ist gerechtfertigt, nicht aber Rebellion.«[149] Mit der Entstehung des Marxismus wurde diese »alte Haltung« hinweggefegt, es war nun sogar Pflicht, sich aufzulehnen: »Es gibt unzählige Prinzipien des Marxismus, doch können sie alle letzten Endes in einem Satz zusammengefasst werden: Rebellion ist gerechtfertigt.«[150] Allerdings nur für China und die Nation, und später auch gegen die Parteibürokratie und für Maos Politik.

### Die Front der Feder

Besonders die »Front der Kultur« und die »Front der Feder« hatte Mao Zedong fest im Blick, um die Umwälzung der Gesellschaft voranzutreiben. Er schätzte sie nicht geringer als »die Front des Krieges und Gewehres«.[151] Deshalb lud er im Mai 1942 die große »Armee Kunstschaffender«, die im Norden zusammengekommen war, zur *Aussprache in Yan'an über Literatur und Kunst*. Die Vorträge und Diskussionen wurden in Maos gleichnamigem Aufsatz zusammengefasst, der gedruckt rund 30 Seiten lang ist. Der Text wird berühmt und später berüchtigt als »Katechismus der Kunst und Kultur Chinas«.[152]

Spannende Fragen wurden darin breit von Mao erörtert: Wie erreichen die Literatur- und Kunstschaffenden die Menschen? Warum wird jemand überhaupt Künstler? Wie ist das Verhältnis von Popularisierung und Qualität? Und welche Themen sind wichtig? Gibt es eine menschliche Natur? Ist Kunst per se elitär oder taugt sie auch für die Masse der Bevölkerung? Wie verständlich kann und muss ein Werk sein? Immerhin konnte in China damals die Mehrheit der Bevölkerung weder lesen noch schreiben. Was ist Kunstkritik? Welche Haltung sollte ein Künstler einnehmen? Was ist seine Aufgabe? Eine Antwort gab Mao mit dem folgenden Sprichwort: Der Künstler solle »nicht auf Brokat Blumen sticken, sondern den Frierenden Kohlen bringen«.

Das Fazit der *Aussprache* war knallhart: »Eine Kunst um der Kunst willen (…), eine Kunst, die neben der Politik einherginge oder unabhängig von ihr wäre, gibt es in Wirklichkeit nicht.« Diese Einengung war sicher der politischen Lage und

Gesellschaft im damaligen China geschuldet, aber für die Zukunft war es eine gefährliche und einschüchternde Festlegung: Kunst musste eine Waffe der Revolution und für die Massen gemacht sein. Die Erscheinungsform war der »sozialistische Realismus«, Inhalt und Form sollten dem sozialistischen Weltbild entsprechen. Alles andere erhielt Etiketten wie kleinbürgerlich, rechts oder bourgeois, kapitalistisch oder konterrevolutionär; die Auswahl war groß, und alles meinte: nicht auf Parteilinie. Das öffnete der Willkür Tür und Tor.

Am Ende seiner Ausführungen zu Kunst und Literatur zitierte Mao sogar den Autor Lu Xun mit folgendem kurzem Selbstporträt: »*Eng die Brauen, kalten Blickes trotz ich tausend Zeigefingern, willig wie ein Büffel beug mein Haupt ich vor den Kindern.*« Der Schriftsteller sieht sich als jemanden, der den Obrigkeiten trotzt und sich nur Kindern unterwirft. Sie waren die Einzigen in dieser »Menschenfressergesellschaft« China, die noch keine Menschen gefressen hatten – so endet Lu Xuns berühmtestes Werk, *Tagebuch eines Verrückten*. Mao deutete diesen Inhalt vollständig um und untermauerte mit Lu Xuns Sätzen geschickt seine Politik der Massenlinie. Unter den »tausend Zeigefingern« verstand Mao die Feinde, denen man sich nie beugen werde. Mit den »Kindern« meinte er das Proletariat und die breiten Volksmassen. Und alle Kommunisten, alle Revolutionäre, alle Literatur- und Kunstschaffenden müssten zum »Büffel« für das Proletariat und die Volksmassen werden und ihnen unter Einsatz ihres Lebens dienen.

Die *Aussprache*, rigide ausgelegt, bedeutete den Tod jeder individuellen Kunst und des freien Künstlers in den nächsten Jahrzehnten. Und »schmerzhaft«, wie von Mao angekündigt, wurde es für Hunderte Kunstschaffender bereits in Yan'an. Denn sie wurden »umerzogen«, durch körperliche Arbeit gebessert, wie beispielsweise Ding Ling. So selbstbestimmt wie die Hauptperson in ihrem Frühwerk *Das Tagebuch der Sophia* hatte die Schriftstellerin ihr Leben gelebt, »bin ich auch noch so maßlos damit umgegangen«.[153] Die Selbstbewusste wagte am 8. März 1942, am Internationalen Frauentag, die Doppelmoral vieler KP-Kader in einem beißenden Essay anzuprangern: Entweder treibe man Frauen in die rückständige Mutterrolle oder mache Unverheiratete zur Zielscheibe von Spott und Klatsch.

Mao hegte Sympathien für die eigenwillige Frau – Gerüchte sprachen von mehr –, schließlich hatte er ihr die Edition der Geschichten vom Langen Marsch anvertraut. Als im Jahr 1942 ein Gruppenfoto aller Literaten gemacht wurde, bot Mao ihr sogar seinen Platz in der Mitte an, um sich – wie er ironisch bemerkte – am nächsten 8. März nicht wieder einen Rüffel einzufangen. Doch auch sein Wohlwollen nützte nichts: Ding Ling verlor alle Herausgeberposten und wurde für zwei Jahre zur Umerziehung aufs Land geschickt, damit sie ihre »enge feministische« Einstellung ändere. Erst 1944 kehrte die Schriftstellerin nach Yan'an zurück, immer noch als überzeugte Kommunistin. Sie wird im Jahr 1952 sogar den Stalin-Preis für einen Roman über die Bodenreform erhalten. Von der Geächteten zur Gefeierten, so schnell konnte sich das Blatt wenden. Und umgekehrt: Noch zweimal wird die Autorin in der späteren Volksrepublik als Künstlerin verfolgt werden.

Keine Fürsprecher hatte der 35 Jahre alte Wang Shiwei, ein Schriftsteller der Vierter-Mai-Bewegung, der für sich beanspruchte, ein unabhängiger und trotzdem revolutionärer Intellektueller zu sein. In einem großen Schauprozess im Jahr 1942 wurde er vor allem wegen seines Textes *Wilde Lilien* scharf angegriffen. Die titelgebenden Blumen waren nur schön anzusehen, schmeckten aber bitter. So verhalte es sich auch mit den Idealen und der Wirklichkeit von Yan'an, kritisierte er.[154] Von oben nach unten würden die hübschen Frauen, »drei Klassen von Kleidung und fünf Stufen von Essen« verteilt, unten herrsche Tristesse, während die Oberen der Parteihierarchie Privilegien hätten. Zwei Wochen öffentlicher Kritikveranstaltungen musste er ertragen. Dieses ständig wiederkehrende Ritual der Kritik und Selbstkritik endete für Wang nicht nur mit dem Ausschluss aus Schriftstellerverband und Partei und einem Publikationsverbot, er wurde auch als vermeintlicher Spion inhaftiert. Noch 1947, als Yan'an im späteren Bürgerkrieg geräumt wurde, saß er im Gefängnis. Wer ihn bald darauf getötet hat – Mao behauptete später, es seien lokale Sicherheitskräfte gewesen –, blieb unklar.

Im Jahr 2012 jährte sich die Veröffentlichung von Mao Zedongs *Aussprache in Yan'an über Kunst und Literatur* zum 70. Mal. Für eine kostbare Prachtausgabe wurden 100 chinesische Schriftsteller und Schriftstellerinnen vom Pekinger Verlag der Autoren gebeten, einzelne Passagen des Textes zu kalligrafieren, das Honorar betrug 1000 Yuan, umgerechnet etwa 120 Euro. Als »Judaslohn« wurde die Zahlung von Kritikern angeprangert: »Man nennt euch Ingenieure der Seele. Ihr habt eure (…) verkauft.«[155] Der Ausdruck »Ingenieure der Seele« stammt ursprünglich von Wang Shiwei, der bereits im Jahr 1991 – wie die meisten in den 40er-Jahren verfemten Künstler – offiziell und vollständig rehabilitiert worden war.

An dem Projekt beteiligte sich auch der 1956 als Bauernsohn geborene Mo Yan, KP-Mitglied und Literaturnobelpreisträger des Jahres 2012. In seinen Romanen erzählt er von Menschen, die Chinas moderne Geschichte durchlebt und durchlitten haben – vom Ende der Qing-Dynastie über die Mao-Zeit bis in die Deng-Ära. Der Sprachkünstler schont seine Leserschaft nicht, die Nobelpreis-Jury spricht von einem »halluzinatorischen Re-

毛泽东

alismus«, der schwindeln macht und in seiner Offenheit und Brutalität westliche Leser schockiert. »Die Wahrheit Chinas ist nicht elegant«, betonte Mo Yan in einem Interview.[156] Schriftsteller seien die Ärzte der Gesellschaft. Ihre Aufgabe sei es, ihre Krankheiten zu finden. »Die Zeitungen übertreiben Chinas Schönheit und wir Schriftsteller vergrößern seinen Schmerz.«[157] Seine Romane sind gesellschaftskritisch bis an die Schmerzgrenze. Er nimmt sich das Recht heraus, unabhängig zu bleiben, vom Staat, aber auch von Forderungen chinesischer Dissidenten, die im Ausland leben und ihm zu viel Staatsnähe vorwerfen und politische Statements gegen »das Imperium« verlangen. Mo Yan schreibt und schreit weder für die eine oder andere Seite, das ist im heutigen China immerhin möglich. In Yan'an dagegen wäre der Autor Mo Yan für die folgenden Sätze sicher noch ins Gefängnis gekommen, die er einem blinden Volkssänger in seinem Roman *Die Knoblauchrevolte*, der in den 1980er-Jahren spielt, in den Mund legt: »Ich achte das Gesetz, aber die Kommunistische Partei, die früher keine Angst vor den japanischen Teufeln kannte, erträgt es heute nicht, dass ich den Mund aufmache. (…) Die hässlichen Vorfälle (…) kann niemand unter den Teppich kehren, denn die Volksmassen haben alles gesehen.«[158]

### Familienbande

Ab 1941 waren kaum noch formlose Besuche bei Mao möglich, so erlebten es immer mehr Yan'an-Besucher. Eitler, unnahbarer und schwieriger wurde er, aber gleichgültig ließ er niemanden. Spürbar war »ein stählerner Kern«, der ihn unnachgiebiger machte. Er selbst gestattete sich nur noch kleinere Rebellionen: Zeitweise trug er sehr lange Haare, rauchte weiter Kette. Er lebte nach seinem eigenen, chaotischen Tag-Nacht-Rhythmus, wobei die Schlafstörungen auch ein Erbe aus Guerilla-Tagen waren. Vor allem aber in einer Sache widersetzte sich Mao allen Erwartungen und der Kritik der Partei: in der Liebe.

Mao und seine zweite Frau hatten sich entfremdet, die Ehe war schwierig geworden. Nichts Ungewöhnliches nach dem Tod eines Kindes, und dieses Paar musste sogar den Verlust von vier Kindern verkraften, und beide hatten den Langen Marsch durchlitten. Geärgert hatte sich He Zizhen in letzter Zeit auch – wie viele andere Ehefrauen mit ihr – über die in Yan'an eingetroffenen freizügigen Ausländerinnen. Vor allem die Schriftstellerin Agnes Smedley und ihre Übersetzerin Lilly Wu stellten gerne Tanzveranstaltungen auf die Beine und flirteten ungeniert auch mit dem charismatischen Mao Zedong. Es soll deswegen zu Eifersuchtsszenen zwischen ihm und seiner Ehefrau gekommen sein.

Die Amerikanerin Smedley erlebte Mao dennoch als reserviert und abseits stehend, mit einem fast einschüchternden, düsteren Wesen. »Während man Zhude liebte, wurde Mao … geachtet. Die wenigen, die wirklich seine Bekanntschaft machten, waren ihm sehr zugetan, aber sein Geist ruhte in sich selbst und isolierte ihn.«[159]

He Zizhen verließ im Herbst 1937 Yan'an, um nach Schanghai zu gehen. Dort wollte sie endlich ihre Splitterverletzungen operieren lassen, die sie seit dem Langen Marsch quälten. Erst während der Reise spürte sie, dass sie wieder schwanger war. Sie erwog sogar eine Abtreibung und sicher auch eine Rückkehr nach Yan'an. Doch als die Japaner auf Schanghai und Nanjing vorrückten, änderte sie ihre Pläne. Zur medizinischen Behandlung flog He Zizhen über eine neu eröffnete Direktroute von Xi'an nach Moskau. Dort brachte sie im April 1938 ihren Sohn Lyova zur Welt, das sechste Kind mit Mao. Nur ein halbes Jahr nach der Geburt starb der Junge an einer Lungenentzündung. Als sie sogar dieses Kind in einer sicheren Umgebung verlor, brach die 28-Jährige unter Selbstvorwürfen zusammen und musste in Nervenkliniken behandelt werden. Ein Trost war ihr sicher Tochter Li Min, die mit zwei Jahren von Yan'an zu ihrer Mutter gebracht wurde.

In einem Moskauer Internat lebten inzwischen auch Maos Söhne aus der Ehe mit Kaihui. Bereits Ende 1936 hatten Parteifreunde den damals 14-jährigen Anying und den ein Jahr jüngeren Anqing im Auftrag ihres Vaters aufgespürt und über Paris nach Moskau in Sicherheit gebracht. Anqing sollte die wirren Zeiten und schrecklichen Erlebnisse, seine Entwurzelung nie verwinden und bis zu seinem Tod im Jahr 2007 psychisch krank bleiben; er wurde 84 Jahre alt. Der erstgeborene Anying wird seinen Vater erst im Jahr 1946 in Yan'an wiedersehen, mit 24 Jahren. Beiden blieb nur wenig Zeit, sich kennenzulernen, denn Anying sollte 1950 im Koreakrieg fallen. In einem Brief aus dem Jahr 1941 an die Söhne hatte Mao noch die Schriftzeichen seines Ältesten und den Lerneifer der beiden Brüder gelobt und geraten: »Studiert die Naturwissenschaften intensiv, solange ihr noch jung seid, und redet weniger über Politik.«[160]

Zu dieser Zeit lebte Mao bereits seit zwei Jahren mit einer neuen, seiner dritten Frau zusammen: der fast 20 Jahre jüngeren Schanghaier Schauspielerin Lan Ping, »Blauer Apfel«. Sie war die Tochter eines alkoholkranken Gastwirtes und seiner Konkubine und hatte früh gelernt, sich durchzuschlagen. Sie galt als Frau mit Vergangenheit. In Yan'an nannte sie sich Jiang Qing, übersetzt »Azurblaue Ströme«. Wie sie änderten viele ihren Namen, wenn sie ein neues Leben beginnen wollten. In der Lu-Xun-Akademie lernte Jiang Qing den Vorsitzenden kennen. Sie war genauso jung und selbstbewusst wie Maos zweite Frau, als diese sich in ihn verliebt hatte und Ehefrau Kaihui weit weg wusste. Und genau wie He Zizhen vor über zehn Jahren küm-

Mao und die Schauspielerin Jiang Qing, die nur ein Jahr später, 1939, die neue, umstrittene »Madame Mao« wurde. Im Hintergrund der Eingang einer Wohnhöhle in Yan'an.

merte es Fräulein Jiang herzlich wenig, dass Mao verheiratet war.

Vor allem wegen Jiang Qings früheren Lebenswandels lehnten viele KP-Kader die neue Verbindung ab; sicher spielte auch die Solidarität mit He Zizhen eine Rolle – immerhin war sie eine Veteranin des legendären Langen Marsches. Mao jedoch blieb stur und heiratete Jiang Qing im November 1939. Er drohte sogar damit, wieder in das Jinggangshan-Gebiet zu gehen, falls die Sticheleien gegen seine neue Frau nicht aufhörten.

Diese dritte Ehe wird seine längste sein und bis zu seinem Tod dauern. Im August 1940 wurde die gemeinsame Tochter Li Na geboren, das zehnte und letzte Kind Maos. Die neue »Madame Mao« musste sich verpflichten, keine Parteiämter zu übernehmen und sich politisch nicht einzumischen. Sie arbeitete im Stillen als Maos Sekretärin und unterrichtete ein wenig, später begann sie zu fotografieren. Erst in den 60er-Jahren wird sie ins Rampenlicht treten und Chinas Kulturpolitik in Zeiten der Kulturrevolution entscheidend prägen. Dann wird die *Aussprache in Yan'an über Kunst und Literatur* eine Waffe sein, mit der sie einen kulturellen Kahlschlag rechtfertigt. Am Ende der Mao-Ära wird die an die Macht strebende Jiang Qing die meistgehasste Frau Chinas sein.

### Loblieder auf Mao

Mao Zedong wurde in Yan'an bewusst als die Person aufgebaut, die Chiang Kaishek direkt herausforderte. Der Guomindang-Chef versuchte, sich »als Führer der Nation, der über den innenpolitischen Widersprüchen steht, aufzuspielen«, schrieb Mao in einer parteiinternen Anweisung. Wenn Mann gegen Mann stand, Maos Schriften gegen Chiangs Buch *Chinas Schicksal*, wurden für Außenstehende die politischen Lager sichtbarer. Diese Taktik stärkte Maos Stellung in der Partei. Es war eine Personalisierung der Politik, wie sie heute weltweit betrieben wird, um eine große Zahl von Menschen zu erreichen. Schon bald entstand daraus ein Kult um Mao: Am chinesischen Neujahrsfest 1943 erklang in Yan'an zum ersten Mal das berühmte Lied, das in der Kulturrevolution zur inoffiziellen Nationalhymne werden sollte:

> *Der Osten ist rot,*
> *die Sonne geht auf,*
> *aus China kommt ein Mao Zedong.*
> *Er kämpft für das Glück des Volkes,*
> *er ist sein Erlöser …!*

Weder die Melodie noch der Text waren speziell für Mao geschrieben worden. Die melancholische Melodie gehörte zu einem Liebeslied, einem der typischen Volkslieder aus Shaanxi, die in China »Wanderungen durch den Himmel« genannt werden.[161] Im Ursprungstext war Liu Zhidan besungen worden, ein kommunistischer Volksheld. Der in Bao'an geborene Mann, der wie viele andere auf der Whampoa-Akademie bei Guangzhou ausgebildet worden war, raubte Reiche aus, tötete korrupte Beamte und verteilte seine Beute an die Armen – ein moderner Robin Hood war er.

Dieser Liu und seine Männer wurden wenige Monate vor der Ankunft Maos in seinem Stützpunkt verhaftet und zahlreiche ihrer Anhänger exekutiert. Auf wessen Anordnung, bleibt bis heute im Dunkeln, ebenso wie der Tod von Liu Zhidan. Denn er kam zunächst wieder frei, starb aber dann durch eine Kugel in die Brust. Mao soll Liu Zhidan einmal getroffen haben. Sein Kommentar: »Er war ein guter Kommunist. Sein Heldentod war ein Unfall.« Sechs Monate hatten die Überlebenden des Langen Marsches damals bereits in Lius Heimat Bao'an gesiedelt, die heute ihm zu Ehren *Zhidan County* heißt. Fand damals also doch ein tödlicher Machtkampf zwischen den beiden Männern Mao und Liu statt? Raum für Spekulationen bleibt, weil alle Gründerväter der Basis von Shaanxi getötet wurden. Allein Liu Zhidans Lied *Der Osten ist rot* hat – wenn auch für einen anderen – überlebt.

Die Yan'an-Ära nennt Mao-Biograf Ross Terrill »das goldene Zeitalter Maos als Oberhaupt der KP Chinas (…). Das Erregende (…) war, dass er zugleich *lehrte und herrschte.*«[162] Im März 1943 wurde Mao zum Vorsitzenden des Politbüros und Parteisekretariats gewählt. Vor allem Lin Biao trieb Maos Erhöhung voran, nannte ihn ein »Genie« und der alte Schulfreund Xiao San sprach von »unserem Retter«. Sekretär Chen Boda betonte, dass Mao in seinem fast 20 Jahre alten Bericht über die Bauernbewegung in Hunan die »Grundzüge einer gesamten historischen Epoche« erfasst habe, was auch Konfuzius in seinen

Schriften gelungen sei[163] – ein besonders schmeichelhafter Vergleich. Und Wang Ming, dem die Unterstützung der aufgelösten Komintern fehlte, lobte plötzlich seinen früheren Konkurrenten als »Steuermann der chinesischen Revolution«. Andere sprachen vom »weisen Führer«.[164] Mao-Bilder klebten immer häufiger an Haus- und Schulwänden, erste Mao-Anstecker wurden gebastelt. Im Frühjahr 1944 baten Bauern den neuen Parteivorsitzenden, die ersten Körner auszusäen – ein symbolischer Akt, der jahrhundertelang dem Kaiser vorbehalten war.[165] Der in den Augen der einfachen Menschen neue »rote Kaiser« willigte ein.

Ende April 1945 eröffnete Mao Zedong als Vorsitzender der KPCh in einem Obstgarten den siebten Parteitag: »Ein Kongress der Einheit, ein Kongress des Sieges!«[166] Das stimmte auch für ihn persönlich. Das letzte Treffen, das in Moskau stattgefunden hatte, war 17 Jahre her. Damals war Mao geächtet im Jingangshan-Gebiet umhergezogen. Jetzt wurde er in Yan'an gefeiert, sein Bild schmückte den Sitzungssaal. Seit Gründung der KP waren 24 Jahre vergangen und für jedes Jahr flatterte eine rote Fahne im Garten. Der anfangs kleine lose Haufen hatte sich längst zu einer Kaderpartei gewandelt, die straff nach russischem Vorbild organisiert war und 1,2 Millionen Mitglieder zählte. Neben der über 900 000 Mann starken Armee gab es außerdem über zwei Millionen in Volksmilizen organisierte Unterstützer. Zum ersten Mal wurde in das Parteien-Statut aufgenommen, dass die KPCh die *Mao-Zedong-Gedanken* »zur Leitlinie ihrer gesamten Arbeit« mache. Die Person Mao Zedong stand nun für die Kommunistische Partei, verkörperte ihre Ideologie, sichtbar für alle und strahlend, als rote Sonne.

Ab seinem 50. Lebensjahr veränderte sich Mao auch äußerlich: Der ehemals schlaksige Revolutionär nahm zu und bekam in den folgenden Jahren die weltbekannte schwere, fast buddhahafte Statur des späteren Herrschers. Er ähnelte immer mehr dem Bild, das heute am Tor des Himmlischen Friedens hängt.

Zum Abschluss des Parteitages, Mitte Juni 1945, erzählte Mao Zedong dem Plenum die alte Parabel *Yu Gong versetzt Berge*, um sie neu auszulegen. Die Geschichte handelt von einem »närrischen Greis«, *Yu Gong*. Den Weg von seinem Haus, der nach Süden führt, versperren zwei große Berge. Mit seinen Kindern und Enkeln beginnt er die Berge abzutragen. Ein »weiser Alter«, der vorbeikommt, lästert über dieses hoffnungslose Unterfangen. Aber Yu Gong erwidert nur, die Berge seien zwar hoch, aber höher könnten sie jetzt nie mehr werden, sondern nur niedriger. Außerdem würden ihn, wenn er sterbe, nachkommende Generationen in einer endlosen Reihe ablösen und die Berge abtragen. Yu Gong gab nicht auf und machte weiter. Da schickte Gott zwei seiner Boten auf die Erde, die beide Berge auf dem Rücken davontrugen. Die großen Berge deutete Mao als Imperialismus und Feudalismus. Und er versprach, dass die Kommunistische Partei Chinas entschlossen sei, diese beiden Berge abzutragen.[167]

Im Kampf gegen die japanischen Eindringlinge kamen jedoch keine göttlichen Boten der Einheitsfront von KP und GMD zu Hilfe, sondern »westliche Teufel«: die Amerikaner.

### Amerikanische Einmischungen

Nach dem Angriff der Japaner auf Pearl Harbour im Dezember 1941 waren die USA schon im folgenden Jahr in den Krieg eingetreten, um Japan zu besiegen. Seitdem schickten sie Fliegerstaffeln nach China, lieferten Kriegsgeräte und Soldaten. 1942 war auch das Jahr, in dem eine große Hungersnot die Provinz Henan heimsuchte. Die Flüchtlingsströme wurden von Japanern bombadiert, aber die Nachbarprovinzen verwehrten den

Hilfesuchenden den Zutritt. Es war eine menschliche Katastrophe mit über 10 Millionen Toten. Chiang Kaishek verhängte eine Nachrichtensperre, die nur ein einzelner amerikanischer Journalist, Theodore White, mit erschütternden Reportagen durchbrach. Es folgten weitere blutige Jahre, mit Opfern auf allen Seiten. Die Japaner schienen unbesiegbar, obwohl ihnen die kommunistische Guerilla und die GMD-Truppen zusetzten. Um die japanischen Truppen aufzuhalten, ließ Chiang sogar Dämme des Gelben Flusses, des zweitgrößten Stromes Chinas, sprengen. Dafür nahm er in Kauf, dass Städte und Dörfer in den Fluten versanken und Hunderttausende Menschen ertranken.

Die Amerikaner warfen dem GMD-Führer vor, seine besten Truppen zurückzuhalten, um sie später gegen die Kommunisten einsetzen zu können. Denn zwischen den Verbündeten kam es immer wieder zu Zusammenstößen. Im Juli 1944 entsandten die Amerikaner eine Beobachtergruppe nach Yan'an, um sich selbst ein Bild zu machen. Sie waren angenehm überrascht, als Mao ihnen seine Politik der »neuen Demokratie« erläuterte und Interesse an einer chinesisch-amerikanischen Zusammenarbeit bekundete; sogar ein amerikanisches Konsulat in Yan'an war im Gespräch. Die ausländischen Gäste spürten zum ersten Mal, dass vielleicht Mao und seine Männer die zukünftigen Sieger sein könnten. Beide Seiten verabredeten weitere Konsultationen. Und sie verabschiedeten ein Papier, in dem unter anderem ein gemeinsamer Kampf gegen die japanischen Invasoren sowie Hilfe beim Aufbau einer demokratischen Koalitionsregierung aus KP und GMD und eine ausgewogene Unterstützung der beiden Parteien verlangt wird.

Mao schrieb an den amerikanischen Präsidenten Roosevelt: »Zwischen den Völkern Chinas und den USA besteht eine traditionelle und tiefverwurzelte Freundschaft.«[168] Im Januar 1945 entschlossen sich Mao Zedong und Zhou Enlai sogar, dem amerikanischen Botschafter Hurley folgendes Angebot zu machen: Als Yan'an-Regierung würden sie gerne eine inoffizielle Gruppe nach Washington schicken, um interessierten Privatleuten und Beamten die Situation in China zu erläutern. Sogar sie selbst waren bereit, in die USA zu reisen, wenn Präsident Theodore Roosevelt sie als »Führer einer großen chinesischen Partei« im Weißen Haus empfangen würde.[169] Botschafter Hurley wartete einige Zeit, bevor er den amerikanischen Präsidenten in einem Telegramm und unvollständig über das Angebot informierte, aber gleichzeitig dessen Ablehnung empfahl.

Bald darauf, im Februar 1945, saßen Roosevelt, Churchill und Stalin in Jalta zusammen und entschieden gemeinsam, Chiang Kaishek weiter zu unterstützen. Das große China sollte ein Puffer zwischen den Interessensphären der aufstrebenden Großmächte USA und Sowjetunion werden. Auch die Zeit arbeitete gegen die chinesischen Kommunisten. Denn als Roosevelt im April 1945 starb, gewannen unter seinem Nachfolger Harry S. Truman antikommunistisch ausgerichtete Politiker immer stärker an Einfluss.

Gegen deren Weltsicht polemisierte Mao in einem Leitartikel für die Nachrichtenagentur Xinhua, der den Titel trug *Hurley, Chiang Kaishek und der Reader's Digest sind eine Bedrohung für den Weltfrieden.*[170] In dem populären Magazin hatte nämlich gestanden, dass die zentrale Frage, »ob China demokratisch oder totalitär« werde, identisch sei mit der Frage, ob das demokratische Amerika oder das totalitäre Russland die Oberhand behalte. Die USA würden China zu einer Kolonie oder Halbkolonie machen wollen, warnte Mao in der Entgegnung. Im Munde von Botschafter Hurley verwandle sich die GMD-Regierung in eine »Schönheitskönigin, die Kommunistische Partei aber in ein Ungeheuer.« Und mit der Behauptung,

»dass der Weg Chiang Kaisheks derjenige der amerikanischen Demokratie« sei, meine man »nichts anderes, als dass in China der Weg der amerikanischen Demokratie in einer Art ›feudalem Faschismus‹ besteht, der als Demokratie getarnt ist.« Diese falsche Politik müsse korrigiert werden, sie bewirke eine Spaltung der Einheitsfront und verzögere nur den Sieg über Japan.

Doch der Sieg über die Invasoren, die halb China besetzt hielten, kam schneller und anders als erwartet. Im August 1945 fielen Atombomben auf Hiroshima und Nagasaki und kurze Zeit später unterschrieb der japanische Kaiser die Kapitulation. Die Sowjetunion marschierte, wie mit den USA abgesprochen, in die Mandschurei ein und sicherte sich den Zugang zu Häfen und Bodenschätzen, vor allem zu Kohle.

Drei Monate nach der Niederlage von Nazi-Deutschland war der Zweite Weltkrieg nun auch im Pazifikraum beendet. China wurde UN-Mitglied und damit schon 1945 – und nicht erst im Jahr 1949 – ein selbstständiger Staat. Auch die Westmächte gaben alle Konzessionen zurück, allein Hongkong blieb in britischer Hand. Ein Vertrag regelte dessen Rückgabe an China im Jahr 1997, was dann auch tatsächlich erfolgt ist.

Sowohl die Sowjetunion als auch die USA waren an einer stabilen Nachkriegsordnung interessiert und wollten verhindern, dass China in einen Norden und einen Süden zerfällt, Kommunisten und Nationalisten das Land unter sich aufteilten. Stalin drängte Mao Zedong und der amerikanische Präsident forderte Chiang Kaishek auf, an den Verhandlungstisch in Chongqing zu kommen. Ende August 1945 bestieg Mao Zedong zum ersten Mal in seinem Leben ein Flugzeug und reiste in die Kriegshauptstadt der Nationalisten. Mit an Bord war der amerikanische Botschafter Hurley, was verhindern sollte, von der Guomindang-Artillerie abgeschossen zu werden. Mit viel Misstrauen und ohne große Erwartungen trat Mao die Reise an:

»Chiang war so realistisch, uns einzuladen, und wir waren so realistisch, zu ihm zu gehen.«[171]

Seit 1926 hatten sich die beiden nicht mehr getroffen. Steif standen die berühmten Chefs von KP und GMD nebeneinander, um sich fotografieren zu lassen. Beide gekleidet in einen Zhongshan-Anzug, jeder verstand sich – sichtbar für alle – als der wahre Erbe Sun Yatsens. Diese Begegnung ließ erahnen, dass es weder in den sechs Wochen, in denen Mao und seine Begleiter in Chongqing blieben, noch in den Monaten danach zu einer Einigung kommen würde. Chiang habe ihn abschätzig und wie einen Bauern behandelt, wird Mao über das Treffen sagen. Er selbst platzierte sein neun Jahre zuvor geschriebenes Gedicht *Schnee* in einer Chongqinger Zeitung, eine sehr chinesische Kampfansage. Für Chiang war damit klar, Mao würde sich ihm niemals unterwerfen, sondern wollte selbst an die Macht, schließlich stellte er sich damit in eine Reihe mit den früheren angesehenen »Dichterkaisern«.

Verhandlungen zur Bildung einer gemeinsamen Regierung wurden in den Monaten nach dem Treffen weitergeführt. Trotzdem begannen die USA, die Guomindang-Truppen im Norden aufzurüsten, um die Russen aus der reichen Mandschurei fernzuhalten. Der nahende Kalte Krieg, das Blockdenken, zeigte bereits Auswirkungen. Trotzdem hielt die Sowjetunion weiter an Chiang Kaishek fest. Ihm allein und nicht Mao Zedong traute Stalin zu, das Land zu einigen, er hielt die chinesischen Kommunisten für unzuverlässig, sie seien außen rot und innen weiß. Noch 1945 hatte der russische Diktator mit der GMD-Regierung einen Nichtangriffspakt geschlossen.

# Schneegestöber

Noch heute gehört Mao Zedongs berühmtestes Gedicht *Schnee* in China zum Schulstoff.[172] Der Rhythmus ist derselbe wie in seinen Versen über Changsha, in denen er sich 1925 an seine Studentenzeit erinnert. Dieses Mal hat er ein »Liebesgedicht an die chinesische Erde« geschrieben; darin erschafft Mao in kurzen Bildern ganze Landschaften, lässt Mythen und die Geschichte Chinas auferstehen. Wie schwierig es in unsere Sprache zu übersetzen ist, zeigen vor allem die letzten beiden Zeilen. Darüber ist »im Westen ein Maximum an Torheit geäußert worden«, beklagt Maos bester Lyrik-Übersetzer Joachim Schickel.

Bertolt Brecht entschied sich 1950 für folgende Worte: *Aber auch heute / Seht euch die großen Herren an: immer noch / Voll der alten schlimmen Begehrlichkeit!* Andere Übersetzungen missverstehen weiter: *Heute allein leben Männer vom großen Gefühl*, oder auch: *Denn die überragende Gestalt beobachtet heute die Szene.* Hier spreche ein kommender Diktator, der sich über alle stelle, polemisierte 2003 die Mao-Biografin Chang. Aber der Dichter Mao selbst meinte das genaue Gegenteil auszudrücken: Das Proletariat habe er preisen wollen, dort seien heute die wahren Helden.[173] Denn am Schluss von *Schnee* geht es um Menschen, deren Wesen dahinströmt wie Wasser. Hier beziehe sich Mao auf einen alten Begriff aus der daoistischen Philosophie, erklärt der deutsche Sinologe und Mao-Biograf Tilemann Grimm: Erst im neuen China trete das vollkommene Menschentum zutage in Gestalt der Arbeiter – sie seien die neuen Menschen. Dazu passt die folgende Übersetzungsvariante: *Sucht Ihr wahre Helden, schaut euch hier und heute um.* Und hier schloss sich Mao Zedong auf jeden Fall selbst mit ein.

## Schnee

*Nördliches Land in Sicht:*
*tausend Meilen eisige Starre;*
*zehntausend Meilen schneeverweht.*
*Schau: die große Mauer, beiderseits*
*geblieben nur Öde;*
*den Gelben Fluss hinauf, hinab*
*stocken die Wasser.*
*Die Grate tanzende Silberschlangen.*
*Bergkuppen eilende Elefanten;*
*möchten dem Himmel gleich sein an Höhe.*
*Warte, im Sonnenlicht*
*siehst du rote Gewänder, weiß innen,*
*maßloser Zauber.*

*Landschaft wie diese, überall lockend,*
*ließ unzählige Freier im Streit sich beugen.*
*Ach: Ch'in Shih-huang, Han Wu-ti –*
*beschränkt ihre Bildung;*
*T'ang Tàis-tsung, Sung T'ai-tsu –*
*gering ihr Geschmack.\**
*Eines Zeitalters Himmelsstolz,*
*Dschingis Khan,*
*konnte nur Bogen schießen nach großen Adlern.*
*T'ang Tàis-tsung, Sung T'ai-tsu –*
*gering ihr Geschmack.\**
*Eines Zeitalters Himmelsstolz,*
*Dschingis Khan,*
*konnte nur Bogen schießen nach großen Adlern.*
*Alle dahin!*
*Zählst du auf frei gesonnene Menschen,*
*wende den Blick zum Heute.*[174]

---

\*Die vier Namen bezeichnen alte chinesische Herrscher.

毛泽东

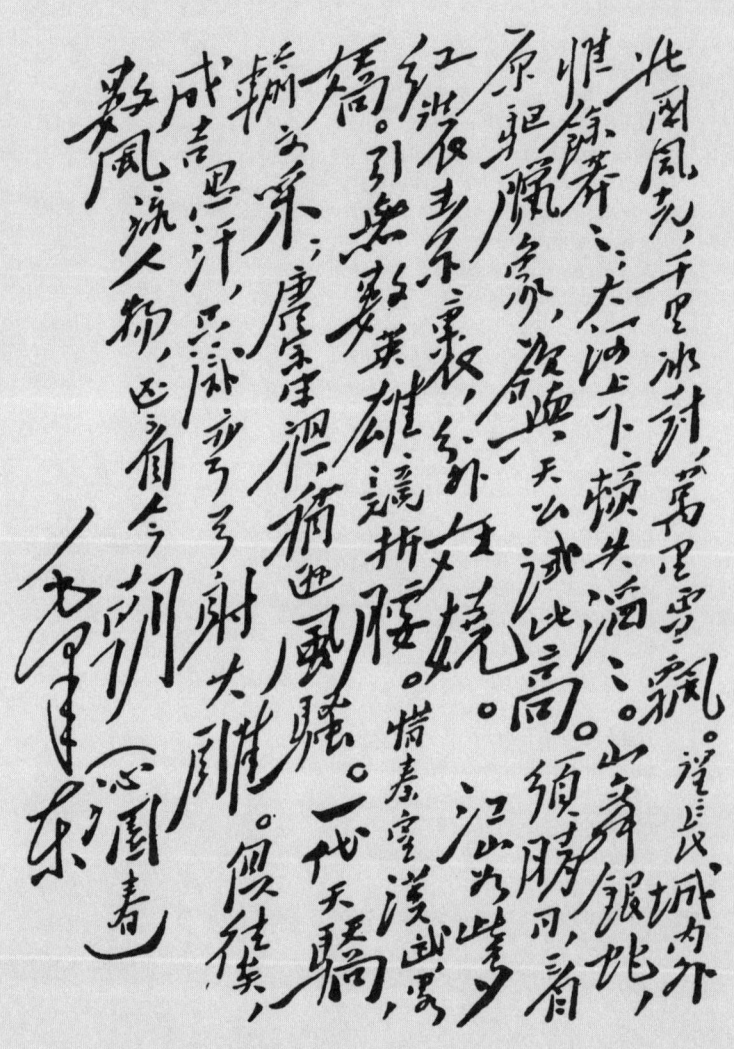

北國風光，千里冰封，萬里雪飄。望長城內外，惟餘莽莽；大河上下，頓失滔滔。山舞銀蛇，原馳蠟象，欲與天公試比高。須晴日，看紅裝素裹，分外妖嬈。

江山如此多嬌，引無數英雄競折腰。惜秦皇漢武，略輸文采；唐宗宋祖，稍遜風騷。一代天驕，成吉思汗，只識彎弓射大雕。俱往矣，數風流人物，還看今朝。

毛澤東（沁園春）

Faksimile des Gedichts »Schnee« von Mao selbst geschrieben

## Hirse und Gewehre

Im Juni 1946 bezog Sun Yatsens Witwe Song Qingling, die sich mit Mao mehrmals in Chongqing getroffen hatte, aber inzwischen wieder in Schanghai lebte, öffentlich Stellung: Die Vereinigten Staaten würden der Sache des Friedens nur helfen, wenn sie keine der beiden sich bekämpfenden Parteien mit Munition und Militärhilfe unterstützten. Ansonsten provoziere Amerika einen Bürgerkrieg, dessen einziges Ziel die Zerschlagung des Kommunismus in China sei. Sie mahnte auch: »So ein Bürgerkrieg hat – obwohl er nicht erklärt worden ist – bereits begonnen.«[175] Schon lange war die Einheitsfront brüchig, immer wieder gab es Scharmützel zwischen den GMD- und KP-Truppen. Nur etwas einte sie noch: Alle hatten genug vom Krieg! Die Bevölkerung hatte unter den Kämpfen der letzten Jahre gelitten, entwurzelte Flüchtlinge zogen durchs Land, Millionen hungerten weiter.

Im Sommer 1946 gab Mao, der die Politikklaviatur beherrschte, einer amerikanischen Journalistin das berühmte Interview *Reaktionäre und Atombomben sind Papiertiger*. Erneut beschwor er den Willen und die Macht der Massen, an die er fest glaubte. »Wir stützen uns nur auf Hirse plus Gewehre, aber die Geschichte wird letzten Endes beweisen, dass unsere Hirse und Gewehre stärker sind als Flugzeuge und Tanks Chiang Kaisheks.«[176] Der Schwächere könne den Stärkeren besiegen.

In dieser Zeit des gespannten Abwartens, letzter Verhandlungen und eines Noch-Waffenstillstandes flog der Autor Robert Payne von Beijing nach Yan'an. Er hatte während des Krieges in der britischen Botschaft in Chongqing gearbeitet und kannte Maos Gedicht *Schnee* und zwei weitere Werke. Wie vielen akademisch gebildeten Chinesen imponierte auch ihm der Lyriker Mao, deshalb suchte er nach mehr Gedichten.

毛泽东

Die Ruhe eines Menschen, der viel allein lebte, umgab den 53-jährigen KP-Führer, beobachtete der Engländer, doch es sei eine trügerische Ruhe gewesen. Überraschend leise sprach Mao, seine Stimme hatte einen fast femininen Klang, der sofort verschwand, sobald er lebhafter und lauter wurde. Gerade noch sanfter und ganz weiser Bauer, sei er plötzlich herrisch und finster aufgetreten.

Mao überließ seinem Gast keine neuen Gedichte: »Sie sind *mamahuhu** (nur so lala). Ich schreibe Lyrik nur zu meinem eigenen Vergnügen.«[177] Beim Abschied sprachen beide über die aktuelle politische Lage, und Payne wollte wissen: »Wie lange werden die chinesischen Kommunisten brauchen, um China zu erobern, wenn der Waffenstillstand aufgehoben wird?« Mao klang sehr sicher, als er seinem Gast antwortete: »Anderthalb Jahre.«[178] Am Ende werden es zweieinhalb Jahre sein.

Im Januar 1947 scheiterte der letzte amerikanische Vermittlungsversuch zwischen der KPCh und der GMD, der Bürgerkrieg brach an allen Frontabschnitten aus, unaufhaltsam. Angesichts der Übermacht der nationalistischen Truppen und ihrer besseren Ausrüstung mussten sich Mao und seine Generäle wie Yu Gong aus der alten Parabel gefühlt haben. Was die Truppenstärke anging, waren sie hoffnungslos unterlegen. Die kommunistische Führung räumte Mitte 1947 den nördlichen Stützpunkt Yan'an und teilte sich auf. Mao Zedong und Jiang Qing ritten auf Pferden in die nördliche Provinz Shaanxi. Zum letzten Mal flohen sie vor Chiangs Truppen, die nur noch ein leeres Hauptquartier vorfanden. Mao wird nie wieder nach Yan'an zurückkehren. In der Mandschurei standen Lin Biaos Truppen bereit, um Stück für Stück zurückzuerobern, samt Fabriken und Kriegsgerät.

---

* Die Erklärung zu diesem besonderen Ausdruck, s. S. 296f.

Ab dem Sommer 1947 wendete sich das Blatt. Die Rote Armee gewann nun immer mehr Feldzüge in Hebei und Shandong. Die nationalistischen Soldaten waren demoralisiert und ohne Ziel, viele »wechselten die Mützen« und füllten die kommunistischen Truppen auf, übergaben ihre Waffen. Besonders auf dem Land zahlte sich nun die jahrelange politische Kleinarbeit der Kommunisten aus, vor allem die Landreformen. Sie ernteten auch die Früchte der »ideologischen Sämaschine« Langer Marsch. Vor allem die armen Bauern unterstützten die Kommunisten und wollten mitkämpfen. Mao sprach jetzt von einem »Volkskrieg« und aus der Roten Armee wurde nun die »Volksbefreiungsarmee«, VBA. Diese bewege sich unter den Massen »wie ein Fisch im Wasser«, lobte er.

Wie Dominosteine fielen von Norden her immer mehr Guomindang-Bastionen. Die kommunistischen Truppen eroberten Kreis für Kreis und Provinz für Provinz und verjagten deren korrupte Beamte. Im Frühjahr und Sommer 1948 analysierte Mao die Situation im Land mit seinen Generälen, jetzt war klar, dass sie siegen würden. Neue Gesprächsangebote von Chiang Kaishek kamen zu spät und wurden abgelehnt.

In einer großen Schlacht um den Jahreswechsel 1948/49 unterlagen die Nationalisten endgültig. »Als wir auf Beijing marschierten«, erinnerte Mao später, »wussten die geschlagenen Soldaten, dass sie nichts zu befürchten hatten, wenn sie sich ergaben, und sie haben sich in Massen ergeben. Die Generäle übrigens auch.«[179] Die Volksbefreiungsarmee marschierte im Januar 1949 triumphierend in der alten Kaiserstadt ein; der Bürgermeister ergab sich kampflos, er wollte so auch alle Kunstschätze und die historischen Bauten retten. Am 25. März meldeten Extraausgaben verschiedener Hauptstadtzeitungen, die kleinen Leute freuten sich auf den neuen »Chef Mao. (...) Jetzt bläst der Wind von einer anderen Seite.«[180]

Nach Beijing fiel die Stadt Tianjin, bevor die kommunistischen Truppen den Gelben Fluss nach Süden überquerten. Im April 1949 erreichten sie Nanjing, die südliche Hauptstadt und den Sitz der Guomindang, wo seit 1929 am Fuße des Purpurberges das Mausoleum von Sun Yatsen steht. Zum ersten Mal seit zwölf Jahren schrieb Mao wieder ein Gedicht, dessen Überschrift einem Tagebucheintrag gleicht: *Die Volksbefreiungsarmee besetzt Nanjing*.[181] Nun sei der Tiger geduckt und der Drache winde sich nur noch, Chiang Kaishek und die Japaner »besiegt wie nie«, schrieb Mao Zedong, der sich mit der ganzen »Menschenwelt« im Einklang fühlte.

Längst bereitete der unterlegene Chiang Kaishek seine Flucht auf die Insel Taiwan vor. Er ließ heimlich Museumsschätze aus der Verbotenen Stadt abtransportieren und plünderte die Geld- und Goldreserven des Staates. Auch die riesigen Vermögen der Song-Dynastie, in die er eingeheiratet hatte, wurden ins Ausland verschoben. In Taiwan waren der General und seine Anhänger nicht sehr willkommen, denn nationalistische Truppen hatten zwei Jahre zuvor, am 28. Februar 1947, unter Teilen der Bevölkerung, die gegen die neuen chinesischen Herren protestiert hatten, ein Massaker angerichtet. Dieses »Ereignis 228«, bei dem über 10 000 Menschen starben, wurde erst in den 90er-Jahren untersucht. Der Generalissimus stellte, um überhaupt regieren zu können, noch im Jahr 1949 die Insel Taiwan unter Kriegsrecht.

### Endlich am Ziel

Im Sommer 1949, zum 28. Jahrestag der Gründung der KP Chinas, sprach Mao über *Die demokratische Diktatur des Volkes*. In seiner Rede, für die er die Marx'sche Formulierung »Diktatur des Proletariats« abgewandelt hatte, erklärte er, wer zum

»Volk« zähle: »die Arbeiterklasse, Bauernschaft, das städtische Kleinbürgertum und die nationale Bourgeoisie«.[182] Diese sollen von den vier goldenen Sterne auf der neuen roten Nationalflagge repräsentiert werden, die in der linken oberen Ecke einen größeren Stern umkreisen: die Kommunistische Partei. Sie war in Maos Augen der Garant, dass die »Diktatur des Volkes« richtig ausgeübt wurde. Diese Staatsform, eine Einparteienherrschaft, bedeute »Demokratie für das Volk, aber Diktatur über die Reaktionäre«; nur ihnen werde das »Recht auf Meinungsäußerung« entzogen. Mao bekannte sich dazu, in diesem Sinn »diktatorisch« zu sein.[183]

Diese Gestaltung der Fahne wurde zusammen mit einer neuen Nationalhymne, dem berühmten Filmlied *Der Marsch der Entrechteten*, auf der »Ersten Plenartagung der Politischen Konsultativkonferenz« (dem späteren Nationalen Volkskongress) in Beijing beschlossen. Zu diesem beratenden Gremium gehörte auch Song Qingling, die im Spätsommer in Schanghai den Zug in die neue Hauptstadt bestieg, zusammen mit der Frau von Zhou Enlai antrat. Am Bahnhof wurde ihnen ein großer Empfang bereitet. Auch Mao Zedong war gekommen, um Sun Yatsens Witwe die Ehre zu erweisen, die allerdings immer noch nicht in die KP eingetreten war. Sie hatte wiederholt erklärt, ihre genüge es, »Mitglied der Revolution« zu sein.

In seiner Eröffnungsrede auf der Konferenz, also bereits am 21. September 1949 und nicht erst am 1. Oktober auf dem Tian'anmen – wie bis heute immer wieder fälschlicherweise behauptet –, sprach Mao Zedong die berühmten Worte, die um die Welt gingen: »Unsere Nation wird niemals mehr eine Nation sein, die sich beleidigen und demütigen lässt. Wir sind aufgestanden.«[184]

Nach neun Konferenztagen war Mao zum Vorsitzenden der zentralen Volksregierung gewählt, Song Qingling wurde einer

毛泽东

der sechs Stellvertreter. Am Ende der Versammlung teilte er den 662 Delegierten mit, dass die alte Kaiserstadt nicht länger Beiping, sondern wieder Beijing heißen und die Hauptstadt der Volksrepublik werden wird. Außerdem gelte im ganzen Land ab sofort für Kalender und Jahreszahl »die international übliche Zeitrechnung«.[185] Die Abschlusserklärung an seine »Landsleute« beendete Mao mit einem Appell, dem für China charakteristischen Mangel an Zusammenhalt und Organisiertheit ein Ende zu setzen, »sodass die große Kraft der Massen aufgeboten werden kann, (...) ein unabhängiges, demokratisches, friedliches, einheitliches, gedeihendes und starkes neues China aufzubauen«.

Der Herbst ist die schönste und angenehmste Jahreszeit in Beijing. Auch der 1. Oktober 1949 war ein klarer, kühler Tag. Der Tian'anmen-Platz, den rund 300 000 Menschen füllten, war kleiner als heute, teilweise noch mit Bäumen bestanden und umgeben von verfallenen Gebäuden. Zum Tor des Himmlischen Friedens fuhr Mao in einem amerikanischen Wagen der Marke Sherman, ursprünglich ein Geschenk der USA an den Guomindang-Chef Chiang. Eine breite Freitreppe führt von hinten auf die Plattform des Tian'anmen, die er gegen zehn Uhr betrat.

Die Wahl dieses Ortes war kein Zufall. Vom Tian'anmen aus, früher der südliche Eingang zur Kaiserstadt, waren Dekrete verlesen und neue Herrscher ausgerufen worden. Die Kommunistische Partei Chinas reihte sich ein in diese Tradition, vertreten durch Mao Zedong. Dem Platz zugewandt hing sein überlebensgroßes Konterfei zum ersten Mal an derselben Stelle wie heute. Das Porträt zeigte Mao mit einer achteckigen Militärmütze, den Blick weit in die Ferne gerichtet. Auf dem Balkon des alten Tores umgaben ihn zahlreiche Weggefährten des Langen Marsches, darunter Zhu De und Zhou Enlai, die

Anyuan-Mitstreiter Li Lisan und Liu Shaoqi. Auch der vietnamesische Präsident Ho Chi Minh war angereist. Als einzige Frau stand Song Qinling in der ersten Reihe und hatte wie alle freie Sicht auf das vergrößerte Foto ihres verstorbenen Mannes, das auf dem Platz aufgestellt war. Sun Yatsen schaute Richtung Tian'anmen, wo Mao endlich verkünden würde, was schon 1911 eines der großen Ziele des Republikgründers gewesen war.

Maos späterer Leibarzt, Li Zhisui, der den Herrscher bis zu seinem Tod betreuen wird, beobachtete aus der Nähe den Auftritt des 55-jährigen KP-Vorsitzenden. Seine Stimme sei klar und energisch gewesen. Er habe zu diesem Anlass einen dunkelbraunen Zhongshan-Anzug getragen. »Seine Haltung war würdevoll und bescheiden, und er zeigte keine Spur von Arroganz. Mao übte eine magnetische Anziehungskraft aus. Er begann seine Rede in dem für ihn typischen rhythmischen Hunan-Dialekt, Maos Tonfall war sanft, fast singend.«[186] Er verkündete, bevor er alle Minister aufzählte, dass die Volksrepublik China und die Chinesische Volksregierung an diesem Tag gegründet worden seien: *Zhonghua Renmin Gongheguo, Zhonghua Renmin Zhengfu, jintian chenglile.*[187] Was mit Zeichen geschrieben so aussieht: 中华人民共和国　中华人民政府　今天　成立了. Die ersten sieben Schriftzeichen, ergänzt durch ein »Lang lebe«, zieren heute die linke Seite des Tian'anmen: *Lang lebe die Volksrepublik China.* An der rechten Fronthälfte prangt eine zweite Parole: *Lange lebe die große Einheit der Völker der Welt.* Der Ausdruck »Lang lebe« ist nur dem Sinn nach aus dem Chinesischen übersetzt. Dort wünscht man sich »zehntausend Jahre«, *wan sui* – ein Jubelruf, der früher allein dem Kaiser vorbehalten war.

## Fallender Blüten Zeit

Weder an diesem historischen 1. Oktober, der seitdem auch Nationalfeiertag ist, noch in den folgenden Jahren fragte ein Reporter Mao Zedong: Was ging Ihnen auf dem Tian'anmen durch den Kopf, als Sie die Volksrepublik China ausriefen? War das der glücklichste Moment Ihres Lebens? An wen dachten Sie, als Sie Ihre berühmten Worte sprachen? Wünschten Sie sich, Ihre verstorbene Frau, Yang Kaihui, wäre hier? Mussten Sie an die vielen toten Freunde und unbekannten Opfer denken, die Ihr langer und blutiger Weg an die Macht gekostet hatten? Was erwarteten Sie von der Zukunft? Wie fühlt es sich an, wenn man vom Revolutionär zum Herrscher wird?

Eine persönliche Antwort geben vier Gedichtzeilen, von Mao verfasst in diesem Sommer des Sieges, aber damals noch unveröffentlicht. In den Versen erinnerte er, wie er als mittelloser junger Mann und nur mit dem Lehrerexamen in der Tasche zum ersten Mal nach Beijing gekommen war, als Bibliothekshilfskraft gearbeitet und sich verliebt hatte:

> *Dreißig und ein Jahr: zurück in der alten Hauptstadt,*
> *fallender Blüten Zeit, ich les deine Strophen.*
> *Schmerzensübermaß – wehr ihm, dein Herz zu brechen;*
> *Welt im Großen sollst du ins Auge fassen.*[188]

Die »große Welt« verlangte von der neuen Regierung schnelle und schwierige Entscheidungen. Dass dieses durch Krieg und Bürgerkrieg zerstörte Land, die Größe eines Kontinents hat, führte zu »äußerst komplizierten Verhältnissen«[189], formulierte Mao vorsichtig. Das riesige China musste aufgebaut, industriell entwickelt und verwaltet und eine Bevölkerung von 475 Millionen, die bald weiterwachsen würde, versorgt werden. »Bis jetzt hatte dabei noch keine Regierung Erfolg«, schrieben die Amerikaner in einem Weißbuch im Sommer 1949; sie erwarteten, dass auch die Kommunisten scheitern würden.[190]

Mao Zedong und seine Regierung wussten nur zu gut, dass die Ernährungsfrage eine schwierige war und sein Land unbedingt internationale Starthilfe benötigte, in Form von Handel, Krediten und Know-how. Dass diese Unterstützung von einer englischen oder amerikanischen Regierung kommen könne, nannte er eine »kindische Vorstellung«.[191] Nur unter einer Bedingung würde der Westen helfen: »Folgt uns. Die Amerikaner haben (…) etwas gespendetes Mehl hingestreut, um zu sehen, wer sich bücken wird, um es aufzulesen (…). Aber wer Essen schluckt, das auf erniedrigende Art und Weise verteilt wird, bekommt Bauchschmerzen. Wir Chinesen besitzen Rückgrat«, betonte Mao in einer von mehreren Erwiderungen zum Weißbuch. Was bedeute es schon, einigen Schwierigkeiten zu begegnen? »Soll man uns nur acht oder zehn Jahre blockieren. Bis dahin wird China alle seine Probleme gelöst haben«.[192]

Hier irrte der Herrscher Mao Zedong. Doch mit folgender Einschätzung lag er im Jahr 1949 richtig: Nach einigen Jahrzehnten werde der Sieg der chinesischen Revolution »wie ein kurzer Prolog zu einem langen Drama erscheinen«.[193] Und er selbst wird darin eine Hauptrolle spielen.

# Zwischengedanken Papiertiger und neue Lange Märsche

In China begann im Herbst 1949 eine neue Zeitrechnung. Die Geschichte wurde fortan eingeteilt in die Zeit »vor der Befreiung« und »nach der Befreiung«. Diese Ausdrücke gehörten zu den ersten politischen Vokabeln, die ich im Chinesischunterricht im Spracheninstitut von Beijing lernte. Sie waren bis in die 70er-Jahre hinein so allgegenwärtig wie die Redewendung »Bitternis essen«. Es bedeutete, sich an die alte Zeit und ihre Schrecken zu erinnern, die neue Zeit sollte dagegen »süß« schmecken. Das meinte in den Anfangsjahren der Volksrepublik: endlich Frieden, genug zu essen und zum Anziehen, ein Dach über dem Kopf und Schulbildung und irgendwann auch mehr persönliche und politische Freiheit.

Hoffnungsvoll begann 1949 ein »neuer Langer Marsch« in diese bessere Zukunft. Doch genau wie bei dem historischen Vorbild verlief er in einem Zickzackkurs, ging hoch und runter, begleitet von zerstörerischen Gesinnungskampagnen und einer letzten großen Hungersnot, die von der Regierung und damit auch von dem Herrscher Mao mitverschuldet war und viele Millionen Todesopfer forderte.

Trotzdem wurde China »nach der Befreiung« zu einem Vorbild für andere Länder in Lateinamerika, Asien und Afrika, die sich aus der kolonialen Umklammerung lösen und ebenfalls Herren im eigenen Land werden wollten. Das Beispiel Volksrepublik machte ihnen Mut, denn die Chinesen hatten ihre Gegner besiegt, die Mao Zedong schon 1946 als »Papiertiger« bezeichnet hatte, ein Wort, das seitdem Weltkarriere macht: Papiertiger seien nur »dem Aussehen nach (...) furchterregend, aber in Wirklichkeit sind sie nicht gar so mächtig, sie haben eine Doppelnatur: sie sind wirkliche Tiger und zugleich Papiertiger«. Auf lange Sicht würden sich alle »Reaktionäre« immer in tote Tiger, in butterweiche Tiger verwandeln. Denn was aus Papier gemacht sei, halte weder Regen noch Wind aus. Andererseits blieben sie, bis es so weit sei, gefährlich als »lebendige, eisenharte, wirkliche Tiger, die Menschen fressen können«.[194]

Ein Papiertiger war in den Augen Maos vor allem die Großmacht USA, die ab dem Jahr 1964 in Vietnam Krieg führen und elf Jahre später geschlagen abziehen würde. Als in den 60er-Jahren in Europa und Amerika die ersten Studentenproteste gegen diesen Krieg begonnen hatten, schaute meine Generation zum ersten Mal genauer nach Osten und vor allem nach China.

Auch auf den Straßen der Hauptstadt Beijing demonstrierten schließlich Tausende von Jugendlichen genau wie im amerikanischen Berkeley, in Paris oder Berlin West. Als die Kulturrevolution 1966 begann, erregte sie durch ihren Enthusiasmus weltweit Aufsehen. Die jungen Chinesen und Chinesinnen rebellierten – so dachten viele – wie die Jugend weltweit »gegen die da oben«. Auch sie wollten endlich mitreden und ihr Leben selbst gestalten. Das machte den Schulterschluss leicht: Jugendliche aller Länder, vereinigt euch!

Doch während im Westen schon bald »der Lange Marsch durch die Institutionen« begann, um etwas zu bewegen und von einer besseren und freieren Gesellschaft nicht länger nur zu träumen, war in China aus dem Traum Kulturrevolution längst ein Albtraum geworden. Terror und Chaos regierten, und der rote Tiger und andere »eisenharte Tiger«, die Menschen fraßen, wüteten bis zum Ende der Ära Mao.

毛泽东

Der Herrscher Mao applaudiert den Massen, die 1969 auf dem »Platz des Himmlischen Friedens« zum 20. Jahrestag der Volksrepublik aufmarschieren.

# III. DER HERRSCHER 1949–1976

*»Ich habe meine Überzeugungen.*
*Ich werde immer der Revolution treu bleiben,*
*egal, wie sie mich beschimpfen werden.*
*Mao ist ein menschliches Wesen*
*... und Irren ist menschlich.«*[195]

Mao Zedong mit 69 Jahren

## Kein dritter Weg

Nur zwei Wochen nach seinem Auftritt auf dem Tor des Himmlischen Friedens verließ Mao Zedong zum ersten Mal sein Heimatland, er reiste mit einer Delegation in einem Spezialzug nach Moskau. Joseph Stalin hatte ihn nur 24 Stunden nach der Proklamation der Volksrepublik eingeladen. Die vergangenen vier Jahrzehnte hätten ihn gelehrt, betonte der neue Herrscher Chinas, »dass sich alle Chinesen ohne Ausnahme entweder nach der Seite des Imperialismus oder nach der Seite des Sozialismus neigen müssen. Dazwischen auf dem Zaun zu sitzen ist unmöglich, einen dritten Weg gibt es nicht.«[196]

Für westliche Beobachter formierte sich damals der große kommunistische Block im Osten, nach dem Eisernen Vorhang wurde nun auch ein Bambusvorhang errichtet. Mao galt fortan als folgsamer Verbündeter Stalins, doch die Beziehung zwischen den »Bruderstaaten« war komplizierter, trotz öffentlicher Freundschaftsbekundungen. »Die chinesische Revolution hat gegen den Willen Stalins den Sieg errungen«, das stand für Mao fest. Bereits 1936 hatte er dem Amerikaner Edgar Snow versichert: »Wir kämpfen selbstverständlich nicht für ein befreites China, um es dann Moskau zu übergeben.«[197] Sein Land teilte mit der kommunistischen Sowjetunion zwar dieselbe Ideologie, aber vor allem benötigte die Volksrepublik dringend Hilfe

毛泽东

beim Wiederaufbau. Die westlichen Länder hatten das von Anfang an nicht nur abgelehnt, sondern Amerika verhängte ein Handelsembargo, dem sich seine Verbündeten anschlossen. US-Präsident Truman setzte auf Chiang Kaishek und dessen Nationalchina. In Amerika musste die in China aufgewachsene Schriftstellerin Pearl S. Buck seitdem immer wieder »die törichte Frage« beantworten, »wie wir Amerikaner China ›verlieren‹ konnten. Dazu sei gesagt, dass wir China niemals ›verloren‹ haben, sondern dass wir uns unsinnigerweise von ihm losgesagt haben, als die Revolutionäre die Macht ergriffen und ein sozialistisches Regime errichteten«.[198] Dies habe sie vorausgesehen, aber ihre Warnungen seien auf taube Ohren gestoßen.

Am Ende des Moskau-Besuches, während dem sich Mao – so erinnerte er später – zwei Monate lang mit Stalin gestritten haben soll, stand ein *Bündnisvertrag über gegenseitige Hilfe*, der auch einen Preis hatte: Handelshäfen in der Mandschurei, Teile des Eisenbahnnetzes und Erdölquellen blieben in russischer Hand. Außer Geld – 300 Millionen US-Dollar – schickte die Sowjetunion dem Nachbarn 3000 Fachleute, um das Land wiederaufzubauen und neue Industrieprojekte hochzuziehen. Dieser Kurs sei korrekt, betonte Mao, und er war tatsächlich alternativlos. Denn in China waren Straßen und Eisenbahnen zerstört, Häuser und Fabriken lagen in Trümmern, die Schulen, das gesamte Bildungssystem mussten neu aufgebaut werden, Nahrung blieb knapp.

Es gab auch immer noch Gegenden, wo niemand etwas von den Kommunisten gehört hatte. Banden zogen im Land umher, gegen die Einheiten der Volksbefreiungsarmee bis ins Jahr 1954 kämpfen würden. Entwurzelte Menschen, die vor dem Bürgerkrieg geflohen waren, strömten in die Städte. Überall brachen Verwaltungen zusammen, weil sich ehemalige Guomindang-Beamte nach Taiwan abgesetzt hatten. Die zwei Millionen, die geblieben waren, wurden übernommen. Schlüsselindustrien und Banken verstaatlichte die neue Regierung. Demokratische Institutionen wurden keine zerstört, sie existierten nicht. Von der Hauptstadt bis hinunter in die Dörfer arbeiteten Organisationen der KP, eine Gewaltenteilung gab es nicht und, wenn überhaupt, nur vorläufige Gesetze.

Die von Mao angekündigte »Diktatur des Volkes« wurde zuerst in den großen Städten, die für die Kommunisten Neuland waren, ausgeübt, zuerst gegen Bettler, Prostituierte und Opiumhändler. Das Rauschgift war wegen der hohen Inflation lange Zeit ein Zahlungsmittel gewesen. Mächtige Dealer wurden hingerichtet, Entzugsprogramme entwickelt. Bordelle ließ man schließen, die Huren wurden in Zentren medizinisch versorgt und »umerzogen«, viele bekamen andere Arbeitsplätze. Innerhalb von zwei Jahren war das Opium verschwunden, die Prostitution drastisch reduziert. Für Arbeitslose, Waisen und Tausende von Behinderten, um die sich nie jemand gekümmert hatte, wurden erste Wohlfahrtsprogramme aufgelegt. Gilden und Gangster wurden gezügelt, Geschäftsleute und Industrielle dagegen mit Erfolg ermutigt, neu zu investieren. Überall brauchte und mobilisierte man neue Arbeitskräfte, vor allem auch die Frauen.

### Die Hälfte des Himmels

Auf dem Land hatten Chinesinnen bereits vor und während der Revolution eine starke Stellung. »Was die Gattengewalt betrifft, so war diese bei den armen Bauern stets schwächer«, hatte Mao schon 1927 geschrieben, »weil die Frauen infolge der wirtschaftlichen Notlage mehr arbeiten mussten als die Frauen, die den wohlhabenden Klassen angehörten und daher mehr berechtigt waren, in Familienangelegenheiten mitzusprechen, ja sogar mitzuentscheiden.« Und durch den Ruin der ländlichen

毛泽东

Wirtschaft in den letzten Jahren werde die Grundlage der Herrschaft des Mannes über die Frau untergraben »und die Gattengewalt wird mit jedem Tag wackeliger«.[199]

Diese feudale Fessel sprengte endgültig das Ehegesetz von 1950, das erste nationale Gesetz überhaupt. Es verbot die Zwangsheirat, die freie Partnerwahl wurde Grundlage jeder Eheschließung. Das Konkubinat, also das Recht des Mannes sich Zweitfrauen zu halten, die lebenslange Witwenschaft und ebenso Mitgiftzahlungen – das alles gehörte nun der Vergangenheit an, und wie schon in den 30er-Jahren im roten Sowjet-Gebiet in Jiangxi konnte eine Frau nun selbst die Scheidung einreichen, was der Ehemann oft nicht akzeptierte. In einem Fall, den Maos Frau Jiang Qing[200] später erinnerte, prügelte ein neues Paar den scheidungsunwilligen Ehemann zu Tode, warf ihn in einen See und streute unter den Dorfbewohnern das Gerücht, er sei von Geistern getötet worden. Um zu verhindern, dass Kinderbräute als Dienerinnen versklavt wurden, betrug das gesetzliche Heiratsalter für Männer 20 und für Frauen 18 Jahre. Die Geburtenkontrolle war in den Anfängen der Volksrepublik kein Thema, die Bevölkerung sollte wachsen.

Die gesetzlich verankerte Gleichstellung der Frau war eine der großen Leistungen des neuen Staates und auch ein persönliches Anliegen von Mao Zedong, seit er sich mit 25 Jahren über den Selbstmord von Fräulein Zhao empört hatte. Das Ehegesetz schob eine unaufhaltsame Entwicklung in Richtung Gleichberechtigung an, die nach mehr als zwei Generationen im heutigen Alltag sichtbar und spürbar ist. Die Mehrheit der Chinesinnen kann sich frei bewegen, gleichberechtigt bilden und selbstbestimmt leben. Allerdings lebten in Zeiten der Ein-Kind-Politik jahrhundertealte und zähe Vorurteile wie »Mädchen sind weniger wert« neu auf, und auch am Beginn des 21. Jahrhunderts versuchen Eltern weiterhin, Ehen zu stiften.

Eine Geliebte, auch »kleine Nummer drei« genannt, ist zum Statussymbol der Neureichen geworden, und als moderner Brautpreis oder zeitgemäße Mitgift sind Eigentumswohnungen gerne gesehen. Die Mädchen und Frauen bewegen sich zwar schon lange auf ungebundenen Füßen und inzwischen auch auf modischen Stöckelschuhen in Richtung Gleichberechtigung, doch ist ihre Emanzipation genauso wenig abgeschlossen wie die ihrer Geschlechtsgenossinnen im Westen.

»Schließt euch zusammen, nehmt teil an der Produktion und an der politischen Tätigkeit, damit die wirtschaftliche und politische Stellung der Frauen verbessert wird«, diese Widmung verfasste Mao Zedong 1949 für die erste Nummer der Zeitschrift *Die Frau des neuen China*.[201] Wie auch bei seinem Aufruf zur »Rebellion« ging es ihm nicht um eine persönliche Befreiung. Mao vertrat einen »Staatsfeminismus«, der in kurzer Zeit 41 Prozent der Chinesinnen zur Arbeitssuche ermutigte. Auch deshalb wurden Kindergärten eingerichtet, oft auf der Ebene einer Arbeitseinheit, der *Danwei*. Keine Frau brauchte, um arbeiten zu gehen, eine Einverständniserklärung ihres Mannes – was übrigens noch bis Ende der 70er-Jahre in der damaligen BRD gesetzlich vorgeschrieben war.

Ein populäres Frauenvorbild war auch die kämpfende Milizionärin, die Mao in folgenden Zeilen feierte:

> *Anwehn von Frische, tapfere Anmut,*
> *fünf Fuß das Gewehr;*
> *Morgenglanz, die ersten Strahlen am Übungsplatz.*
> *Chinas Mädchen, der vielen, staunenswertes Ziel:*
> *lieben nicht rote Kleider, lieben das Waffenkleid.*[202]

Während der Mao-Ära galt sich zu schminken als kapitalistisch, rote Kleider als bourgeois. Eine Bluse mit Rock oder Hose, eine leicht taillierte Jacke war die erlaubte und gängige Mode. Aber

毛泽东

viel Auswahl gab es eh nicht, noch herrschte Mangel, auch an Stoffen, Baumwolle war rationiert. Selbst für Frauenfrisuren gab es feste Regeln: Mit offenen Haaren liefen nur Kinder umher, Mädchen und Teenager trugen Zöpfe, Affenschaukeln oder einen Pferdeschwanz; erst kurz vor oder nach einer Heirat ließen sich die Frauen eine Kurzhaarfrisur schneiden.

Die berühmte Mao-Losung, *Den Frauen gehört die Hälfte des Himmels*, machte sich der allchinesische Frauenverband zu eigen, dessen Ehrenpräsidentin die Witwe Sun Yatsens, Song Qingling, wurde. Als einziges Mitglied der Song-Dynastie wirkte sie weiter in der Volksrepublik; sicher genoss sie diesen stillen Sieg. In den 50er-Jahren wurde sie Vizevorsitzende und später als Vizepräsidentin die ranghöchste Frau der Volksrepublik, ohne in die KP einzutreten. Sie blieb Mitglied der Chinesischen Demokratischen Liga, die seit 1939 für einen Mittelweg zwischen Sozialismus und Kapitalismus eintrat. Heute ist diese Gruppierung mit über 150 000 Mitgliedern die größte der acht Vereinigungen, die »unter der Führung der KP« bei politischen Entscheidungen konsultiert werden und deren Mitglieder Staatsämter bekleiden können. Wie sie Mao Zedong als Politiker einschätze, wurde Frau Song später gefragt. Er sei gerissen, antwortete sie, aber ihm misstraue sie am wenigsten.

### China im Aufbau

Song Qingling entwickelte, unterstützt von Zhou Enlai, dem bis 1958 ersten Außenminister, und zusammen mit dem Journalisten Israel Epstein, das Monatsmagazin *China reconstructs*. Modern ausgedrückt machte die zweimonatlich erscheinende Zeitschrift PR für die Kommunisten in Zeiten internationaler Isolation. Ihre Artikel polierten das China- und Mao-Bild für das westliche Ausland auf. Schon ab 1952 erschien die Zeitschrift auf Englisch und später in sechs weiteren Sprachen, der deutsche Titel lautete *China im Aufbau*. Das Magazin, das alle politischen Wirren der nächsten Jahrzehnte überleben sollte, nennt sich seit dem Jahr 1990 *China heute* und ist Sprachrohr der offiziellen Politik geblieben.[203]

Bauern und Bäuerinnen, die Spaten und Rechen schultern, strahlten von der farbigen Titelseite der ersten Nummer von *China reconstructs*. Die Landreform war ab 1950 in vollem Gange, denn nach dem Ehegesetz löste die KPCh rasch ihr zweites großes Versprechen ein. Die Partei schickte Teams, um die Neuverteilung des Landes zu überwachen. Die Bauern wurden in arme Bauern, untere Mittelbauern und Mittelbauern, reiche Bauern und Großgrundbesitzer eingeteilt. Auf lange Zeit sicherte die Landreform der Kommunistischen Partei, verkörpert durch Mao Zedong, den Rückhalt in den Dörfern.

Während im Norden in den befreiten Gebieten schon Umverteilungen stattgefunden hatten, mussten im Süden viele Besitzlose erst ermutigt werden, ihre Rechte wahrzunehmen. »Es gibt hier 70 Prozent arme Bauern und deren revolutionärer Instinkt hat nie versagt«[204], darauf vertraute Mao, um die alten Dorfeliten zu zerschlagen und »die Wurzeln des Kapitalismus auf dem Lande, diesem unermesslich weiten Gebiet, gänzlich auszureißen«.[205] Schon bald war auch in den südlichen Provinzen »die bittere Wehklage« zu hören: In öffentlichen Versammlungen schilderten Frauen und Männern, welche Ungerechtigkeiten sie erlebt hatten. Überall legten die armen Bauern selbst Hand an, trieben die reichen Grundbesitzer mit Schandhüten, auf denen ihre Vergehen geschrieben standen, durch die Dorfgassen, schlugen auch deren Angehörige, bis sie Geldverstecke verrieten und Wertsachen aushändigten. Öffentliche Prozesse gegen die schlimmsten Ausbeuter fanden statt, Todesurteile wurden verhängt. Mitleid und Barmherzigkeit, die dem Gedanken der Nächstenliebe entspringen, waren in dieser traditionell nicht christlichen und nicht buddhistischen Gesellschaft wenig ausgeprägt. Noch einmal bewahrheitete sich, was Mao Zedong vor einem Vierteljahrhundert über die Bauernbewegung von Hunan geschrieben hatte: »Die Revolution ist kein Gastmahl, kein Aufsatzschreiben, kein Bildermalen oder Deckchensticken (…). Die Revolution im Dorf ist eine Revolution, in der die Bauernschaft die Macht der feudalen Grundherrenklasse stürzt.«[206]

Am Ende dieser gewaltigen und gewaltsamen Umverteilung besaßen in China 150 Millionen Bauernfamilien zum ersten Mal eigenen Grund und Boden und hofften auf eine bessere Zukunft und ein menschenwürdiges Leben für sich und ihre Kinder. Auf der anderen Seite starben Hunderttausende der früheren Großgrundbesitzer und auch deren Angehörige, die sich ihrer Enteignung widersetzt hatten.

Das war und bleibt das Dilemma aller Revolutionäre, die am Ende eine mörderische Bilanz der Gewalt präsentieren: Die Opfer und Leiden der Vergangenheit werden aufgerechnet gegen die Vergeltung an denen, die sich bereichert und andere unterdrückt haben und neuen Zeiten im Wege stehen. Und wie schlagen in dieser Rechnung die zukünftigen Opfer und Leiden zu Buche, die eine Revolution verhindert? Weltweit und bis heute, etwas in der Arabellion, den Umstürzen in Nordafrika, stellt sich diese Frage immer wieder aufs Neue: Was ist gerecht und noch gerechtfertigt? Wie werden gesellschaftliche Auseinandersetzungen ausgetragen: bewaffnet oder friedlich, blutig oder unblutig? »Für alles Reaktionäre gilt, dass es nicht fällt, wenn man es nicht niederschlägt«, schrieb Mao. »Es ist die gleiche Regel wie beim Bodenkehren – wo der Besen nicht hinkommt, wird der Staub nicht von selbst verschwinden.«[207] In China wurde heftig gekehrt!

## Krieg in Korea

In dieser ersten Aufbauphase, in der es endlich wieder so viel zu essen gab wie vor dem Bürgerkrieg, brauchte das Land vor allem Frieden und sicher keinen neuen Krieg. Mao hatte Stalin während seines Moskau-Besuches gefragt, ob in Korea ein Konflikt drohe. Denn nach dem Zweiten Weltkrieg war das Land am 38. Breitengrad geteilt worden. Der Kreml-Chef Stalin wusste zwar von Plänen des kommunistisch regierten Nordens, das Land mit Waffengewalt zu vereinigen, aber er beruhigte seinen chinesischen Gast. Doch die politische Entwicklung sollte China schon bald in den Koreakrieg zwingen.

Im Juni 1950 hatten die USA ihre Garantieerklärung für Taiwan erneuert. Für Mao war das eine Einmischung in die inneren Angelegenheiten Chinas, Amerika zeige wieder unverhüllt sein »imperialistisches Gesicht«. Im selben Monat überquerten nordkoreanische Einheiten die Grenze am 38. Breitengrad. Chinas Herrscher war überrascht, dass Amerika nun den Schulterschluss mit dem Erzfeind Japan wagte, um gegen den Norden zu ziehen. Im Oktober näherten sich Truppen unter dem legendären General MacArthur Chinas Südgrenze, wo die Mandschurei und Korea zusammenstoßen.

Drei Tage und drei Nächte konnte Mao Zedong nicht schlafen, selbst als er die dreifache Dosis Schlaftabletten schluckte; unruhig ging er umher, beobachtete sein Leibwächter.[208] Nach monatelangem Abwarten und angesichts der amerikanischen Bedrohung beugte er sich schließlich auch dem Druck Russlands. Am 19. Oktober 1950 überquerten chinesische Soldaten die Grenze zu Nordkorea und stellten sich den anrückenden Soldaten in den Weg. Am Beginn des Kalten Kriegs bot sich kein »dritter Weg« an. Die Losung *Bekämpft Amerika, rettet Korea!* schweißte die chinesische Nation weiter zusammen. Im zweiten Kriegsjahr gab Maos Regierung genauso viel Geld für

Waffen aus wie für den Wiederaufbau des Landes, der deshalb langsamer voranging. Russland half mit Krediten und Flugzeugen, schickte aber selbst keine Bodentruppen.

Nach einem von chinesischer Seite erfolgreich geführten Guerillakrieg saßen im dritten Jahr alle Parteien nahe dem 38. Breitengrad fest. In diesem Stellungskrieg konnte es keinen Sieger geben. Eine Million Soldaten waren bereits getötet und drei Millionen Zivilisten gestorben oder verletzt, als im Sommer 1953 ein Waffenstillstandsvertrag die alte Grenze am 38. Breitengrad und die Spaltung des Landes festschrieb. Danach wurden Taiwan und Japan zu unsinkbaren Flugzeugträgern und asiatischen Vorposten Amerikas ausgebaut. Die aufstrebenden Supermächte USA und Sowjetunion rasselten mit den Säbeln. Die Volksrepublik hatte einen politischen Sieg errungen und der amerikanischen Großmacht die Stirn geboten. Mao war in Stalins Achtung gestiegen und kein »Radieschen-Kommunist« mehr: außen rot, innen weiß. Der Preis waren knapp 400 000 verwundete chinesische Soldaten und 150 000 Tote, unter ihnen Anying, der älteste Sohn Mao Zedongs.

Die Beziehung der beiden war nie einfach gewesen. Als Anying acht war, floh sein Vater in die Berge, erst mit 24 Jahren traf er ihn im roten Yan'an wieder. Dort trat Mao so streng und herrisch auf wie früher sein eigener Vater. Mit Büchern werde Anying als Student noch genug Zeit verbringen, belehrte er den Sohn und schickte den jungen Mann aufs Land, wo er in einem Dorf Mist aufsammelte und in Säcke packte, die von Mauleseln transportiert wurden; Anyings Hände waren wegen der ungewohnten Arbeit voller Blasen. Als er seine spätere Frau kurz vor ihrem 18. Geburtstag heiraten wollte, polterte Mao Zedong los: Gerade sein Sohn müsse Gesetze strengstens befolgen.

Freiwillig meldete sich der Frischverheiratete für den Koreakrieg und zur Infanterie. Während Jiang Qing noch versuchte, dem 28-Jährigen den Einsatz auszureden, bestärkte ihn sein stolzer Vater: »Wenn der Sohn von mir, Mao Zedong, nicht in den Krieg zieht, wer soll dann teilnehmen?«[209] Sicher wollte Anying auch beweisen, was in ihm steckte, und vor diesem Übervater, dem legendären Revolutionär, als Kämpfer und Kriegsheld bestehen. General Peng Dehuai, Maos Weggefährte seit den späten 20er-Jahren, vermittelte Anying jedoch als Russisch-Dolmetscher im Hauptquartier der 2. Armee, das schien sicherer als ein Fronteinsatz zu sein. Doch nur wenige Wochen später traf eine amerikanische Napalmbombe das Armeegebäude und der 29-Jährige verbrannte am 25. November 1950, ein Telegramm informierte seine Familie.

»Wie kann es einen Krieg ohne Tote geben?«[210], diese öffentliche Reaktion Maos auf die traurige Nachricht ist für Biografin Jung Chang ein Beweis, dass er sogar als Vater gefühlskalt war. Doch jemand wie Mao trauerte nicht öffentlich, der Herrscher zeigte vor anderen keine Schwäche, sondern staatsmännische Anteilnahme: Sein Leid sei nicht größer als das anderer Eltern, die ihre Kinder ebenso liebten, erklärte er. »Wir verstehen das Wie und Warum solcher Ereignisse. Es gibt so viele einfache Leute, deren Kinder ihr Blut gelassen haben und für die Revolution geopfert wurden.«[211]

Privat wirkte Mao weniger gefasst. Die Todesmeldung ließ einen verstörten Mann zurück, der Kette rauchend tagelang in seinem Korbsessel saß und weder schlief noch aß. Der zwar nicht weinte, so beobachtete sein Leibwächter, den aber eine große Wut und Trauer umfing. Mit Anyings junger Witwe, Liu Songlin, blieb Mao weiter in engem Kontakt, oft sprachen sie über den Verstorbenen. Später reiste die Schwiegertochter an den Ort, wo Anying gestorben und beerdigt war, und brachte Erde des Grabes mit nach China zurück.

Der Verlust seines ersten Kindes schmerzte Mao, der ein Hemd und ein Paar Strümpfe von Anying 26 Jahre lang aufbewahren sollte, bis an sein eigenes Lebensende. »Ich hatte (...) einen Sohn, der ist in den Bomben des amerikanischen Imperialismus in Korea umgekommen« – noch 14 Jahre später klang Mao bitter, als er diesen Verlust in die lange Liste der Familienmitglieder einreihte, die durch die Guomindang getötet worden waren: seine Frau Kaihui, seine zwei Brüder und die jüngere Schwester sowie ein Neffe. »Meine Familie ist fast völlig vernichtet worden, doch ich wurde nicht vernichtet, ich allein bin übriggeblieben.«[212] Doch allein lebte der Herrscher nicht hinter den ochsenblutroten Palastmauern und in dem Häuserkomplex von *Zhongnanhai*, »dem mittleren und südlichen See«. So heißt das Gebiet, das sich in Richtung des Sonnenuntergangs an die ehemalige Verbotene Stadt der chinesischen Kaiser anschließt. Im September 1949 zog die komplette kommunistische Führung samt Angehörigen dort ein, Mao Zedong und seine Familie wurden als *Gruppe I* geführt.

### Kommunistische Palastbewohner

Seit der Entmachtung der Qing-Dynastie 1911 hatten immer wieder Regierungen in den einstöckigen chinesischen Hofhäusern residiert, deren Holzkonstruktionen kunstvoll und bunt bemalt waren. Die verschiedenen Flügel einer solchen Residenz sind durch Wege und Gänge verbunden und um Innenhöfe mit Bambus und Bäumen angeordnet. Im »Pavillon des Chrysanthemenduftes« lagen Maos und Jiang Qings Privaträume. In einem Eckzimmer stand seine Bibliothek, die mit der Zeit auf 10 000 Bände anwuchs. Zentrum von Maos hohem Privatzimmer war ein großes Holzbett, auf dessen linker erhöhter Seite sich Bücher stapelten. Hier las er am liebsten. Mao »studierte« sogar wieder Englisch, verglich die fremde Sprache mit dem

Chinesischen. Vom Bett aus hielt er, wenn nötig, Politbürositzungen ab. In einem anderen Gebäude gab es eine Art »Regierungshalle«, wo ausländische Botschafter empfangen wurden, bevor die *Große Halle des Volkes* am westlichen Tian'anmen-Platz 1959 fertig gebaut war.

Ärzte, Köche und Privatsekretäre umsorgten Mao. Die Parteispitze lebte bequem und – verglichen mit einem einfachen Chinesen – tatsächlich wie die Kaiser in diesem Randbezirk der alten verbotenen Stadt. Der größte Luxus, den Mao sich leistete, war der Neubau eines Hallenschwimmbades.

Die Tochter Li Na aus Maos dritter Ehe mit Jiang Qing und ihre Halbschwester Li Min aus der Verbindung mit He Zizhen lebten ebenfalls im Beijinger Haushalt und wuchsen zusammen auf. Nur ein Jahr jünger als Li Min war der 1941 geborene Mao Yuanxin, der Sohn von Maos jüngstem Bruder. Nach dessen Ermordung war der Kleine auf eigenen Wunsch zu seinem Onkel gezogen. Nachdem Anying gefallen und der jüngere Anqing durch dieses Unglück noch kränker geworden war und immer wieder in Nervenkliniken behandelt wurde, war Mao dem Neffen besonders zugetan. Ihn und auch seine Töchter erinnerte Mao später oft daran, wie gut es der Jugend von heute doch gehe. Er sei mit »Honigbonbonlutschen« aufgewachsen, habe niemals erlebt, was Entbehrung heiße. »Wenn du in Zukunft kein Rechter wirst, sondern nur eine Mittelposition einnimmst, dann bin ich schon zufrieden. Ohne Entbehrungen durchgemacht zu haben, wie könntest du da ein Linker werden?«[213]

Alle Kinder besuchten die üblichen Schulen und Universitäten, die in China bis heute Internaten ähneln; dort wohnten und aßen sie während der Woche, kleideten sich wie alle anderen. Privilegierte »Prinzlinge«, reiche Kaderkinder, waren Maos direkte Nachkommen nie. Im Gegenteil, alle standen unter besonders strenger Beobachtung ihres Vaters. Es sei nicht leicht, Maos Sohn oder Tochter zu sein, wusste er selbst. Privilegien und Posten von seinen Gnaden konnten weder sie noch die nächsten Verwandten erwarten.

Auf vier große Gebäude verteilten sich die Zimmer für die ganze Familie. Maos Frau hatte ihre ältere Schwester Li Yunlu, deren Füße noch gebunden waren, nach Zhongnanhai mitgebracht, damit sie die Heranwachsenden mitbetreute. Maos dritte Ehe wurde immer distanzierter, Jiang Qing war in den Jahren 1953 bis 1958 oft bettlägerig, sie galt als Hypochonder. Zu längeren medizinischen Behandlungen reiste sie öfters nach Moskau, wo eine Krebserkrankung erfolgreich kuriert wurde. Zurück in Beijing, fotografierte sie gerne und veröffentlichte später ihre schwarz-weißen Stillleben in Zeitschriften, politisch hielt sie sich weiter zurück. Maos Affären mit anderen Frauen soll sie toleriert haben. Nur einmal war Jiang Qing offen eifersüchtig: als Mao 1957 ein Trauergedicht verfasste, in dem es um den Tod eines Freundes und seiner ersten Frau Kaihui geht. *Verlor meine stolze Yang*, klagte er, *O Pappel (…): leicht aufgeflogen zum Neunten Himmel*, also zu den Unsterblichen. Und obwohl ihre Gegner – vor allem der Tiger Chiang Kaishek – nun besiegt seien, könnten sich die Lebenden und Toten nie wiedersehen: *In Tränen brechen sie aus, wie Ströme von Regen.* [214]

Den Rest der Familie Yang unterstützte Mao mit Geld. Mit der alten Kinderfrau aus dem Hause Mao-Yang, die später eine Berühmtheit wurde, hielt er brieflich Kontakt. Eine Leibrente erhielt Maos zweite Frau He Zizhen. Sie hatte 1953 die Erlaubnis erhalten, von Moskau nach China zurückzukehren, jedoch nicht nach Beijing. Sie wohnte zunächst in Schanghai, wo ihr auf Staatskosten ein Haus zur Verfügung stand. Formaljuristisch waren sie und Mao nie geschieden worden, er hatte ihr in einem Brief die Ehe aufgekündigt.

Erst im Sommer 1961 werden sich Mao und seine Gefährtin des Langen Marsches in einer Gästevilla in den Bergen von Lushan treffen, Mao hatte das Treffen in die Wege geleitet, um sie nach 24 Jahren wiederzusehen. He Zizhen hatte seit der Trennung nur ein Mal, 1954, Maos Stimme im Radio gehört. Die 50-Jährige wirkte alt, gebrechlich, ihr Haar war längst silbergrau, die Stimme leise. Nach einem »kurzen Aufblitzen des Erkennens« stockte das Gespräch, die Worte wurden unzusammenhängend, eine Einladung zum Abendessen lehnte sie ab. Mao war erschüttert: »Sie ist so alt. Und so krank.«[215] Doktor Li bestätigte ihm die Diagnose Schizophrenie. Genau wie Maos Sohn Anqing war He Zizhen zeitweise im wahrsten Sinne des Wortes aus dem Leben »verrückt«. Nach dem Treffen mit Mao soll sie erneut einen Nervenzusammenbruch erlitten und eine Krise durchlebt haben. Sie erholte sich nie ganz und starb im Jahr 1984 mit 75 Jahren, ohne Mao noch einmal getroffen zu haben. Irgendwann begann He Zizhen, ihr Leben selbst zu erzählen und aufzuschreiben. Doch die Partei zensierte den Bericht.

Private »Enthüllungsbücher« waren zu Lebzeiten Maos noch tabu. Erst nach seinem Tod fühlten sich viele berufen, den »Privatmann« Mao ins Licht der Öffentlichkeit zu zerren und damit Geld zu verdienen. Für sein Buch *Ich war Maos Leibarzt* brach Li Zhisui das Arztgeheimnis. Er lieferte intime Informationen über den Patienten und aus Maos Leben, Bettgeschichten aus Zhongnanhai eingeschlossen. Genau wie im Élysée-Palast, im Weißen Haus oder Kanzleramt – überall gab und gibt es immer Enthüllungen zum Liebesleben und den Affären der Mächtigen. Die Mao-Biografin Jung Chang brachte folgendes Mao-Bild in Umlauf, das im Westen Schlagzeilen machte: Chinas Herrscher als ungewaschenes, zügelloses Sex-Monster, das sich bis ins hohe Alter willige junge Frauen zuführen ließ, auch in dem irrigen Glauben, dadurch sein Leben zu verlängern. Ein Dämon mit schlechten Zähnen, die auf offiziellen Fotos retuschiert wurden. Ein Menschenmanipulator, den allein der Machthunger antrieb, ein Despot, der über Leichen ging.

Andere erinnerten Mao Zedong als einen von Schlafstörungen gequälten Herrscher, der immer tyrannischer wurde, sich im letzten Lebensdrittel politisch verwundbar fühlte und keinem Mitglied der Staats- und Parteiführung wirklich traute. Die Angst, vergiftet oder in einem Anschlag getötet zu werden, verließ ihn nie. Beide Beschreibungen zeigen Facetten von Maos Persönlichkeit, aber nicht das ganze Bild.

### (K)ein ferner Gott

In den 50er-Jahren wirkte Mao noch nicht abgehoben, war der Herrscher noch kein »ferner Gott«. Deshalb trafen in seiner Beijinger Residenz viele Bettel- und Bittbriefe ein. Aus der Provinz meldeten sich alte Bekannte und Nachbarn, ehemalige Mitschüler und Lehrer. Meistens ging es um Geld und Posten. Vielen Bittstellern nützte sogar eine von Mao eigenhändig geschriebene Absage, das allein reichte oft aus, um die eigene Karriere zu befördern. Vier seiner alten Professoren aus dem Lehrerseminar empfing Mao in Beijing und ließ sich mit ihnen fotografieren; sein Chinesischlehrer, »Yuan der Bart«, war nicht darunter, er war bereits verstorben. Doch seine Witwe lebte noch, erfuhr Mao, wenn auch in ärmlichsten Verhältnissen. Deshalb ließ er ihr eine kleine Rente über das lokale Parteibüro zukommen. Solche Extras zahlte Mao von einem privaten Konto, auf dem die Tantiemen seiner Schriften und Bücher verbucht wurden. Sie flossen in den kommenden Jahren so reichlich, dass er wahrscheinlich der erste Millionär Chinas wurde.[216]

Trotzdem führte Mao, wie er es von seinem Vater gelernt hatte, penibel ein tägliches Ausgabenbuch, in dem er sogar die

Reparatur einer Thermoskanne auflistete. Beides ist heute in Maos Geburtsort Shaoshan zu sehen. Seit dem Jahr 2008 werden dort 6000 Teile aus Maos Nachlass nicht nur verwahrt, sondern sein Alltagsleben in einem prächtigen Museumsneubau in Szene gesetzt.[217] In Glasvitrinen ausgestellt ist alles: von der Badehose über den Bezugsschein für Baumwolle bis zu seinen Bücherkisten, von der Keksdose bis zum Kalligrafiepinsel, von den alten Hauspantoffeln bis zum Plattenspieler, von der sommerlichen Militäruniform bis zum Wollmantel mit Pelzkragen. Aus Maos Hauptstadtwohnung in Zhongnanhai stammen Leselampen und Sessel, auch sein berühmtes Bett ist zu sehen und das große Bücherregal, vor dem Staatsmänner aus der ganzen Welt Platz nahmen und sich mit Mao fotografieren ließen.

Des Herrschers Alltagssachen, ob alte Emailletasse oder Zahnbürste, umgibt die Aura des früheren Besitzers, glaubt man in China. »Eine geistige Taufe« erlebte deshalb ein Minister beim Gang durch die Ausstellung. »Meine Seele wurde gereinigt«, sagte er. Ähnliche Kräfte werden hierzulande nur Heiligenreliquien zugesprochen. In dem offiziellen »Nummer 1-Projekt zur patriotischen und revolutionären Erziehung« wird der Revolutionsheilige Mao aber vor allem als ein Vorbild an Genügsamkeit inszeniert, der aus seiner Position keine großen materiellen Vorteile zog und sparsam lebte – ganz anders als der neue und korrupte »rote Adel«.

In der ersten Abteilung »Einfache Kleidung« strahlt Mao Zedongs weißer Hausmantel aus Seide in einem mannshohen Schaukasten, der mitten im Raum steht. 20 Jahre lang soll der Herrscher das Kleidungsstück getragen haben, das mit 73 Flicken immer wieder ausgebessert wurde, erklärt eine Tafel. Diese Reparaturen erledigten natürlich die besten Schneider. War das trotzdem ein Zeichen von Sparsamkeit oder eine extravagante und teure Schrulle? Auch darüber scheiden sich die Geister.

毛泽东

Maos »Reiseutensilien« beherbergt Sektion V der Ausstellung: Zu sehen sind seine Wasserflasche, Reiseapotheke und ein Tee-Set im Lederkoffer sowie der berühmte breitkrempige Strohhut nebst Papierfächer, mit denen sich Mao öfters zwischen Bauern und auf den Feldern ablichten ließ. Aus der Studentenzeit rettete er die Lust am Reisen in seine Herrscherzeit. Nicht länger zu Fuß ging er, sondern saß in einem Sonderzug oder in dem hellblauen Auto der Marke Zim, dessen Karosserie in der Ausstellung kratzerlos glänzt.

In der Abhandlung *Über die Praxis* hatte Mao Zedong doziert: »Willst du Kenntnisse erwerben, musst du an der die Wirklichkeit umwälzenden Praxis teilnehmen. Willst du den Geschmack einer Birne kennenlernen, musst du sie verändern, das heißt sie in deinem Mund zerkauen.«[218] Da China so groß wie ein ganzer Kontinent und in sich so unterschiedlich wie Europa ist, konnte er allerdings weder im Zug, Auto oder auch Flugzeug überall hinreisen, um eigene Untersuchungen an der Parteihierarchie vorbei durchzuführen. Deshalb schickte er mindestens einmal im Jahr die jungen Männer seiner privaten Leibwächtertruppe 8341 in ihre Heimatdörfer. Sie hatten den Auftrag, für Mao persönliche Berichte über die Stimmung im Land zu schreiben und dazu ihre Familien zu befragen. »So bin ich (...) viel weiter herumgekommen als Konfuzius; bis nach Yunan und Xinjiang hat mich meine Wanderung geführt.«[219]

### Architekt der Macht

Die staatlichen Institutionen wurden in den 50er-Jahren nach dem russischen Vorbild geformt und von der Kommunistischen Partei besetzt und kontrolliert, Partei und Staat waren eins. Die erste Verfassung von 1954 schrieb das Machtmonopol der KP im Staat fest, bis heute wurde daran nie gerüttelt. Die Wahrheit war ab sofort bei denen, die die Macht hatten, und mit

Ende fünfzig war Mao Zedong der mächtigste Mann im Staat und Vorsitzender der KP. »Unsere Partei hat in ihrer Geschichte immer stark die Verbindung der Funktion des Einzelnen und der kollektiven Führung betont.«[220] Doch Maos Charisma und Enthusiasmus, sein unbedingter Glaube an die Revolution – weder gespielt, noch kalkuliert, sondern gelebt – hoben ihn heraus. In der Regierungsriege, die durch den Langen Marsch und die Zeit in Yan'an legitimiert war, blieb er die Führerfigur.

Seine Gedichte, die nun in kleinen Sammlungen erschienen, reihten ihn außerdem ein in die lange Tradition der gebildeten kaiserlichen Herrscher. Das steigerte sein Ansehen nicht nur beim einfachen Volk, auch Intellektuelle bewunderten seine Lyrik. Mao zögerte anfangs, seine Verse veröffentlichen zu lassen, vor allem die »im alten Stil«, weil »ich befürchtete, dass damit falsche Tendenzen ermutigt und ein schlechter Einfluss auf die Jugend ausgeübt wurde«.[221] Schließlich hatte er immer für den Gebrauch der Umgangssprache in der Literatur plädiert! Aber Mao konnte es sich leisten, widersprüchlich zu sein.

Im ersten Jahrzehnt der Volksrepublik wurde damit begonnen, Maos politische Schriften herauszugeben. Während dieses Arbeitsprozesses wurden Texte geglättet, zensiert, mit Anmerkungen versehen, politisch eingeordnet. Mao Zedong hat etwa die Hälfte der Werke allein verfasst, so neuere Forschungen. Manchmal diktierte er seine Überlegungen auch und ließ sie danach überarbeiten. Vorträge und Reden wurden oft verschriftlicht und später korrigiert. Sicher hatte er auch Ghostwriter, etwa seinen klugen Sekretär Chen Boda. Dieser unterschiedlichen Entstehungsgeschichte wird die chinesische Sammelbezeichnung für sein Gesamtwerk gerecht: *Mao Zedong Sixiang*, die »Mao-Zedong-Gedanken«. Den mehrmals vorgeschlagenen Begriff »Maozedongismus« – im Westen auf Maoismus« verkürzt – lehnte er persönlich immer ab.

毛泽东

Den Verweis auf die »Mao-Zedong-Ideen«, so eine zweite gebräuchliche Übersetzung, tilgte der achte Parteikongress nach über zehn Jahren aus dem Statut der KPCh. Ein Indiz, dass es 1956 heftige interne Machtkämpfe gab. Die Streichung war auch eine Reaktion auf die lauter werdende Kritik am Personenkult, die nach Stalins Tod 1953 in China ebenfalls aufgeflammt war. In der ersten Verfassung der Volksrepublik aus dem Jahr 1954 fehlt folgerichtig der Begriff *Mao Zedong Sixiang*, erst viel später, in der sogenannten »zweiten Mao-Verfassung« aus dem Jahr 1975, wurde in Artikel 2 festgeschrieben: »Der Marxismus, der Leninismus, die Mao-Zedong-Ideen sind die theoretische Grundlage, von der unsere Nation ihr Denken leiten lässt.« Allerdings sollte die maoistische Theorie mit der Zeit nur noch eine unter anderen sein. Seine Nachfolger werden sich ebenfalls als schreibende Theoretiker ausweisen und ihre Ideen in den Verfassungstext aufnehmen lassen, so etwa Deng Xiaoping mit einer nach ihm benannten Theorie. In diesem Punkt kopieren sie das Modell Mao.

Unangefochten war der erste Herrscher des neuen China nie, Mao Zedong polarisierte auch nach 1949 wie schon zu Studentenzeiten. Doch er besaß die nötige Kaltblütigkeit, manchmal auch Bauernschläue und Brutalität, ohne die sich niemand fast drei Jahrzehnte an der Macht halten kann. Selbst als von Krankheit gezeichneter Endsiebziger wird Mao dem amerikanischen Außenminister Henry Kissinger Respekt einflößen: »Ich habe niemanden getroffen, sieht man möglicherweise von Charles de Gaulle ab«, erinnert sich der US-Politiker später, »der eine so destillierte Konzentration von roher Willensstärke darstellte.«[222]

Schon früh war Mao ein geschickter Architekt der Macht, der Bündnisse schmiedete, politische Kampagnen entwarf und dafür oft knappe Mehrheiten gewann. Er konnte Stimmungen in der Bevölkerung erahnen, aufgreifen und Worte finden, die Menschen mobilisierten und das Beste und Schlechteste in ihnen hervorbrachte. Dabei glaubte er, was den Amerikaner Kissinger ebenfalls beeindruckte, »zutiefst an die Fähigkeit des chinesischen Volkes (…), in allen Wechselfällen des Schicksals sein Wesen zu bewahren«.[223] Umgekehrt vertraute ihm deshalb lange Zeit auch sein Volk.

Mao setzte seine Politik nie alleine um, wie jeder »Architekt« benötigte er fähige »Bauleiter« an seiner Seite. Der wichtigste war Zhou Enlai, ebenfalls ein eisenharter Machtmensch, der jedoch diplomatischer, weltgewandter und ausgleichender auftrat, viele Zeitgenossen bezeichneten ihn auch als opportunistisch. Er federte viele von Maos Fehlern ab und sicherte damit dessen Machterhalt. Zhou blieb immer loyal gegenüber Mao: »Er hat uns alle gelehrt, was wir wissen.«[224]

Ganz anders der zehn Jahre jüngere, quirlige Deng Xiaoping. Dieser begnadete Parteiorganisator stritt heftig für seine Überzeugungen, legte sich immer wieder mit dem in seinen Augen zu »linken Lager« an, das die Ideologie über wirtschaftliche Effizienz stellte. Deng wird zweimal entmachtet und verbannt, aber trotzdem von Mao niemals ganz fallen gelassen. Deng blieb die Geheimwaffe des Herrschers für Zeiten, in denen sich Chaos breitmachte. In solchen Wirren gingen später die Männer unter, die Mao nacheinander als seine »Nummer zwei« in Staat und Partei aufbaute und die lange Zeit halfen, seine Politik umzusetzen: Dazu gehörten Liu Shaoqi, der frühe Gefährte aus Anyuan und ab 1959 Staatspräsident, sowie der erste Verteidigungsminister Peng Dehuai, der sich als Einziger öffentlich gegen Mao stellen wird, und dann auch dessen Nachfolger, der Armeechef Lin Biao.

毛泽东

### Kampagnen-Pfeffer

Bereits in Yan'an hatte Mao erkannt, dass der Parteiapparat schwerfällig und korrupt zu werden drohte. Die Bürokratie wucherte, die Beamten und Parteimitglieder kümmerten sich um ihre Pfründe und nicht um die Menschen. Zum Beispiel habe »eine gewisse Provinz-Volksregierung über 70 000 Briefe angehäuft und unbehandelt gelassen«, schimpfte Mao. »Für unsere Partei und Regierung sind Bürokratismus und Kommandiererei nicht nur ein großes Problem, sondern werden noch lange Zeit eins bleiben.«[225]

Früher war der Kaiser weit weg, jetzt die Zentrale in Beijing. Von dort kamen zwar Befehle, die landesweit von oben nach unten und 1:1 umzusetzen waren, doch danach richteten sich nicht alle. Zur Kontrolle bis hinunter zur Kreisebene setzte Mao auf seine »Massenlinie«. Dazu gehörte für ihn, immer wieder selbst nach dem Rechten zu sehen. So reiste er beispielsweise 1953 in die Städte Wuhan und Nanjing: »Ich habe dabei vieles erfahren und das war sehr nützlich. In Beijing erfahre ich praktisch nichts.« Das ZK, dieses zentrale Leitungsorgan der Partei, begriff er als eine Ideenfabrik: »Wenn sie nicht weiß, was auf den unteren Ebenen vor sich geht, wenn ihr die Rohstoffe oder Halbfabrikate fehlen, wie kann sie dann produzieren?«[226]

Vor Ort ermutigte Mao immer wieder die Menschen, mit »großen Zeichen«, *da zi*, eine »Zeitung«, *bao*, zu verfassen, und diese *Dazibao* auszuhängen. Diese »Wandzeitungen« seien »eine äußerst nützliche moderne Waffe, die überall angewandt werden kann«.[227] In den frühen 50er-Jahren zettelte Mao so einen ersten parteiinternen »Krieg« gegen »Konterrevolutionäre« an. Den Verwaltungsapparat im Blick hatte die anschließende »Drei-Anti«-Kampagne, die Korruption, Verschwendung und Bürokratismus aufdeckte. Niemand sollte sich lebenslang und bequem in privilegierten Partei- und Beamtenposten einrichten.

Danach ging es »fünf Übeln« an den Kragen, die vor allem den Kapitalisten in den Städten Vorteile brachten: Ausgemerzt werden sollten auch Bestechung und Steuerhinterziehung.

Doch »konterrevolutionär« und »Übel« sind dehnbare Begriffe, es konnte jeden treffen. Anklagen wurden benutzt, um alte und persönliche Rechnungen zu begleichen. Kampagnen verbreiteten Unsicherheit, Hexenjagdstimmung kam auf. Klare Gesetze und Gerichte existierten kaum, die provisorischen boten wenig Sicherheit. Volksgerichte wurden eingesetzt, Selbstjustiz geübt und sogar Mao warnte vor schnellen, leichtfertigen Todesurteilen: »Der Kopf eines Mannes ist keine Schalotte, die nachwächst, wenn man sie abschneidet; wenn man ihn zu Unrecht abschlägt und seinen Irrtum berichtigen möchte, dann ist dies nicht möglich.«[228] Nicht sofort tödlich, aber demütigend waren öffentliche Kritiksitzungen; um ihnen zu entgehen, brachten sich immer wieder Angeklagte um. Die Opferzahlen waren wie immer in dem Riesenreich gigantisch: Es gab Hunderttausende Tote und Millionen von Inhaftierten.

An diesem Erschrecken ob der großen Zahlen hat sich bis heute nichts geändert, wobei bezogen auf die Bevölkerungszahl, also prozentual gerechnet, in China nicht mehr Menschen inhaftiert sind als etwa in den USA. Allerdings kann jemand in der Volksrepublik auch noch zu Beginn des 21. Jahrhunderts ohne ein Gerichtsurteil bis zu vier Jahre in Haft genommen werden. Diese Möglichkeit ist inzwischen höchst umstritten, eine unabhängige Justiz und Rechtssicherheit längst ein großes gesellschaftliches Thema geworden. Denn nicht nur bei einer eindeutig verbrecherischen Tat, etwa einem Diebstahl, kann jemand verhaftet werden. Auch viele, die politisch aufbegehren und protestieren, verschwinden auf diese Weise und warten eingesperrt jahrelang auf die Anklage.

Bereits die ersten Kampagnen in der jungen Volksrepublik

毛泽东

liefen nach einem Muster ab, das sich in der gesamten Mao-Ära wiederholen wird: Kam eine politische Bewegung in Gang, angeheizt durch Maos griffige Parolen, wartete der Herrscher ab. Nie befahl er die Gefangennahme oder Tötung von bestimmten Gruppen, noch verhinderte er sie. Er schaute zu und griff erst ein, wenn Dinge aus dem Ruder liefen. Dann erschien Mao Zedong vielen, die er durch sein Nichteinschreiten auf dem Gewissen hatte, sogar als Retter.

Dieses unbarmherzige Verhalten passte zu einem Mann, der viele Menschen, auch aus seiner persönlichen Umgebung, hatte sterben sehen und auch zynisch geworden war, wie folgende berühmt gewordene Anekdote veranschaulicht.[229]

Wie kann man eine Katze dazu bringen, dass sie Pfeffer frisst?, soll Mao seine wichtigsten Vertrauten Liu Shaoqi und Zhou Enlai gefragt haben. Liu schlug vor, das Tier festzuhalten und ihr mit den Essstäbchen den Pfeffer in den Schlund zu stopfen. Mao lehnte diese »gewaltsame Lösung« entschieden ab. Zhou wollte die Katze lieber hungern lassen, damit sie ein Stück Fleisch und den darin versteckten Pfeffer ohne Murren hinunterwürgte. Maos Einwand: »Betrügen« dürfe man das Volk nie. Nach seiner Lösung befragt, antwortete er, das sei doch einfach: »Man reibt der Katze den Pfeffer in den Hintern. Wenn er brennt, leckt sie ihn ab und ist glücklich, dass sie es darf.«

### Industrialisierungsfanatiker

Die erste Brücke über den mächtigen Yangzi war 1956 noch im Bau, das Großprojekt bei Nanjing gehörte zum ersten Fünfjahresplan der Volksrepublik. Dieser sah vor, den ganzen Fluss zu vermessen und seine Fluten mit Staustufen und Kraftwerken zu bändigen, um die mörderischen Überschwemmungen, die immer wieder Millionen töteten, endlich kontrollieren zu können. Außerdem sollte der Strom bis weit in den Westen des Landes schiffbarer werden. Eine Vision, die schon Sun Yatsen hatte, die aber erst Anfang des 21. Jahrhunderts wahr wurde. Denn 2006 wurde der Drei-Schluchten-Staudamm eingeweiht.

Im Juni 1956 schwamm Mao mit 63 Jahren im Yangzi. Es war seine dritte Schwimmaktion in diesem Sommer, nachdem er in Kanton in den Perlfluss und in Hunans Hauptstadt Changsha, seiner alten Heimat, in den Xiang gestiegen war. So demonstrierte er der ganzen Nation seine körperliche Fitness und damit politische Handlungsfähigkeit und Willensstärke. Jetzt sei der Himmel endlich ohne Geister, der Mensch beherrsche die Natur, jubelte er in einem Erinnerungsgedicht, das den Titel *Schwimmen* hat. Denn »das Wasser hat Furcht vor den Menschen, nicht der Mensch vor dem Wasser«.[230]

Mit seinen Auftritten beeindruckte Mao vor allem die Landbevölkerung, die in der Regel nicht schwimmen konnte. Augenfällig brachte er eine politische Botschaft unters Volk: Schwimmt mit in dem von einer mächtigen Kraft getriebenen Strom, niemand komme darin um. Der »Strom«, um den es ihm 1956 ging, war die Kollektivierung der Landwirtschaft; dieser »kleine Sprung« brachte durchaus Ertragssteigerungen. Mao sprach vom »Entscheidungsjahr im Kampf zwischen Sozialismus und Kapitalismus«.[231] Kapitalist war in seinen Augen, wer sich gegen Genossenschaften wehrte. Und das taten einige. Um die Abgaben niedrig zu halten, töteten zum Beispiel viele Bauern lieber ihre Tiere, als sie abzugeben und zu teilen. Doch die Mehrheit vor allem der armen und mittleren Bauern beteiligte sich, sie glaubten dem Wohlstandsversprechen der KP. Eine »sozialistische Welle« habe das Land erfasst, Mao beendete das Gedicht *Schwimmen* mit den Worten: *Die Welt wurde anders.*[232] Das galt auch für die Hauptstadt Beijing.

Der »Platz vor dem Tor des Himmlischen Friedens« – das ist der eigentliche Name, der auf »Platz des Himmlischen Frie-

毛泽东

dens« verkürzt wird – wurde von Bäumen befreit, umliegende alte Gebäude wurden abgerissen. 1956 startete die Erweiterung des Areals, das mit Steinplatten gepflastert wurde. In gut einem Jahr entstand der größte innerstädtische Platz der Welt, seine 40 Hektar fassen über eine Million Menschen.

Der Herrscher Mao gab auch den Befehl, die alten Stadtmauern abzureißen und eine moderne Ringstraße anzulegen. In Beijing sollten bald Fabrikschlote rauchen, die Zukunft gebaut werden. Mao war ein Industrialisierungsfanatiker, der die bourgeoisen »Liebhaber alter Steine« belächelte. Die heutige Hauptstadt hätte ihm sicher gefallen: Bereits fünf Ringstraßen durchschneiden die wuchernde 18-Millionen-Metropole, der sechste Ring ist geplant. Modernste Hochhäuser ragen in den oft von Smog getrübten Himmel. Doch in der Mitte von Beijing behauptet sich weiter stolz das Tian'anmen.

Dieses Wahrzeichen – für viele immer noch »das Herz Chinas« – besingt eines der bekanntesten Kinderlieder: *Wo ai Beijing Tian'anmen*, »Ich mag das Tor des Himmlischen Friedens in Beijing«. Der Text erzählt, dass darüber die Sonne aufgehe und der große Vorsitzende alle vorwärtsgeleite. Sein Bild hing in den Jahren bis 1952 nur am Tag der Arbeit, dem 1. Mai, und am Nationalfeiertag, dem 1. Oktober, an diesem Ort.[233] Die typische Yan'an-Kappe, die Mao auf der Darstellung aus dem Jahr 1949 noch getragen hatte, hatte er bereits abgelegt, aber in die Ferne schaute er weiterhin. Erst ab 1953 lieferte ein Foto die Vorlage für das erste Porträt, das dem heutigen ähnelt und mit allen Menschen auf dem Platz Blickkontakt hält. Die zeitlose Version, die bis heute Bestand hat, entstand erst Anfang der 70er-Jahren, als der Mao-Kult der Kulturrevolution für das Porträt des »Großen Vorsitzenden«, dieser menschlichen »roten Sonne«, nach einem Dauerplatz am Tian'anmen verlangte.

Obwohl die unumstrittene Nummer eins, reiste nicht Mao Zedong, sondern sein Außenminister Zhou Enlai im Frühjahr 1955
zu einer historischen Konferenz nach Bandong. Eingeladen in
seine Hauptstadt hatte der indonesische Präsident Sukarno als
Gastgeber, zusammen mit dem berühmten indischen Politiker
und Premier Jawahartal Nehru. Aus Asien, Arabien und Afrika schickten 29 Staaten ihre Vertreter, alle verstanden sich als
»Blockfreie«: Sie wollten erstens unabhängig sein vom westlichen Imperialismus und zweitens auch nicht im Sowjet-Block
aufgehen. Diese Abgrenzung machte sie zur »Dritten Welt«.
Ein neuer politischer Begriff war geboren, der Selbstbewusst-
sein signalisierte und die Sicht auf die Welt veränderte. Diese
Länder wollten in Zeiten des Kalten Krieges am Weltfrieden
weiterbauen; zusammen standen sie gegen Rassismus, etwa die
Apartheid in Südafrika, und die kolonialistische Bevormundung. Auch die Vertreibung der Palästinenser, um auf deren
Land den Staat Israel zu gründen, wurde in Bandong kritisiert –
eines der Probleme, die bis heute noch nicht bewältigt sind. Die
blockfreien Staaten, die in den folgenden Jahren immer zahl-
reicher wurden, vereinbarten gegenseitige wirtschaftliche Hil-
fen und einigten sich außenpolitisch darauf, am »Prinzip der
friedlichen Koexistenz« festzuhalten. Unabhängigkeitsbestre-
bungen, besonders in Afrika, unterstützte die Volksrepublik
seitdem konsequent. China und sein erfolgreicher Kampf gegen
den Kolonialismus galten vielen als Vorbild, Maos Regierung
und er selbst verstanden sich als Sprecher der »unterdrückten
Völker«. Das ließ Chinas KP-Chef bei seinem zweiten Besuch in
der Sowjetunion, 1957, umso selbstbewusster auftreten.

Zum 40. Jahrestag der russischen Oktoberrevolution und
kurz nachdem die SU einen Sputnik ins All geschossen hatte,
verließ Mao Zedong zum zweiten und letzten Mal sein Heimatland. In der großen Delegation, die nach Moskau reiste, war

auch Song Qingling und vor allem ein eigener Koch, denn Mao hasste russisches Essen. Mao Zedong war jetzt Vorsitzender der größten KP der Welt, es gab keinen Grund mehr, sich in Moskau klein und als Bittsteller zu fühlen: »Wenn die chinesischen Künstler Porträts von mir zusammen mit Stalin malten, war ich immer ein wenig kleiner als Stalin, blind ordnete man sich dem damaligen geistigen Druck der Sowjetunion unter.«[234]

Mit Nikita Chruschtschow nahm er die Jubiläumsparade auf dem Roten Platz ab. Mao trug einen steifen, dunkelbraunen westlichen Herrenhut mit breiter Krempe, der ebenfalls in Shaoshan zu sehen ist, und wirkte in einem Mantel mit Pelzkragen wie verkleidet. Dieser Auftritt wurde weltweit beachtet, die zwei mächtigen Männer verkörperten schließlich »die rote Gefahr«, wirkten wie ein geschlossener Block. Dabei hatte sich die Loslösung Chinas von der früheren »Nummer eins« im sozialistischen Lager nach dem Tod Stalins beschleunigt. Weder dessen Nachfolger Chruschtschow noch dessen Politik, auch »Goulasch-Kommunismus« genannt, schätzte Mao. 70 Prozent gut, 30 Prozent schlecht, urteilte er über Stalin. Die Entstalinisierung ging ihm zu weit, da sich die KP dadurch selbst infrage stelle. Mao war misstrauisch: »Jetzt haben die Russen das Schwert Stalin fallengelassen«; werde womöglich auch noch »das Schwert Lenin« folgen?[235] Außerdem leitete Russland eine Annäherung an die USA ein, die in der Amerikareise des Kreml-Chefs im Jahr 1959 gipfeln wird.

Auf einem Empfang für chinesische Studenten verkündete Mao Zedong während dieser zweiten Moskau-Reise: Der Wind habe sich gedreht. Im Kampf zwischen dem sozialistischen und dem kapitalistischen Lager sei nun nicht mehr der Westwind stärker als der Ostwind, sondern der Ostwind würde den Westwind besiegen. Doch im Ostblock war längst ein politischer Sturm aufgezogen, der die Beijinger Führung aufgeschreckt hatte. Bereits ein Jahr zuvor hatten sich in Budapest nach einem Studentenprotest landesweit Unruhen ausgebreitet. Eine bürgerlich-demokratische Regierung forderten die Demonstranten, freie Meinungsäußerung und keine Knechtung durch eine übermächtige Partei und Bürokratie und keine Bevormundung durch Russland mehr, das am Ende Panzer schickte und den Aufstand blutig niederschlug.

### Blühen und Verdorren

»Nach den Ungarn-Ereignissen waren manche Leute in unserem Land froh. Sie hofften, dass sich in China Ähnliches abspielen werde und dass Tausende und Abertausende (…) gegen die Volksregierung auf die Straße gehen würden.« In der berühmten Rede *Über die richtige Behandlung der Widersprüche im Volk* brach Mao im Februar 1957 eine Lanze für »freie Diskussion« und den »ideologischen Kampf«. Nach sieben Jahren an der Macht sollte es möglich sein, Dampf abzulassen, und zwar durch eine Art Sicherheitsventil. Dazu ermutigte seine Kampagne »Lasst hundert Blumen blühen. Lasst hundert Schulen miteinander wetteifern!«.[236]

Das Motto nahm Bezug auf die Zeit der Streitenden Reiche im 5. und 4. Jahrhundert vor Christus, wo schon einmal 100 philosophische »Schulen«, also verschiedene wissenschaftliche Denkrichtungen, um die Wahrheit gerungen hatten. Das Wort »Blume« stand in der Parole für Kultur. Zu einer großen gesellschaftlichen Debatte rief Mao die Intellektuellen auf: »Was in Kunst und Wissenschaft richtig oder falsch ist, soll durch freie Diskussion (…) und durch die praktische künstlerische Arbeit entschieden werden. Es darf nicht auf simple Weise geregelt werden.«[237] Misstrauisch schwiegen die Schriftsteller, Maler, Wissenschaftler zunächst, aber dann brachen die Dämme. Sie nahmen sich Rechte, die schon die erste Verfassung aus

毛泽东

dem Jahr 1954 in Artikel 87 – ebenso wie der derzeitige Verfassungsartikel 35 – garantierte: »Die Bürger der Volksrepublik China haben das Recht auf die Freiheit der Rede, der Presse, der Versammlung, des Zusammenschlusses, der Prozession und Demonstration. Der Staat sorgt für die notwendigen materiellen Voraussetzungen, die den Bürgern den Genuss dieser Freiheit sichern.«

Genau wie in Ungarn kritisierten die Intellektuellen in den Städten offen den Einparteienstaat und die totale Kontrolle durch die KPCh, sie forderten »Schluss mit allen Denkverboten«. Es waren dieselben Forderungen, die 1989 in den Demonstrationen auf dem Platz des Himmlischen Friedens oder im Jahr 2008 in der Charta 08 wiederauftauchen werden. Es sind *die* Reizthemen geblieben, über die im heutigen China weiterhin kontrovers diskutiert wird: in privater Umgebung heftig und offen, aber verhalten in der Öffentlichkeit, aus Angst vor Repressionen. Denn den Verlauf der Hundert-Blumen-Kampagne haben Chinas kritische Geister nie vergessen.

Ende der 50er-Jahre stellte Mao den Intellektuellen nicht bewusst eine Falle, sondern in einer Selbstüberschätzung hatte er nur Verbesserungsvorschläge und keine radikale Ablehnung der KP-Politik erwartet. Aber genau diese »Blumen« wucherten. Schon bald sprach Mao vom »giftigen Unkraut«, das man ausreißen müsse. Beim »Jäten« halfen ihm viele, Mao Zedong mobilisierte Millionen Helfer. Die mutigen Kritiker wurden als »Rechte« und »Konterrevolutionäre« angeklagt. Wer Glück hatte, stand unter Hausarrest, musste eine Selbstkritik verfassen oder sich wie die Schriftstellerin Ding Ling durch Arbeit läutern; sie putzte die Toiletten im Haus des Schriftstellerverbandes. Andere wurden zur »Umerziehung« aufs Land geschickt, etwa der Dichter Ai Qing, der Vater von Ai Weiwei, der dort aufwuchs. Viele landeten in Arbeitslagern.

Eine halbe Million Intellektuelle wurden arbeitslos, weil Gerüchte ihre politische Loyalität anzweifelten, sie starben einen »sozialen Tod«, andere wurden umgebracht. Im Mai 1958 brüstete sich Mao, dass er den tyrannischen Qin Shi Huangdi hundertfach übertroffen habe. Dieser erste Kaiser der Qin, der alle töten ließ, die »mit dem Alten das Heute kritisieren«, habe nur »460 konfuzianische Gelehrte begraben, wir haben sechsundvierzigtausend begraben. Haben wir nicht (...) einige konterrevolutionäre Intellektuelle einen Kopf kürzer gemacht?«[238] Das Protokoll der Parteiversammlung vermerkte an dieser Stelle lautes Lachen im Zuhörerraum.

Mit Gesinnungsterror wollte der Politiker Mao für »Harmonie« in der Gesellschaft sorgen. Ein unmenschliches und absurdes Unterfangen, was sogar das alte chinesische Schriftzeichen für das Wort »harmonisch«, *hexie*, belegt. In der ersten Silbe *he* steht das Zeichen »Getreide« neben einem Mundsymbol. Harmonie herrscht also zum einen, wenn alle satt werden. Im zweiten Wortteil *xie* stehen die Zeichen für »selbst« oder »eigen« und »Mund« nebeneinander. Harmonie verlangt demnach, frei sprechen zu können. Moderner formuliert es der Sinologe Thomas Heberer: Es gehe um »Grundversorgung plus Meinungsfreiheit – eine für die Gegenwart und auch politisch interessante Bedeutungskombination«.[239] Denn die »harmonische Gesellschaft« ist ein zentrales Schlagwort der heutigen Politik.

Was »Harmonie« meint, verdeutlichen zwei weitere aktuelle Ziele, die *Zweimal 100 Jahre* genannt werden. Den zeitlichen Bezugsrahmen liefern zwei Schlüsselereignisse aus der Mao-Ära: 100 Jahre nach Gründung der Kommunistischen Partei, also 2021, soll eine Gesellschaft mit »bescheidenem Wohlstand« für alle erreicht sein. Der Weg dorthin verlange den Ausbau der »sozialistischen Marktwirtschaft«, und den beschreiten Maos Nachfolger, indem sie – wie es Deng Xiaoping gemäß einem alten Sprichwort vorgeschlagen hat – *nach Steinen tastend den Fluss überqueren.* Das meint, pragmatisch vorzugehen. Bis zum Jahr 2049 schließlich, dem 100. Jubiläum der Staatsgründung, soll China außerdem zu »einem reichen und mächtigen, demokratischen, zivilisierten, harmonischen, modernen sozialistischen Staat aufgebaut werden«.[240]

Zwar hatte Mao Zedong sehr ähnliche Ziele formuliert wie Chinas jetzige Regierung, doch meinte für ihn »sozialistisch« vor allem antikapitalistisch und antiwestlich, über den richtigen Weg zu mehr Wohlstand entschied in seiner Ära an erster Stelle die Ideologie. Und »demokratisch« hieß, die KP müsse »dem Volke dienen«.

### Das weiße Blatt

Enttäuscht von den Intellektuellen, wandte sich der Herrscher Ende der 50er-Jahre wieder den Bauern zu, um den »Geist des Kommunismus« lebendig werden zu lassen. Erleichtert werde das durch »zwei bemerkenswerte Eigenschaften« des chinesischen Volkes: »Es ist arm und ein unbeschriebenes Blatt.« Nur scheinbar seien das Nachteile, in Wahrheit jedoch Vorzüge. »Wer arm ist, will seine Lage bessern (…), er will die Revolution. Ein weißes Blatt ist noch unbeschrieben; es lassen sich die neuesten und schönsten Worte darauf schreiben, es lassen sich die neuesten und schönsten Bilder darauf malen.«[241]

Den zweiten und dritten Fünfjahresplan wollte Mao nicht abwarten, sondern den Sozialismus schneller voranbringen. Nicht kriechend wie eine Schildkröte, sondern in großen Sprüngen. »Der Wille ist alles«[242], daran hatte er schon als Student geglaubt. Nun postulierte der bald 65-Jährige: »Die politische Arbeit ist der Motor aller wirtschaftlichen Arbeit.«[243] Und die lag in den Händen von bald 600 Millionen! Statt modernem Gerät gab es »Bagger auf zwei Beinen«, wie russische Ingenieu-

re die chinesischen Arbeiter abfällig nannten. Mit diesen Volksmassen das Land modernisieren zu können, war der Traum des
revolutionären Romantikers Mao.

Eine riesige Kluft tat sich plötzlich auf zwischen dem »alten
China, in dem Mao herangewachsen war und 25 Jahre lang
Krieg geführt hatte, und den Erfordernissen eines Staates in
der zweiten Hälfte des 20. Jahrhunderts, in dem es mehr um
Wissenschaft und Technik ging«, urteilt Mao-Biograf Stuart M.
Schram, der diese Situation auch »tragisch« nennt. War es früher ein Vorteil, dass Mao nur seine Heimat kannte, so wurde es
nun zum Nachteil. Der alternde Herrscher konnte und wollte
nicht einsehen, »dass die lange Periode der Übereinstimmung
seiner Ideen und Methoden mit den Bedürfnissen Chinas zu
Ende ist«. Das erkläre auch »die ständigen und immer schrille-
ren Kampagnen«, mit denen Mao beweisen wollte, dass jedes
Wort in seinen Schriften und jede Lehre aus der Guerillaerfah-
rung noch gültig und anwendbar war.[244]

Im Jahr 1958, als der zweite Fünfjahresplan angeschoben
wurde, hatten die Kommunisten verglichen mit 1949 viel erreicht: Die durchschnittliche Lebenserwartung hatte sich von
36 auf 57 Jahre erhöht. Lesen und schreiben konnten immer
mehr Menschen; im Gründungsjahr der VR hatten nur gut
24 Millionen Kinder eine Grundschule besucht, nun lernten
90 Millionen. Auf den Weg gebracht war eine Sprachreform,
um die komplizierten Schriftzeichen zu vereinfachen und mit
einer modernen Lautumschrift das Lesen- und Schreibenlernen
zu erleichtern. Statt 120 000 Studenten besuchten nun siebenmal
so viele eine Universität. Auch eine Rekordernte wurde 1958
eingefahren, die Grundversorgung war leidlich gesichert, ein Ei
galt in dieser Zeit als seltene Delikatesse. Bezugsscheine regel-
ten die Verteilung von Öl, Zucker, Salz und Baumwolle, die
knapp blieben. Auch Reis, Weizen, Hirse, Mais, Sojabohnen

毛泽东

und Kartoffeln wurden zugeteilt, für das Getreide hatte der Staat das Aufkaufmonopol. Dieses fragile Gleichgewicht setzte Mao durch neue und ehrgeizige Ziele aufs Spiel.

Im Rückblick auf Mao Zedongs Leben haben einige Biografen und Historiker die provokante Frage gestellt: Wäre es besser gewesen, und wo stünde China heute, wenn Mao Zedong 20 Jahre früher gestorben wäre, bevor aus dem Rebell und revolutionären Anführer der Tyrann Mao wurde? Denn die Hundert-Blumen-Bewegung war nur die erste von drei Kampagnen gewesen, die das Land und seine Menschen auf verhängnisvolle Weise beschädigen würden.

### Großer Sprung ins Verderben

»Unter allen Dingen in der Welt sind die Menschen das wertvollste. Unter der Führung der Kommunistischen Partei kann – solange es Menschen gibt – jedes Wunder auf Erden vollbracht werden«, das war Maos feste Überzeugung.[245]

Das erste »Wunder« sollte die Ausrottung der »vier Plagen« werden: von Spatzen, die in Getreidefelder einfielen, von Ratten, Flöhen und Moskitos, die Krankheitskeime übertrugen und Dörfer entvölkerten. Am Ende sollte man ausrufen können: *Lebwohl Seuchengott!*, so der Titel eines zur Kampagne erschienenen Mao-Gedichtes. Ausgetrocknet wurden die Tümpel mit den wurmartigen Billharziose-Erregern, die blind machten. Geschlossen die stinkenden Kloaken, mehr Hygiene verhinderte die todbringenden Durchfallerkrankungen. Die Spatzen wurden von lärmenden, topfschlagenden Menschen so lange am Landen gehindert, bis die Vögel tot vom Himmel fielen. So erfolgreich war deren Ausrottung, dass nun die Fliegen, das frühere Vogelfutter, zu einer noch größeren Plage wurden. An solche ökologischen Zusammenhänge hatte während der hysterischen Kampagne niemand gedacht.

Das zweite »Wunder« war noch ehrgeiziger, fast vermessen. In nur 15 Jahren könne die Volksrepublik, so postulierte Mao, Amerika in der Getreideproduktion und Großbritannien in der Stahlproduktion überholen, die ein wichtiger Gradmesser für die Industrialisierung eines Landes ist. Drei Jahre zuvor hatte er noch betont: »Zu schnell gehen bedeutet, nach ›links‹ abzuweichen, überhaupt nicht gehen bedeutet, zu sehr nach ›rechts‹ abzuweichen.«[246] Aber nun ging der Herrscher eindeutig nach links. Nach seiner Russlandreise überzeugte er die Mehrheit der Führungsriege von seiner neuen Linie. Deng Xiaoping erinnerte sich später, dass Maos »übermäßige Begeisterung« alle mitriss; von Zhou Enlai kam der Vorschlag, ab sofort von einem »Großen Sprung« zu sprechen.[247]

Im Jahr 1958 reiste Mao acht Monate lang durchs Land. Über 12 000 Stahlkocher wurden in dieser Zeit in Hinterhöfen und entlegensten Städten und Dörfern gebaut. Kochgeschirr und Ackergerät, Schrott ebenso wie Türgriffe – alles wurde eingeschmolzen und fehlte am Ende auf den Äckern und in den Küchen. Und mangelte es an Holz für die Befeuerung, verheizte man zur Not auch Einrichtungsgegenstände. Der erzeugte Stahl war jedoch minderwertig und unbrauchbar, die gemeldeten Erfolgszahlen dafür umso grandioser.

Zu dem von Mao propagierten neuen Wunderweg gehörten auch die Volkskommunen, ihr Name sollte an die Pariser Kommune der revolutionären Arbeiter erinnern: »Unsere Bauern haben die Volkskommune als eine wirtschaftliche und politische Organisation auf dem Weg zum Kommunismus geschaffen.«[248] Überall in China verkündeten bunte Plakate und Fahnen, Wandzeitungen und Graffiti: »Volkskommunen sind großartig!« 20 bis 27 Genossenschaften bildeten ein Kollektiv, das bis zu 40 000 Menschen vereinte. Gemeinschaftsküchen und Kantinen versorgten alle. Kochen und die Kindererziehung sollten nicht länger Privatsache sein, damit Frauen mehr arbeiten konnten; viele übernahmen nun »eisenhart« auch Männerjobs. Scharen von Kommunemitgliedern hackten, gruben, trugen Erde an, bauten Bewässerungskanäle oder neue Straßen oder Bahntrassen. Die Volkskommune war ein Modell für das ganze Land. Nicht erst in 100, sondern bereits in 50 Jahren sollte eine kommunistische Gesellschaft mit dem neuen Menschen verwirklicht sein, prophezeite Mao.

Der füllig gewordene Herrscher selbst griff im weißen Hemd publikumswirksam zum Spaten, andere Regierungsmitglieder folgten seinem Beispiel. Die verbreiteten Fotos und die Propagandaplakate zeigten Wirkung, noch mehr Felder lagen brach, weil die Bauern an den Gemeinschaftsprojekten mitwirkten. Die Getreideproduktion im ganzen Land sank. Zuerst noch unbemerkt, kam ein verhängnisvoller Kreislauf in Gang. Geschönte Ertragszahlen wurden von unten nach oben durchgegeben. Niemand wollte schuld sein, wenn die Ernte nicht nach Plan lief, und seinen Posten verlieren. Aufgrund der falschen Daten wurden nun von oben die Abgaben erhöht und die Bauern regelrecht ausgepresst.

Ab Dezember 1958 gab es erste Meldungen über »Störungen in der Versorgung«, Millionen hungerten bereits. Mao Zedong tat solche unliebsamen Wahrheiten als Propagandalügen ab. Und genau wie er wollten zu viele Kader ihr Gesicht wahren und täuschten weiter Erfolge vor. Besonders wenn der Vorsitzende persönlich vorbeikam, wie Ende Juni 1959 in seinem Geburtsort. Zum ersten Mal nach der Gründung der Volksrepublik reiste Mao nach Shaoshan, wo er sich am Grab der Eltern verneigte. Fotos dieses Besuches zeigen ihn unter lachenden, fröhlichen, wohlgenährten Bauern. Bis heute hängen diese Bilder in der roten Touristenhochburg, obwohl sie damals noch Normalität vorgaukelten, als längst nicht mehr alle satt wurden.

Während dieses Besuches traf Mao zum ersten Mal den Parteisekretär seines Heimatkreises Xiantang, Hua Guofeng, der im Machtpoker an Maos Lebensende noch eine wichtige Rolle spielen sollte. Hua wird den Herrscher aber erst zwei Jahre später beeindrucken und ihm in Erinnerung bleiben, weil er als einer der Ersten die bittere Wahrheit auszusprechen wagte: »Das Volk, das Vieh, das ganze Land darbt. Wie können wir da von erhöhter Nahrungsmittelproduktion sprechen?«[249]

Um den Jahreswechsel 1959/60 häuften sich die Gerüchte über die schlechte Versorgungslage und erste Hungertote, und endlich reisten einige KP-Führer aufs Land, um »die Wahrheit in den Tatsachen« zu suchen. Sie sahen, dass sogar die Reisstrohfüllung der Matratzen aufgegessen worden war und die abgemagerten Menschen sich von Wildkräutern statt von Reis ernährten.

Als der Höhepunkt der Hungersnot noch nicht erreicht war, fand im Juli und August 1959 die berühmte Konferenz von Lushan statt, einem höher gelegenen und kühlen Luftkurort, 200 Kilometer südöstlich von Wuhan. Im Vorfeld hatte Verteidigungsminister Peng Dehuai einen Brief an Mao persönlich verfasst und den »Großen Sprung« als Fehlschlag kritisiert. Wütend machte Mao das Schreiben öffentlich, das er als »Kriegserklärung« und Versuch empfand, die Partei zu spalten.

Zwei Hauptquartiere würden miteinander kämpfen: Im sozialistischen roten Lager sah er sich selbst und die Volksmassen in permanenter Revolution, sie waren die wahren »Linken«. Im anderen, dem schwarzen, kapitalistischen Lager standen die Ökonomen, Planer, Verwalter; das waren die »Rechten«, personifiziert durch Peng Dehuai, die den siegreichen Marsch Richtung Sozialismus sabotierten. Gleichgültig, was die Fakten sagten, Mao blieb stur bis zur Rücksichtslosigkeit und drohte damit, wieder in die Berge zu gehen und eine Guerilla-Armee aufzubauen. Das hieß: er oder ich! Noch einmal gelang es Mao, die Parteispitze, die Mehrheit des Zentralkomitees, auf seine Seite zu ziehen. Am Ende der Tagung war Peng Dehuai entmachtet und Lin Biao zum Nachfolger des Verteidigungsministers gekürt.

Die heruntergespielte Katastrophe nahm in den folgenden Monaten immer bedrohlichere Ausmaße an, zumal die jährlich wiederkehrenden Flutkatastrophen und Taifune und eine anhaltende Dürre noch mehr Ernteverluste bescherten. Plötzlich begann in einem Land, wo gut zu essen als »Himmel des Volkes« gilt, ein täglicher Kampf um Nahrung. Und trotzdem schwiegen zu viele. Obwohl in Chinas Geschichte Hungersnöte immer wieder Millionen hinweggerafft hatten, wurde Hunger zu einem Tabuthema und sogar noch die verrückte Parole ausgegeben: »Weniger essen, um das Land aufzubauen!« Not und Hunger einzugestehen, galt nun als »Ausdruck von falschem Bewusstsein«.[250]

In den zwölf Monaten nach der Lushan-Konferenz wurde in manchen ländlichen Gegenden jeder Achte bis jeder Vierte, in einzelnen Dörfern sogar die Hälfte der Bewohner hinweggerafft, Kinder und Alte zuerst. Eltern verkauften wie in alten Zeiten Töchter und Söhne, um mit den Geschwistern zu überleben. Verzweifelte Menschen aßen Baumrinden, verzehrten Insekten, kochten Suppen aus gefangenen Vögeln. Eine Mischung aus Kräutern und *Guan Yintu*, der »Gnädigen Göttin Erde«, war wie schon während des Langen Marsches die letzte Rettung; mit Maismehl wurde diese Erde zu einem satt machenden Brot verbacken, das dem Körper jedoch so viel Flüssigkeit entzog, dass Menschen daran starben. Etwa zehn Millionen flohen ab dem Jahr 1960 vor dem Hunger in die Städte, wo sich der Mangel erst später gezeigt hatte. Doch nun gab es auch in Beijing und auf den Tischen der Führungskader kaum noch Fleisch, kein Öl und keine Eier mehr. Die Politikerfrauen bauten Gemüse in den Gärten von Zhongnanhai an. 16 Pfund Reis im Monat stand einem Regierungsmitglied noch zu, Maos Leibarzt Li erinnerte sich, dass »unsere Mägen selten gefüllt« waren und die Ziegenjagden um die Stadt längst die Tiere ausgerottet hatten.

Warum gab es nirgends Aufstände? Die Betroffenen auf dem Land waren zu schwach, hatten keine Kraft mehr, aber was noch entscheidender war: »Viele Hungernde glaubten, dass Mao nichts von ihrem Leid wusste, und hofften, dass er ihnen helfen könne. In der Tat spielte Mao in dem System eine so zentrale Rolle, dass nur er den Anstoß zu einem Politikwechsel geben konnte«[251], schreibt der Sinologe Felix Wemheuer in seinem Buch *Der große Hunger*. Warum aber schaute Mao Zedong weg und handelte viel zu spät?

Anfangs lagen ihm falsche Informationen vor, danach hörte er nicht auf Vertraute wie Liu Shaoqi. Aber vor allem wollte der Herrscher sein »Gesicht wahren«: Russland um Getreidelieferungen zu bitten oder von kapitalistischen Ländern Weizen aufzukaufen, hieß einzugestehen, die eigene Bevölkerung nicht ernähren zu können. Genau das hatten die Amerikaner 1949 in ihrem Weißbuch vorausgesagt! Deshalb lud Mao seinen alten Freund Edgar Snow, den Verfasser von *Roter Stern über China*, im Jahr 1960 ein und gab ihm ein Interview für die amerikanische Öffentlichkeit. Arm und rückständig sei das Land noch und Fleisch weiter knapp, legte Mao offen, aber viele Chinesen seien sowieso Vegetarier. Gezielt widerlegte er Gerüchte über eine Hungersnot, und natürlich bekam Snow während seiner Reise keine Hungernden zu sehen. Das Ausland glaubte Mao Zedong, der noch im Februar 1961 dem französischen Abgeordneten und späteren Präsidenten François Mitterand versicherte, in seinem Land gäbe es keine Hungersnot. Derweil starben weiter Menschen wie die Fliegen.

毛泽东

Die Opferzahlen des Großen Sprungs schwanken – nach späteren Schätzungen lagen sie zwischen 10 und 60 Millionen, 30 Millionen gelten als die realistischste Zahl. Doch erst Jahre nach Maos Tod, 1980, werden diese Tatsachen bekannt gegeben und von chinesischen Politikern bestätigt. Zuvor war das wahre Ausmaß der zu 70 Prozent von Menschen gemachten Katastrophe verborgen geblieben.

War Mao Zedong also wegen der Großer-Sprung-Politik ein »Massenmörder«? Dieser Begriff wird oft verwendet, um ihn auch in eine Reihe mit Hitler zu stellen. Mao hat sich hier auf ganz andere Weise, aber nicht weniger schuldig gemacht. Zwar hat er nicht wie der deutsche Diktator den Befehl zur Ermordung ganzer Bevölkerungsgruppen gegeben, aber trotzdem zwischen 1959 und 1961 Millionen auf dem Gewissen, weil er nicht früher das Signal zum Gegensteuern gab. Er hätte die politische Macht und vor allem die Menschenpflicht gehabt, zu handeln, aber hier versagte er. Erst im Frühjahr 1961 gestand Mao Zedong Fehler und Irrtümer ein, trat in die zweite Reihe zurück, gab Ämter auf und den Weg für einen Politikwechsel frei, wobei er am Ende die Hauptschuld doch wieder auf die örtlichen Kader und ihre falschen Zahlen abwälzte.

Liu Shaoqi, der neue Staatspräsident, und Deng Xiaoping machten die Große-Sprung-Politik, einschließlich der Kommune-Experimente, schnell rückgängig. Eine ihrer wichtigsten Maßnahmen: Die Bauern erhielten ihre kleinen privaten Parzellen zurück, lokale Märkte durften wieder wachsen. Die unkontrollierte Flucht vom Land, wo immer noch 80 Prozent der Bevölkerung lebte, in die Städte wurde gestoppt. Die städtischen Aufenthaltsgenehmigungen, *Hukou* genannt, die bis heute existieren, wurden strenger kontrolliert und die Ballungsgebiete im Osten entlastet. Die Arbeitskräfte wurden in den Dörfern gehalten, wo sie wieder auf den Feldern arbeiteten. Zum ersten

Mal rechtfertigte Deng die wirksame, aber von den Linken als »kapitalistisch« gescholtene Politik mit dem alten Sprichwort: *Egal, ob die Katze schwarz oder weiß ist, Hauptsache, sie fängt Mäuse.* Noch bis in die 70er-Jahre hinein musste China Getreide importieren, um die Bewohner seiner großen Städte ernähren zu können. Vor allem aus Kanada wurden jährlich Millionen Tonnen Weizen eingeführt, um die Bauern zu entlasten. In der ganzen Ära Mao blieb die Versorgung schwierig und karg, doch eine große Hungersnot brach nie mehr aus, was Maos Herrschaft sogar festigte.

Auf dem Land verbesserte sich das ärmliche Leben kaum. Viele Bauern waren enttäuscht und hatten »keine revolutionäre Kraft« mehr, folgert Sinologe Wemheuer. Dadurch sei Mao Zedong die wichtigste Grundlage der chinesischen Revolution weggebrochen; deshalb musste er sich für »seine Kulturrevolution« eine andere, und das hieß, eine städtische Basis suchen.

Nachdenklich sitzt Mao Zedong in einem Korbstuhl, im Hintergrund erstrecken sich die samtgrünen und sanften Bergkuppen von Lushan, einem Luftkurort, wohin er sich noch einmal im Sommer 1961 zurückziehen wird. Hier hatte er erfahren müssen: »Mao ist ein menschliches Wesen … und Irren ist menschlich.« Nie war sein Einfluss auf Staat und Partei geringer. Er hatte hier sein »persönliches Waterloo« erlebt, es markiert eine Wende in seiner Herrschaft. Diesen nachdenklichen Moment fing Maos Ehefrau Jiang Qing ein, die unter ihrem Künstlernamen Li Jin fotografierte. Das Bild strahlt eine trügerische Ruhe aus. Denn der verwundete rote Tiger in den Bergen überlegte sich schon seinen nächsten Angriff.

Dieses besondere Mao-Porträt wird zum ersten Mal am 1. Mai 1968 veröffentlicht werden, auf dem Höhepunkt der »Kulturrevolution«, die Mao nach dem kläglichen Scheitern

毛泽东

des Großen Sprungs systematisch vorbereitete. Das von seiner Frau kolorierte Schwarz-Weiß-Foto trägt dann den Titel *Die hellste Sonne im Herzen der Völker der Welt* und soll Sinnbild für diese neue Revolutionsetappe sein.

Die Kulturrevolution war nicht einfach ein Mittel, um wieder an die Macht zu kommen. So schlicht dachte Chinas Herrscher nicht. Nach seiner Niederlage wollte Mao vor allem beweisen, dass die alten Revolutionsideale noch zählten. Er glaubte sich von der Partei und den Bürokraten verraten, die er nach dem Großen Sprung auf dem falschen, »dem kapitalistischen Weg« sah. Er wollte *seine* Revolutionskultur der nach 1949 geborenen jungen Generation nahebringen. »Ich habe meine Überzeugungen. Ich werde immer der Revolution treu bleiben.« Wenn nötig, gegen die Parteibürokratie. Wenn nötig, bis zu deren Zerstörung. Er erklärte die KP für »revisionistisch« und rechtfertigte damit seinen immer autoritärer werdenden Politikstil. In Zukunft verstand Mao jegliche Kritik als Angriff.

### Großmacht, Atommacht

Nicht nur innenpolitisch in der Tibet-Frage, auch außenpolitisch war in der zweiten Hälfte der 50er- und Anfang der 60er-Jahre eine schwierige Zeit angebrochen. Es gab Grenzstreitigkeiten zwischen China und Indien, aus denen sich die Sowjetunion heraushielt. Ebenso ergriff Russland nicht Partei für den kommunistischen Bruderstaat, als Indonesien Chinesen sowohl Handels- als auch Aufenthaltsrechte verweigerte, sondern unterstützte Indonesiens Regierung sogar mit einem Kredit. Andererseits stellte sich China auf die Seite Albaniens und Jugoslawiens, die sich von der SU lösen und eigene Wege gehen wollten. Gegenseitige Vorwürfe waren an der Tagesordnung, bis es im September 1960 zum endgültigen Bruch kam: Die Sowjetunion zog ihre Fachleute noch während des Großen

Sprungs ab, inmitten der Hungerkatastrophe war das fatal. Danach verschärfte sich der politische Ton.

Anfang 1963, nachdem die russische Regierungszeitung *Prawda* die chinesische Politik geschmäht hatte, entgegnete die chinesische *Volkszeitung* prompt: »In ihren eitlen Bemühungen, Genossen Mao Zedong und seine Ideen zu verunglimpfen, sind die Führer der KPdSU gleich Ameisen, die versuchen, einen großen Bau zu schütteln, und sich lächerlich überschätzen.«[252] Nun erst recht gab Chinas Herrscher das Ziel nicht auf, sein Land zur dritten Atommacht neben den USA und der Sowjetunion zu machen. In dieser Phase des Kalten Krieges hatte die ganze Welt Angst vor einer militärischen Konfrontation zwischen Ost und West. Mao hielt zunächst mit starken Worten dagegen: »Wir dürfen den nuklearen Krieg nicht fürchten.« Auch die Atombombe sei nur ein Papiertiger. Was aber würde im Fall der Fälle passieren? Hier vertrat er provokant die Ansicht, »dass im schlimmsten Fall die Hälfte der Menschheit sterben müsste (…); der Imperialismus würde hinweggefegt (…) und die gesamte Welt (…) sozialistisch werden«.[253]

Seit 1954 hatte Russland dem Entwicklungsland China zwar Atomtechnik geliefert, aber schon 1959 alle Verträge aufgekündigt und im Sommer 1963 sogar einen Stopp der Atombombenversuche mit Amerika vertraglich ausgehandelt. Über Chinas Atomgelüste machten sich russische Politiker lustig: Ein Land, das nicht einmal genug Hosen für alle Bewohner produziere, wolle eine Atombombe. Der chinesische Außenminister konterte: China brauche moderne Waffen, selbst wenn es ohne Hosen auskommen müsste. Die Atombombe und Handwagen und Holzpflug, hoch entwickelte Technik und rückständigste Landwirtschaft, das ging zusammen, wenn es die Politik befahl.

Am 16. Oktober 1964 überraschte China die Welt, als ein Atompilz über der Sandwüste der nordöstlichen Provinz Xinjiang aufstieg. In Beijing umarmten sich viele Menschen, als sie davon hörten. Widerstand gegen die Atombombe regte sich nirgends, der Nationalstolz überwog. Diese Waffe zu besitzen hieß, das Monopol der Großmächte USA und SU zu brechen. Damit löste ihre Regierung auch ein, was Mao Zedong am 1. Oktober 1949 auf dem Tian'anmen versprochen hatte: Nie wieder solle die chinesische Nation gedemütigt werden können. Nach weiteren Atom- und Wasserstoffbombenversuchen wussten die USA und die SU, dass chinesische Interkontinentalraketen auf Moskau oder San Francisco gerichtet und feuerbereit waren. Die Welt lebte fortan in einem »Gleichgewicht des Schreckens«.

### Tiger und Affe

Mao Zedong kannte sich gut. In einem Brief aus dem Jahr 1966 schrieb er an seine Frau Jiang Qing: »Immer war ich der Ansicht, dass sich der Affe zum Großkönig ernennt, wenn es in den Bergen keinen Tiger gibt. Ein solcher Großkönig bin ich auch geworden ... ich habe etwas vom Tiger an mir, und das ist dominierend. Dazu habe ich etwas vom Affen an mir, und das ist sekundär.«[254] Mehrmals hatte er gedroht, wieder ein Räuberleben in den Bergen zu führen und eine neue Rote Armee zu gründen, wenn die alten revolutionären Ideale verraten würden. Dafür suchte Mao Verbündete und fand Unterstützung bei Lin Biao, der inzwischen wie in den alten Guerillazeiten in der Armee alle Rangzeichen abgeschafft hatte. Und genau darum sollte es schließlich in der Kulturrevolution gehen: den revolutionären Geist neu zu beleben. Mao war nun Ende 60, aber er gab sich kampfeslustig und war voller Tatendrang.

Auch eine neue Liebe war seit Kurzem in sein Leben getreten. Die attraktive Zhang Yufen hatte als Schaffnerin in seinem Sonderzug gearbeitet. Ende 1962 fiel die 18-Jährige dem Vorsitzenden auf. Äußerlich eher naiv und scheu wirkte sie, aber sie soll einen starken Charakter, eine gute Auffassungsgabe und eine scharfe Zunge gehabt haben. Geschmeichelt ging sie die Beziehung ein, wurde zuerst Maos Geliebte und Sekretärin, später immer mehr eine enge Vertraute und schließlich Pflegerin des alternden Vorsitzenden, auch noch als verheiratete Frau. Eine mächtige Position erarbeitete sich Zhang, die sie bis zu Maos Tod innehaben sollte. Sie kontrollierte teilweise den Zugang zu ihm und »übersetzte« seine Worte, als er gegen Ende seines Lebens nicht mehr deutlich sprechen konnte.

Anfang der 60er-Jahre gab es in der Partei immer mehr Stimmen, die davor warnten, Maos Werke zu überschätzen und seinen Worten zu viel Macht zuzusprechen. Als Gegenbewegung entstand der Kult um ihn, vor allem befördert durch Lin Biao. Selbst die chinesische Atombombe wurde als großer Sieg der »Mao-Zedong-Idee« verkauft. Zwar hatte Chinas starker Mann Jahre zuvor betont: »Der Personenkult ist ein verfaultes Erbgut der langen Menschheitsgeschichte.« Der Fehler von Stalin sei jedoch gewesen: »er gab sich dem Personenkult hin«. Dagegen sei eine gute Führerpersönlichkeit jemand, »der sich nicht über die Massen stellt«.[255] Und genau so ein Führer wollte Mao sein: eine Macht, die auch außerhalb der Partei allen gehörte und alle vereinigte. So ließ er sich fortan inszenieren. Mao-Statuen wurden im ganzen Land aufgestellt, und Maos Konterfei schmückte immer mehr Gebrauchsgegenstände, von der Vase bis zum Spucknapf. Der Personenkult war für Mao auch ein Machtinstrument, das er gegen die ihm feindlich gesonnene Parteifraktion einsetzen wird.

Der Gefahren eines solchen Höhenfluges war sich der Verehrte bewusst: »Was hoch herausragt, ist leicht zu knicken. (…) unter der Last eines berühmten Namens ist entsprechendes Handeln schwer. (…) Je höher man jemanden in den Himmel

毛泽东

hebt, desto schwerer schlägt er auf. Ich rechne damit, mir beim Fall Körper und Knochen zu zerschmettern.«[256]

Frenetisch applaudierte Mao dennoch dem maoistischen Modellsoldaten Lei Feng. Dieser kommunistische *Superman* war immer zur Stelle, wo es etwas zu retten oder zu helfen gab. Sein Tagebuch war eine einzige Ode an Mao. Dessen Aufforderung »Dem Volke dienen« setzte Lei Feng vorbildlich um, egal, ob er einer alten Frau über die Straße half oder die Socken seiner Kameraden stopfte. Das einfache Waisenkind hatte tatsächlich gelebt und war 1962 in seinem 22. Lebensjahr gestorben, erschlagen von einem Telefonmast, als er einen Lastwagen einwies. Als der Verstorbene ein Jahr nach seinem Tod in einer landesweiten Kampagne gnadenlos popularisiert wurde – in Comics und Filmen, Büchern und Liedern –, kalligrafierte Mao: »Vom Genossen Lei Feng lernen.« Sogar Anfang des 21. Jahrhunderts kann es in einer chinesischen Stadt passieren, dass plötzlich diese Parole oder ein Bild von Lei Feng in einem Schaukasten auftaucht und zum Beispiel für Blutspenden wirbt. Sein Gemeinsinn wurde längst zum modernen »Lei Feng Spirit«.

Die Zitate aus einem kleinen Heftchen, das der junge Soldat ständig zurate zog, sollten ursprünglich nicht außerhalb der Kasernen verbreitet werden. Doch am Ende wurde daraus einer der größten Exportschlager Chinas, *Das Rote Buch,* im deutschsprachigen Raum auch als »Mao-Bibel« bekannt, die weltweit die zweithöchste Buchauflage nach der christlichen Bibel erreichen wird: mehr als eine Milliarde.

### Das Rote Buch

Zunächst waren die einzelnen Zitate aus Maos Schriften nur auf der Titelseite einer Zeitung der Volksbefreiungsarmee erschienen. Den Soldaten, einfachen jungen Männern wie Lei Feng, wurde so ab 1962 die politische Theorie Maos in kleinen, leicht verdaulichen Happen serviert. Die Sätze waren oft aus dem Zusammenhang gerissen, mit ihnen ließ sich alles oder nichts begründen. Aus heutiger Sicht wirken sie simpel, manchmal trivial. Für Schulungen wurden diese »Worte des Vorsitzenden Mao« schließlich in einem Heftchen gebunden und auswendig gelernt. Die ursprüngliche chinesische Bezeichnung *Mao Zedong Yulu*, so der Sinologe Tilman Spengler, bedeutete jedoch »Die Wahrheiten des Mao Zedong«. Deshalb treffe die im Westen gewählte Bezeichnung »Mao-Bibel« durchaus einen wahren Kern, zumal das allererste Zitat wie ein Glaubensbekenntnis daherkomme: »Die den Kern bildende Kraft, die unsere Sache führt, ist die Kommunistische Partei Chinas.«[257] Ein Dogma, das bis heute als unumstößlich gilt.

Die Lobeshymne auf den Vorsitzenden, Steuermann und Lehrer Mao erreichte in Lin Biaos Vorwort zur Buchausgabe einen ersten Höhepunkt: »Der Genosse Mao Zedong ist der größte Marxist-Leninist unserer Zeit.« Genial und schöpferisch habe er diese Theorie auf eine völlig neue Stufe gehoben, und zwar in einer Epoche, »in welcher der Imperialismus seinem totalen Zusammenbruch und der Sozialismus seinem weltweiten Sieg entgegengeht«.[258] Schon bald hatte jeder Funktionär bei einem Auftritt die »Worte des Vorsitzenden« in der rechten Hand. Das kostbare *Rote Buch* wurde eine Art »politisches Make-up«[259], man ging nie ohne. Und es wurde ein Ausweis für die richtige politische Gesinnung.

Die endgültige dritte Fassung des Büchleins, die 1966 erschienen ist, verteilt Mao-Zitate auf 33 Abschnitte, die zwischen zehn und 20 Seiten umfassen und je ein Thema abhandeln. Das Thema »Jugend« etwa taucht in Kapitel 30 auf. Dort steht auch die Begründung, warum sich Mao in naher Zukunft auf die neue Generation stützen will: »Die Jugend ist die aktivste und lebendigste Kraft der Gesellschaft. Sie ist am meisten begierig zu lernen, am wenigsten konservativ im Denken, und dies besonders im Zeitalter des Sozialismus.«[260]

Das Recht und noch mehr die Pflicht gerade der Jugend, zu rebellieren, betont Mao Zedong 1964 im Gespräch mit seiner Nichte, der Englischstudentin Wang Hairong. Die 26-Jährige erzählte ihrem Onkel, dass sie von den Parteisitzungen am Sonntag gelangweilt sei. Mao ermutigte sie, wegzubleiben: »Die Schule muss eben den Studenten erlauben zu rebellieren, wenn du zurück bist, musst du als Erste rebellieren.« Sie habe auch das Recht, im Unterricht zu schlafen oder einen Roman zu lesen.[261] Im selben Jahr wurde Mao in Gespräch mit seinem 23 Jahre alten Neffen Mao Yuanxin, Student am Institut für Militärtechnik der Stadt Harbin, noch deutlicher: »Klassenkampf ist eines eurer Hauptfächer. Klassenkampf ist ein Pflichtfach.«[262]

Zu kaufen gibt es das *Rote Buch* noch immer, in China und weltweit. Es ist längst ein politisches Souvenir, ein nostalgisches Andenken geworden. Mehr eine Erinnerung an vergangene rote Zeiten, aber kein Schulstoff und politisches Glaubensbekenntnis mehr, das jeder und jede bei sich tragen und kennen muss. Doch einzelne Aussagen sind in China weiterhin sehr präsent und werden genutzt, vor allem, wenn Maos Worte als Kritik an korrupten Bürokraten taugen, die er bereits 1964 im Visier hatte: »Die Funktionäre unserer Partei sind gewöhnliche Arbeitsmenschen und keine Herren, die auf dem Rücken des Volkes reiten.«

Besonders beliebt ist eines der berühmtesten Mao-Zitate: »Die Revolution ist kein Gastmahl.« Das schleudern ärgerliche Bürger den kommunistischen Kadern an den Kopf, die sich mit Steuergeldern üppige Gelage finanzieren. Und jegliche Art von Demonstration lässt sich mit Maos Unterstützung so rechtfertigen: »Das Volk und nur das Volk ist die Triebkraft, die die Weltgeschichte macht.« Und natürlich gilt in allen Lebenslagen weiterhin Maos Maxime: »Rebellion ist gerechtfertigt!«

Song Qingling (re), die Witwe von Sun Yatsen und Vizepräsidentin der VR China, 1966 mit dem KP-Vorsitzende Mao und Staatspräsident Liu Shaoqi, der das Rote Buch in den Händen hält. Er wird das prominenteste Opfer der beginnenden Kulturrevolution.

Im Jahr 1965 traf der französische Literat und Diplomat, André Malraux, den Politiker Mao. Denn Frankreich war eines der ersten europäischen Länder, das die Volksrepublik bereits 1964 diplomatisch anerkannt hatte. Während eines langen Gespräches[263] machte Mao Zedong, so beobachtete sein Gast, immer nur eine Geste, »die Zigarette zum Mund zu führen und sie auf den Aschenbecher zurückzulegen. Inmitten der allgemeinen Reglosigkeit erschien er (...) als einer der Kaiser aus Bronze. ... Als er sich dann erhoben hatte, war er der Aufrechteste von allen, ein dunkler Monolith, der mit steifen Schritten ging, wie eine aus dem Kaisergrabe auferstandene Sagengestalt.« Ein Satz Maos jedoch ließ den Franzosen aufhorchen, weil sich danach spürbar die Stimmung im Raum wandelte: »Die Jugend muss

毛泽东

durch Bewährungsproben hindurchgehen.« Malraux hatte das Gefühl, als werde über die geheime Vorbereitung einer Kernexplosion gesprochen.

Und tatsächlich, nur wenige Monate später, 1966, explodierte das Land. Die Kulturrevolution, Maos »großes Manöver«, von dem er sich viel versprach, begann: »Alle, die Linke, die Rechte und die schwankend unstete Mitte, werden nützliche Lehren daraus ziehen. Das Ergebnis heißt: ›Die Zukunft ist glänzend, doch der Weg voller Verwicklungen‹ – nach wie vor gelten diese beiden Sätze.«[264] Dieses Credo war auch Teil der Widmung, die Mao für seine Tochter Li Na schrieb, als sie im Januar ihr Geschichtsstudium an der Beijing-Universität abgeschlossen hatte.

### Bombardiert die bürgerlichen Hauptquartiere

Die Ufer des Yangzi nahe Wuhan schmückten bunte Fahnen und große Transparente. Der 16. Juli 1966 war ein heißer Tag. Als die Hymne *Der Osten ist rot* erklang, stieg der 72-jährige Herrscher von einer Barkasse aus in die Fluten des Yangzi, auf dem auf Potons befestigte rote Fahnen dümpelten und Transparente zwischen kleinen Booten gespannt waren. Zuerst auf der Seite, dann auf dem Rücken soll Mao in einer Stunde und fünf Minuten 15 Kilometer, wenn auch mit der Strömung, geschwommen sein. Die Nachrichtenagentur Xinhua meldete diese fantastische Zahl, die belegen sollte, dass der geliebte Vorsitzende Mao augenscheinlich noch sehr gesund sei: Das sei eine große Freude für das chinesische Volk, aber auch für alle revolutionären Völker weltweit. Nach dem langen Bad hüllte sich Mao in einen weißen Frotteemantel und winkte den Zuschauern an den Ufern zu.

Diese Schwimmaktion ist bis heute in China unvergessen. In den nostalgischen Mao-Restaurants von Beijing flimmern die

Dokumentaraufnahmen auf den Bildschirmen, nicht nur, weil sie das Startsignal für die Kulturrevolution gaben. Der Schriftsteller Yu Hua nennt die Inszenierung »den charakteristischen Stil dieses Führers ... Welcher andere Politiker wäre wohl auf den Gedanken gekommen, dem Volk im Bademantel gegenüberzutreten? Allein Mao Zedong war unbefangen genug für einen derart ungewöhnlichen Auftritt.«[265]

Zurück in der Hauptstadt, sammelte Mao seine Anhänger um sich und machte wieder Politik: Am 8. August fand der von ihm ausgearbeitete *Beschluss der ZK zur Großen Proletarischen Kulturrevolution* eine knappe Mehrheit. Liu Shaoqi distanzierte sich früh durch die Bemerkung, er wisse einfach nicht, wie eine Kulturrevolution durchzuführen sei. Mao dagegen erklärte, es sei eine »große Revolution, die die Seele der Menschen erfasst. Sie stellt in der Entwicklung unseres Landes ein neues Stadium dar.« Ein 16-Punkte-Papier erklärt zum Hauptangriffsziel »die Machthaber in der Partei, die den kapitalistischen Weg gehen«. Durch neue Machtorgane der Massen und vor allem durch eine Revolution des Bildungssystems sollten sie gewaltlos ausgeschaltet werden. Die Wirtschaft war kein Thema, sondern die Kultur. Auch deshalb berief Mao seine Frau Jiang Qing, die als frühere Schauspielerin den Kulturbetrieb kannte, in die neu gegründete »Gruppe für die Kulturrevolution beim ZK«, die quasi das ZK und das alte Politbüro entmachtete.

Raus aus dem Treibhaus und in die politischen Stürme schickte Mao die Jugendlichen aus Mittelschulen und Universitäten, die sich *Hong Weibing*, »Die Roten Garden«, nannten. Große Wandzeitungen wurden ihre ersten Waffen. Die berühmteste *Dazibao* der Hauptstadt hing an der Qinghua-Universität, ihr Text wurde später in der Parteizeitung *Rote Fahne* abgedruckt. Darin berufen sich die Rotgardisten auf den Mao-Satz aus dem Jahr 1939: »Rebellion ist gerechtfertigt«, *Zaofan youli*.

Dem Parteiapparat drohte Mao unverhohlen mit der berühmten Parole »Bombardiert das bürgerliche Hauptquartier«, das sich mitten in der KP eingenistet habe. Charismatisch und rücksichtlos spielte Mao Zedong um die Macht im Staat.

Am 18. August 1966 strömten zum ersten Mal Hunderttausende auf den Tian'anmen-Platz, bildeten in den baumwollenen Jacken ein wogendes grün-blaues Meer. Bis Ende des Jahres wird es sechs solcher Massenaufmärsche geben, die insgesamt zehn Millionen junge Chinesen und Chinesinnen auf dem Platz des Himmlischen Friedens zusammenbrachten. Ganz China solle nach Beijing kommen, hatte sich Mao gewünscht, Zug- und Busfahrten dorthin waren ab sofort frei.

Die Berichte über die Großkundgebungen gleichen sich: Mao Zedong wurde wie eine Heiligenerscheinung geschildert, oft beleuchtet von Sonnenstrahlen. Neben ihm stand Lin Biao, er hatte nun Liu Shaoqis Stelle eingenommen. Auch Zhou Enlai winkte den Rotgardisten zu. Schrill skandierten sie *Mao Zhuxi wan Sui*, »Hoch lebe der Vorsitzende Mao«, wobei ein rhythmisches Schwenken des *Roten Buches* die fünf Silben begleitete. Mit Daumen und Zeigefinger hielten die Jugendlichen die Seite mit Maos Bild aufgeschlagen. Für alle, die in die Schule kamen und lesen lernten, gehörte dieses Büchlein mit seinen 400 Zitaten schon bald zur ideologischen Grundausstattung.

Wie als Student und später als Revolutionär rief der 73-jährige Herrscher nun dazu auf, gegen die »alten Vier« zu kämpfen: die alten Ideen, Bräuche und Gewohnheiten und die alte Kultur. Doch was meinte »alt«? Oder »bourgeois« und »kapitalistisch«? Die Beijinger Rotgardisten erklärten zum Beispiel, eine rote Verkehrsampel bedeute ab sofort »freie Fahrt«. Statt Reklamesprüchen ließen sie überall Mao-Zitate und Mao-Bilder aufhängen. Lautsprecher beschallten die Bevölkerung mit Politparolen. Luxusrestaurants und Taxis waren ab sofort unerwünscht. Ein Zimmer galt als ausreichend für drei Personen, größere Wohnungen wurden einfach mit Fremden aufgefüllt. Wie ein Guerillakämpfer war Mao bei seinen Auftritten gekleidet, immer trug er die olivgrüne Armeeuniform im Sun-Yatsen-Schnitt, auf dem Kopf die Schirmmütze nebst rotem Stern! Immer mehr Schulen wurden nun geschlossen oder Prüfungen abgeschafft und handwerkliche Arbeit für alle angeordnet. Chinas Jugend sollte in Maos Fußstapfen treten. Früher hatte auch er gegen die Lehrer rebelliert: »Sie hatten mehr Wissen, aber wir hatten mehr Wahrheit.«[266]

Im Besitz der Wahrheit glaubte sich damals Song Binbin, eine 16-jährige Schülerin mit Pferdeschwanz und Brille. Ihr Bild ging um Welt, weil sie Mao auf der ersten Großkundgebung in Beijing und dort auf dem Söller des Tian'anmen die Armbinde der Roten Garden anlegte. Mao riet ihr, den Vornamen *Binbin*, der »wohlerzogen, höflich« bedeutete, abzulegen und sich stattdessen *Yaowu* zu nennen: »Sei gewalttätig«.[267]

Erst 48 Jahre später wird Frau Song, die heute in den USA lebt, öffentlich bekennen, dass sie tatsächlich gewalttätig gewesen war. Sie habe die erste Wandzeitung gegen die Direktorin ihrer Mittelschule mitverfasst und am Ende danebengestanden und zugesehen, wie diese, Bian Zhongyuan, nur wenige Tage vor der Großkundgebung mit Mao zu Tode geprügelt worden war. Vor diesem 5. August, ihrem Todestag, hatte die Schulleiterin Bian bereits mehrere Kritiksitzungen durchlitten, in denen sie gefesselt und geschlagen, mit Dreck beschmiert worden war. Ihre Briefe an Parteivertreter, in denen sie sich empörte, waren unbeantwortet geblieben. Unter anderem hatten die Schülerinnen der »giftigen Schlange« vorgeworfen, sich »gegen Mao« zu stellen: Im Falle eines Erdbebens hätte die Direktorin ihre Schülerinnen nur angewiesen, möglichst schnell das Klassen-

毛泽东

zimmer zu verlassen. Die Frage, ob das Mao-Bild über der Tafel abzuhängen und mitzunehmen sei, hatte die Pädagogin jedoch nicht beantwortet. Als weiterer »Fehler« wurde aufgezählt, dass überdurchschnittlich viele Töchter hochrangiger KP-Funktionäre die Schule besuchten – Song Binbin selbst zählte dazu – und zu viele Prüfungen abgehalten würden. Der Direktorin wurde eine rechte Gesinnung attestiert und dazu aufgerufen, die Machtstruktur der Schule zu zerschlagen, weil sie Arbeiterkinder ausschließe. Auch Mädchen mit »schlechtem Familienhintergrund« wurden nun gefesselt, sie sollten die Verbrechen und reaktionären Gedanken ihrer »bourgeoisen« Eltern benennen. Aus Willkür wurde Terror, und Holzgewehre und Ledergürtel verwandelten sich am Ende in Mordwerkzeuge.

Die ehemalige Rotgardistin Song hatte ihr Verhalten nie vergessen und immer bereut. Deshalb verbeugte sie sich im Jahr 2014 vor der Büste der getöteten und längst rehabilitierten Schulleiterin, die eines der ersten Opfer der Kulturrevolution gewesen war. »Wenn wir nicht die Geisteshaltung verstehen, die hinter den Ereignissen der Kulturrevolution stand«, so begründete die 64-Jährige bei ihrem Besuch in Beijing die späte Entschuldigung, »können ähnliche Dinge wieder passieren.« Was aber war genau passiert?

Die Kulturrevolution griff die Stimmung vieler Heranwachsender auf, von denen sich einige »Jinggangshan-Rebellen« nannten, nach dem Gebirge, in das sich Mao 1927 abgesetzt hatte. Die in ihrem Zuhause erlebte soziale Enge, der Frust über fehlende Bildungschancen und die Bevorzugung von Intellektuellenkindern, der versperrte Zugang in die Städte – all das ließen sie damals hinter sich. Eine Euphorie erfasste anfangs Schüler und Studenten, von denen die jüngsten 13 Jahre alt waren, einige nannten sich »Maos kleine Generäle«. Bald schlossen sich auch junge Arbeiter an, die ebenfalls aufbrachen, um einmal frei und ohne zu zahlen durchs Land und nach Beijing zu reisen. Überall herrschte Aufbruchstimmung, ein Gefühl von Freiheit machte sich breit in diesem Sommer und Herbst 1966, als viele auch ganz aus der Schule und Ausbildung ausstiegen und nur noch »Revolution« machten. Im Oktober freute sich Mao, dass »die Flammen der großen Kulturrevolution« entfacht seien und sich ausbreiteten. Dass es erste Schwierigkeiten gebe, sei verständlich, beschwichtigte er nach ersten Berichten von Übergriffen. Fünf Monate seien schließlich nichts, verglichen mit 28 Jahren demokratischer und 17 Jahren sozialistischer Revolution: »Lasst es geschehen. Ich glaube, es ist gut, durch diese Flut zu gehen. Köpfe, die jahrelang keinen Gedanken mehr gefasst haben, fangen vielleicht unter ihrem Ansturm wieder an zu denken. Schlimmstenfalls ist es eben ein Fehler, und jede Linie, die fehlerhaft ist, muss korrigiert werden.«[268]

Doch bereits 1967 gab es bürgerkriegsähnliche Zustände und Chaos, Todesfälle und immer häufiger auch Gewaltexzesse. 15-Jährige kommandierten plötzlich Fabrikabteilungen, Söhne und Töchter denunzierten ihre Eltern, Familien zerfielen. Rote Garden kämpften gegeneinander, beschossen sich an der Beijing-Universität, Hochschulen und Fabriken mussten schließen, die Ausbildung brach zusammen, man stritt über die richtigen Lehrinhalte tatsächlich bis aufs Messer. Die Rotgardisten durchsuchten Wohnungen und wüteten gegen alles, was ausländisch und intellektuell, kapitalistisch und dekadent, korrupt und ungerecht zu sein schien. Schon eine Brille und bestimmte Bücher, die Art zu wohnen und altes Porzellan zu besitzen, machte jemanden verdächtig, in die Reihe folgender acht Revolutionsgegner zu gehören: »Renegaten, Agenten, Machthaber auf dem kapitalistischen Weg, Großgrundbesitzer, Großbauern, Konterrevolutionäre, üble Elemente und Rechte«. Vor allem die neue letzte Gruppe in der Liste, die Intellektuellen, wurden als »stinkende Nummer 9« verunglimpft, verfolgt und gehetzt.

Der Schriftsteller Lao She, Autor des berühmten sozialkritischen Theaterstückes *Das Teehaus* und des verfilmten Romans *Rikscha Kuli,* musste im Beijinger Konfuzius-Tempel auf Opernkostümen niederknien und Selbstkritik üben. Rotgardisten hatten ihn als »reaktionären Machthaber des Kulturbereiches« ausgemacht. Vielleicht, weil der 67-Jährige lange in Europa gelebt und gelehrt hatte. Sie zerrten ihn aus seinem Hofhaus, wo bis heute sein Schreibtisch steht. Darauf liegt ein Glaskästchen mit seiner rundglasigen Intellektuellenbrille, daneben ein aufgeschlagener Ringkalender, dessen Blatt das Datum »24. August 1966« anzeigt. Es war der Tag, an dem der Anwärter für den Literaturnobelpreis im nahen Taiping-See, dem »See des Großen Friedens«, ins Wasser ging. Durch seinen Selbstmord – oder war es doch Mord? – wollte er neuen Demütigungen entgehen.

Rebellion schlug bereits 1966 in Terror um, eine typische Szene der Kultrevolution: Angeklagte auf dem »kapitalistischen Weg« wurden zur Schau gestellt. Der durchgestrichene Name auf den Schildern bedeutet, das sie zum Tode verurteilt sind, darüber steht ihr Vergehen.

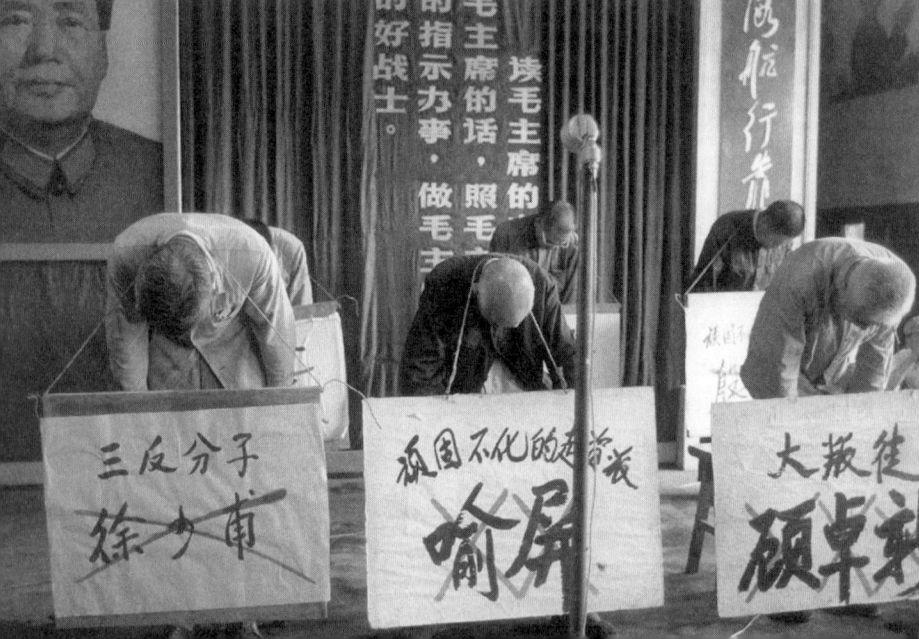

Schon 1978, nur zwei Jahre nach Maos Tod, wird Deng den großen Schriftsteller rehabilitieren, Lao Shes Wohnhaus ist inzwischen ein kleines öffentliches Museum.

Eine Million Menschen, so eine Schätzung, werden in den ersten beiden Jahren der Kulturrevolution genau wie Song Binbins Lehrerin zu Tode gefoltert oder wie Lao She sterben. Hunderte Millionen waren am Ende Opfer sowie Täter und Täterinnen. Glaubte Mao wirklich daran, nur Zerstörung schaffe eine neue große Harmonie? Wusste er nicht, was mit alten Freunden geschah? Schaute er weg, als Wang Huangmei, die Frau von Liu Shaoqi, mit einer Kette aus Pingpongbällen und in hohen Schuhen öffentlich wie eine Hure gedemütigt wurde oder als der Sohn von Deng Xiaoping auf der Flucht vor seinen Peinigern aus einem Fenster stürzte und querschnittsgelähmt liegen blieb? Vater Deng entkam den Angriffen, verschwand in seiner Heimatprovinz Sichuan, arbeitete dort in einer Fabrik. Mao griff auch nicht ein, als sein alter Schulfreund Xiao San und dessen deutsche Frau Eva, die in Yan'an gelebt hatten, wegen ihrer Auslandskontakte auf Jahre und voneinander getrennt in Gefängniszellen verschwanden. Selbst Sun Yatsens Witwe, Song Qingling, wurde in Schanghai bedroht. Zhou Enlai stellte sich schützend vor sie, aber auch er konnte nicht verhindern, dass der Mob das Grab ihrer »Kapitalisten-Eltern« schändete.

Mao hatte eine gefährliche Lawine losgetreten. Wieder legte er nicht selbst Hand an, aber zwei Jahre lang ließ er der Anarchie ihren Lauf, verfasste allenfalls halbherzige Aufrufe nach mehr Disziplin. 1967 rief Mao zum ersten Mal die Armee und damit Lin Biao zu Hilfe. Nun entstanden sogenannte Revolutionskomitees, um die zerstörten Partei- und Verwaltungsstrukturen zu ersetzen und rivalisierende Gruppen zu kontrollieren. Starrer wurde das Leben und enger. Auch in jeder *Danwei*, den städtischen Wohn- und Arbeitseinheiten, hatten Soldaten das

Sagen. Das Militär besetzte immer mehr hohe politische Posten, im ZK sollte es bald fast die Hälfte der Sitze innehaben.

### Hinunter ins Land

Als die Hochphase der Kulturrevolution zu Ende ging, tauchte 1968 auf den Titelblättern der Zeitungen das berühmte Gemälde auf: *Der Vorsitzende Mao geht nach Anyuan\**. Nur der junge Lehrer Mao ist auf dem Bild zu sehen, das auch als Posterdruck in einer Auflage von 900 Millionen erscheinen wird. Von den drei Männern, die zusammen im Kohlerevier von Anyuan das chinesische Erfolgsmodell erprobt und am Tag der Staatsgründung nebeneinander auf dem Tian'anmen gestanden hatten, war nur noch Mao übrig. Liu Shaoqi und Li Lisan, seine ehemaligen Mitstreiter, waren längst prominente Opfer der mörderischen Kulturrevolution geworden. Im November 1969 wird der Gefangene Liu Shaoqi in seiner Zelle an seinem Erbrochenen ersticken. Zwei Jahre zuvor hatte der ehemalige Arbeitsminister Li Lisan bereits Selbstmord verübt. Mao schwebte – genau wie auf dem Gemälde – über allem, scheinbar unberührt und unantastbar.

Als roter Literat und Vorbild sollte der Porträtierte die jungen Rotgardisten ansprechen, die aufgefordert waren, »hinauf auf die Berge, hinunter ins Land« zu gehen, um endlich den Gegensatz von Hand- und Kopfarbeit zu überwinden. Diese »Landverschickung« war auch der Versuch, die Konflikte in den Städten zu entschärfen. Viele junge Leute folgten begeistert dem Aufruf. Doch im Hinterland der großen Städte sahen sie zum ersten Mal, wie ärmlich viele Landsleute lebten. Desillusioniert und geschockt, wollten viele sofort zurück, doch sie saßen fest, viele bis in die späten 70er-Jahre, bildungslos und

*Abgedruckt auf S. 98

chancenlos. Sie werden später »die verlorene Generation« genannt.

Die Bauern waren auf diese Städter, die vielen zusätzlichen Esser, nicht nur gut zu sprechen. Aber es gab auch Dörfler, die in dieser Zeit zum ersten Mal mit Gebildeten, mit Literatur in Berührung kamen und selbst hungrig nach Bildung wurden und Lesen und Schreiben lernten. Die Gesellschaft wurde in nie gekannter Weise durchmischt. Während der Kulturrevolution schafften es immer mehr sogenannte Arbeiter-Bauern-Soldaten-Studenten an die Universitäten, am Ende der zehn Jahre waren sie dort in der Überzahl. Aber das Ausbildungsniveau war in vielen Bildungseinrichtungen gesunken. Die Studienzeiten waren verkürzt, die Inhalte politisiert worden, rot zu sein wurde höher bewertet als Fachwissen.

Ende 1970 hatte der Amerikaner Edgar Snow ein »Frühstück mit dem Vorsitzenden«[269] in dessen Arbeitszimmer in Zhongnanhai, auch Maos Vertrauter, Zhou Enlai, saß mit am Tisch. Ein Gesprächsthema war der übertriebene Personenkult. Das alles werde nun nicht mehr gebraucht, sondern zurückgefahren, versprach Mao, aber ganz abschaffen gehe nicht. Es sei noch zu schwer für die Menschen, die gewohnte 3000-jährige Kaiserverehrung komplett abzulegen.

Die in der Kulturrevolution für ihn geschaffenen drei Titel fand er grässlich: Großer Führer, Großer Oberkommandierender, Großer Steuermann. Nur die vierte Bezeichnung, »Großer Lehrer«, könne man gerne beibehalten. Zwei Dinge vor allem, gab der Herrscher offen zu, hätten ihn während der Kulturrevolution »außerordentlich unzufrieden« gemacht. Wenn jemand versprach, den Kampf mit Argumenten und nicht mit Gewalt auszutragen und dennoch zutrat. Dadurch sei es zu einem regelrechten Bürgerkrieg zwischen verfeindeten Gruppen gekommen. Mit Speeren, Gewehren, Granatwerfern hätten sie gegeneinander gekämpft und ein Chaos angerichtet, das an einzelnen Orten sogar noch andauere. Zum anderen bedauerte er die Misshandlung von »Gefangenen«, darunter viele Parteimitglieder, die abgesetzt waren und »umerzogen« wurden. Öffentlich Einhalt geboten hatte Mao jedoch viel zu spät und ohne jemals die Kulturrevolution grundsätzlich infrage zu stellen. Am Ende versicherte Zhou Enlai dem Amerikaner, die staatliche Ordnung werde gerade neu aufgebaut.

### Maoismen im Westen

Von diesem Chaos, dem kompletten Zerfall der Ordnung, dem Terrorregime der Rotgardisten war im Westen (zu) wenig bekannt. Chinas Propaganda – auch über die Zeitschrift *China im Aufbau* oder die Zeitung *Beijing-Rundschau* – lief wie geschmiert. Es gab noch keine westlichen Fernsehstudios und kaum ausländische Korrespondenten in der Hauptstadt. Berichte von geführten Reisegruppen unterfütterten ein geschöntes Chinabild der blühenden Volkskommunen und aufopferungsvollen Barfußärzte, die den Fortschritt in die entlegensten Landeswinkel brachten.

Das ferne China war Ende der 60er-Jahre auch ein Sehnsuchtsort für viele westliche Intellektuelle. Der heute weltberühmte deutsche Maler, Gerhard Richter, veröffentlichte 1968 eine Serie verwaschener Drucke des Mao-Fotos aus dem *Roten Buch* – Chinas Herrscher war eine unscharfe Folie, auf die sich viel projizieren ließ. Die »Mao-Bibel«, ob gelesen oder auch nicht, wurde deshalb zum kultigen Protestsymbol mit garantierter Signalwirkung. Denn die berühmte Miniaturausgabe, die 10,7 mal 7,9 Zentimeter maß, hatte einen auffälligen knallroten, glänzenden Plastikeinband und einen in Gold geprägten Titel, unter dem mittig noch ein kleiner goldener Stern prangte.

Die *Worte des Vorsitzenden Mao Zedong* passten genau in die Brusttasche eines Hemdes. In dem Film *La Chinoise* (Die Chinesin) bestückte der französische Regisseur Jean-Luc Godard das Bücherregal einer Pariser Wohngemeinschaft mit unzähligen roten Büchlein, und der Film-Titelsong aus dem Jahr 1967 forderte auf, den »Mao-Mao« zu tanzen, zu singen oder auch zu husten.[270] Im Jahr 1968 erschien Edgar Snows Buch *Roter Stern über China* auf Deutsch und faszinierte viele, ebenso die beschönigenden Kultbücher *Die Hälfte des Himmels* der Französin Broyelle über Frauenemanzipation in China oder der *Bericht aus einem chinesischen Dorf* des Schweden Jan Myrdal, der sogar schon Anfang der 60er-Jahre dort gelebt hatte.

Im Jahr 1969 raunte der CDU-Bundeskanzler Kurt Georg Kiesinger auf einer Wahlveranstaltung seiner Partei ins Mikrofon: »Ich sage nur China, China, China.« Denn in der Bundesrepublik ging die Kommunisten- und Terrorangst um. Schließlich schmückten die Terroristen der Rote Armee Fraktion (RAF) ihre Flugblätter gerne mit Mao-Zitaten, besonders beliebt war: »Wenn wir vom Feind bekämpft werden, ist das gut; denn es ist der Beweis, dass wir zwischen uns und dem Feind einen klaren Trennungsstrich gezogen haben.« Schon allein der Name »China« bedeutete Kapitalismuskritik und klang nach Umsturz. Während der DDR-Sozialismus spießig und überkontrolliert wirkte, schien es in Beijing spontane Aktionen, studentische Wandzeitungen und die permanente Revolution von unten zu geben, um eine erstarrte Bürokratie aufzumischen. Der populäre Begriff »Maos Massenlinie« handelte auch nicht von realen Menschen, sondern stand für »die Idee einer moralischen Energie«, die übernational war. Mitten in der chinesischen Hauptstadt schien die Jugend eine revolutionäre Riesenparty zu feiern!

毛泽东

Es war kein Zufall, dass die berühmteste bundesdeutsche Wohngemeinschaft – damals eine neue Lebensform, über die sich Eltern noch aufregten – »Kommune I« hieß. In den Wohnküchen vieler WGs, die Ende der 60er-Jahre in Mode kamen, hingen Mao-Poster neben naiven, kunterbunten chinesischen Propagandaplakaten. Auf dem beliebtesten umklammerte eine Gruppe Kinder das Blattwerk einer Rübe, um sie gemeinsam aus der Erde zu ziehen. Statt Konsumterror also Kommunismus und vor allem »Hoch die internationale Solidarität«. Das war ein weiteres Schlagwort, als gegen den Vietnamkrieg demonstriert wurde. Man war für die Entwicklungsländer, die »Dritte Welt«, zu der auch China gehörte, stand auf gegen die Dominanz und Arroganz der »Ersten Welt«, gegen die zwei Supermächte USA und SU. Deng Xiaoping stellte zwar erst 1974 in der UNO die »Drei-Welten-Theorie« Chinas vor, doch sie war schon vorher populär. Alles traf den Nerv der politisierten Studentengeneration aus der »Zweiten Welt«, die die Welt gerechter machen wollte. Die »Achtundsechziger« diskutierten Marx- und Mao-Texte und gründeten maoistische Gruppen an den Universitäten, aus denen später Umweltaktivisten und auch einige deutsche Grünen-Politiker und -Politikerinnen hervorgingen.

Dass die fernöstliche Gesellschaft anders und viel komplizierter war als gedacht und China kaum als Gesellschaftsmodell für die hoch entwickelte industrialisierte BRD taugte, ahnten die ersten China-Bewunderer nach dem Sturz von Maos Stellvertreter Lin Biao und als sich kurz darauf, 1972, Mao Zedong und der US-Präsident Nixon trafen. Dabei war die Großmacht Amerika bis dahin nicht nur Ziel der eigenen Anti-Vietnamkriegs-Demonstrationen, sondern jahrelang auch Chinas politischer Hauptfeind gewesen.

## Verrat und Absturz

Im April des Jahres 1969 leitete Mao Zedong den Neunten Parteitag der Kommunistischen Partei, zu deren Vorsitzendem er erneut gewählt wurde. Im neuen Parteistatut hatten die »Mao-Zedong-Gedanken« als Richtlinie wieder einen festen Platz, und zum ersten Mal wurde offiziell ein Nachfolger Maos bestimmt: Verteidigungsminister Lin Biao. Ganz oben war Maos Weggefährte nun angekommen, sie kannten sich seit 40 Jahren, arbeiteten seit 30 zusammen.

Im Spätsommer des folgenden Jahres benannte das Politbüro einen Ausschuss, um eine neue Verfassung auszuarbeiten. Den Vorsitz führte Mao, sein Stellvertreter war Lin, die unumstrittene Nummer zwei im Staate. Wieder traf man sich im kühlen Bergkurort Lushan und erneut wurde dieser Ort zu einem Wendepunkt. Denn Lin und seine Gefolgsleute beanspruchten das Amt des Staatspräsidenten, das nach Liu Shaoqis Entmachtung verwaist war; Mao dagegen wollte es abschaffen und die Macht der Militärs, die Militarisierung der Gesellschaft eindämmen. Der Kult um seine Person sollte ebenfalls auf ein normales Maß zurückgefahren werden: Das Genie-Gerede war ihm zuwider. Je gottgleicher und entrückter er dargestellt wurde, umso größer schien ihm die Gefahr, politisch ohnmächtig zu werden und besonders tief zu stürzen.

In der Rückschau vermutete Mao, dass Lin so gierig nach der Macht griff, um die Partei zu spalten. Zwist zwischen beiden säte auch die unterschiedliche Einschätzung der Sowjetunion und Amerikas, die in Maos Augen darauf hinarbeiteten, sich gegen China zu verbünden. Lin wollte näher an Russland rücken, während Mao bereits daran dachte, mithilfe der USA seine Position gegenüber der SU zu stärken. Das Misstrauen zwischen beiden Politikern wuchs.

Auf einer Inspektionsreise durch das Land, die Mao zwischen August und September 1971 unternahm, erhärtete sich sein Verdacht, Lin plane mit dem Einverständnis der Militärs und vielleicht sogar des kommunistischen russischen Bruders Maos Entmachtung. Als die Nummer eins nach Beijing zurückkam, machte Lin mit seiner Familie noch Urlaub im Seebad Beidaihe, wo die Große Mauer am Meer endet. Und tatsächlich arbeitete der Sohn Lin Liguo – damals noch unentdeckt – am Projekt 571; das war der Codename für einen bewaffneten Aufstand gegen Mao.

Am 13. September um 1.50 Uhr nachts kam es dann zu dem berühmten »Lin-Biao-Zwischenfall«: Ein Flugzeug der Marke Trident, das in Richtung Sowjetunion abgehoben hatte, stürzte über der Mongolei ab. Darin saß Chinas Nummer zwei mit Frau und Sohn – die Tochter wollte in China zurückbleiben. Alle Insassen kamen ums Leben, wurden aber später gefunden und identifiziert. Das Flugzeug soll nicht genug Treibstoff gehabt haben, was dem hektischen Aufbruch geschuldet war. Denn wahrscheinlich wollte Lin mit dieser Flucht seiner Verhaftung zuvorkommen. Andererseits soll Mao gedroht haben, der werde nicht weit kommen, man solle seinen Stellvertreter nur ziehen lassen. Hatte Mao also doch einen gezielten Anschlag befohlen, das Flugzeug womöglich abschießen lassen? Das Gerücht hielt sich hartnäckig und schüchterte politisch Andersdenkende weiter ein. Gegen Mao zu sein, schien tödlich zu enden. Deshalb widersprachen immer weniger dem Herrscher, der nun umso tyrannischer auftrat.

Eindeutig zum »Kampf zweier Hauptquartiere«[271] gehörten für Mao die Umsturzpläne Lin Biaos. Sie waren der Beweis, dass der »Klassenkampf« nötiger denn je blieb. Persönlich war er zutiefst getroffen und enttäuscht, Mao wurde »krank« und zog sich zurück. Am 1. Oktober 1971 erschien er nicht einmal auf der Tribüne des Tian'anmen, um die Parade zum Nationalfeiertag abzunehmen. Nun wurde spekuliert, Mao Zedong sei tot. Während der Herrscher längere Zeit unsichtbar blieb, wurde Lin Biao auf Fotos unsichtbar gemacht.

Die Öffentlichkeit war geschockt, als sie erfuhr, dass der KP-Kronprinz Umsturzpläne geschmiedet hatte. Sollte sich Mao in ihm so getäuscht haben? In der Partei zirkulierte ein Papier mit den Putschplänen, die politische Verurteilung folgte: Außenpolitisch wurde Lin eine Kapitulation vor dem Sowjet-Imperialismus vorgeworfen. In China habe er eine faschistische Diktatur mithilfe der verbliebenen Grundherren, Großbauern, Rechten und anderer übler Elemente errichten wollen, die alten Feindbilder lebten wieder auf.

Außerdem bekam das Bild des unfehlbaren Herrschers tiefe Schrammen. Gerade der »Verräter« hatte doch den fanatischen Personenkult immer weiter getrieben und blinden Gehorsam gegenüber Mao gefordert. Wem sollte man jetzt noch glauben?

Die Kulturrevolution mobilisierte Chinas Jugend: organisierter Massenaufmarsch von SchülerInnen auf dem Tian An'men-Platz in Beijing im Jahr 1970 – das Tor des Himmlischen Friedens ist im Hintergrund zu sehen.

Misstrauen machte sich breit. Spätestens jetzt begann eine bleierne Zeit, freudlos wurde die Gesellschaft. Bücher etwa von Lu Xun verschwanden aus den Buchläden; Erzählungen und Romane, darunter Maos Lieblingsbücher, blieben vergriffen. Bei einer Eheschließung bekamen junge Paare häufig mehrere Exemplare der *Gesammelten Werke* Maos geschenkt. Dann zitierte die Festgesellschaft leicht abgeändert die Geschichte vom alten Yu Gong, der auf die nachfolgenden Generationen vertraute, um den Berg abzutragen, welcher sich nun allerdings in einen erdrückenden maoistischen Bücherberg verwandelt hatte. Opern wurden überarbeitet, im *Weißhaarigen Mädchen* zum Beispiel boten statt buddhistischer Tempel Lager der Volksbefreiungsarmee Zuflucht und statt Geistern traten Soldaten auf. Gut und gesund sollten die Helden sein, ohne Fehl und Tadel, und am Ende Kommunisten werden. Ob Modelloper oder Filmproduktionen, ob Essens- oder Kleiderstil – alles wurde »proletarischer« gemacht. Gerade der Kultur wurde in der zweiten Phase der Kulturrevolution alles Fantasievolle und Individuelle ausgetrieben. Verschreckt und in einem vorauseilenden Gehorsam unterwarfen sich viele. Hinter einer Mauer des Schweigens versteckt blieb das individuelle Leid. Dazu bekannten sich erst viel später Opfer wie Täter in der sogenannten Narbenliteratur.

### Narben und Lehren

Erst Anfang der 80er-Jahre wagte sich die politische Führung an eine vorläufig historische Bewertung dieser Zeit und – damit untrennbar verbunden – auch der Rolle von Mao Zedong. Nicht ein Politiker allein, sondern eine Gruppe von über 400 Funktionären und Historikern formulierte es so: »Genosse Mao Zedong war ein großer Marxist und ein großer proletarischer Revolutionär, Stratege und Theoretiker. Obwohl er in der Kulturrevolution schwere Fehler beging, überwiegen alles in allem seine Verdienste für die chinesische Revolution. Seine Verdienste sind zweifellos primär, seine Fehler sekundär.«[272]

Die Rechnung für den KP-Vorsitzenden Mao lautete: 70 Prozent gut, 30 Prozent schlecht; das Urteil über die Kulturrevolution insgesamt war vernichtend: »zehn Jahre Chaos«.

Die ideologische Revolte, die Mao angezettelt hatte, hatte nicht nur Kulturschätze, sondern vor allem auch Menschen beschädigt, *aber* … Dieses »Aber« wurde erst in den letzten Jahren sehr vorsichtig hinzugefügt. Nicht um irgendeine der Gräueltaten zu rechtfertigen oder die Kulturrevolution doch noch gutzuheißen, sondern um das China nach Mao, das China von heute besser zu verstehen, das ohne diese Erschütterungen ein anderes wäre. Denn zugleich ermöglichte »der revolutionäre Elan die Freisetzung von Utopien und Freiheitsvorstellungen, die nicht ohne langfristige Folgen für die Gesellschaft insgesamt blieben«, schreibt der Sinologe Helwig Schmidt-Glintzer. »Erstmals wurde in großem Stil der Widerstand gegen traditionelle Autoritäten, Lehrer und Eltern, eingeübt.«[273] Und zwar auf einer breiteren Basis, als es zur Jugendzeit Maos jemals möglich gewesen war. In allen Provinzen hatten sich Menschen eingemischt und direkt beteiligt. Davon profitieren – wenn auch um einen hohen Preis – die nachfolgenden Generationen. Die »Versammlungen« der Netzbürgerinnen, die das Internet und vor allem *Weibo* – das chinesische Facebook-Pendant – für ihre Proteste und den Informationsaustausch nutzen, erinnern durchaus an die Kritiksitzungen der Kulturrevolution.

Gut ist alles, was allen nützt – dieser alte taoistische Gedanke, dem der Kommunist Mao auch anhing, wurde ebenfalls ins moderne China übertragen, man nennt es heute: *xiao Zhengfu da Shehui,* »die Aufgaben der Regierung verkleinern und die der Gesellschaft vergrößern.« An vielen Orten sprießen längst

毛泽东

Graswurzel-Organisationen. Sie sind zum einen gesellschaftliche Frühwarnsysteme, die Unmut abfedern, zum anderen helfen sie vor Ort, Missstände zu beseitigen.

Je mehr über die Kulturrevolution in den letzten Jahren bekannt wurde, je mehr darüber gesprochen und geforscht wurde, umso klarer stellte sich die Frage: Waren alle verrückt gewesen, die begeistert mitmachten, als der Aufruhr angezettelt wurde? Mao selbst, die politische Führung, die Bevölkerung? Es begann ein kollektives Erschrecken über Erfahrungen, die viele teilten und ganze Familien entzweit hatten. Was war falsch gelaufen? Was haben wir persönlich falsch gemacht? Die Aufarbeitung ist noch nicht ausreichend, aber sie hat begonnen. Nicht nur durch späte öffentliche Entschuldigungen wie die der Rotgardistin Song Binbin, die zusah, wie die Schuldirektorin getötet wurde, sondern auch durch persönliche Berichte wie etwa den der Autorin Jung Chang, die ihre Zeit als maoistische Fanatikerin schonungslos in dem Familienroman *Wilde Schwäne* offengelegt hat. Das wiederum erklärt zum Teil die Härte und den Ton ihrer Mao-Biografie, in der sie mit dem politischen Verführer Mao abrechnet, durch den sie selbst schuldig wurde.

Die zehn Jahre Kulturrevolution wurden von Millionen von Menschen mitgetragen, mal mehr, mal weniger. Diese Erkenntnis ist immer noch ein Schock, der nachwirkt. Daraus hat die chinesische Gesellschaft jedoch etwas sehr Wichtiges – und vielleicht zum ersten Mal gemeinsam, als Nation – gelernt: dass sich in der heutigen Zeit und vor allem in der Zukunft Konflikte nicht mehr mit Gewalt lösen lassen, was in China seit Jahrhunderten der Fall war. Man hat immer bis zum Exzess Gewalt ertragen und Gewalt ausgeübt. Warum? Auch das ist Thema in der ganzen Gesellschaft geworden, ohne bereits beantwortet zu sein. Doch genau deshalb verlangen immer mehr Bürger und

Bürgerinnen Rechtssicherheit, damit niemand mehr ohne Urteil eingesperrt werden kann und staatlicher Willkür und dem Terror anderer ausgeliefert ist.

Die Kulturrevolution und ihre Nachwehen haben auch dazu geführt, dass die Reformen der 80er- und 90er-Jahre, die eine klare Abkehr von Maos Idealen waren, toleriert wurden und viel Zustimmung und einen Vertrauensvorschuss bekamen. Denn längst war die Wirtschaft in einer Sackgasse, die von Mao gemachten Versprechungen gescheitert; weder eine neue Gesellschaft noch ein neuer Mensch waren in Sicht.

Die Aufarbeitung der Kulturrevolution wird andauern, trotzdem ist sie manchmal bereits im Museum gelandet, zum Beispiel in kleinen Privatsammlungen in China. Oder 2011 erstmals im Westen in einer großen Ausstellung im Wiener Völkerkundemuseum, wo *Personenkult und politisches Design im China von Mao Zedong* zu bewundern waren: Hunderte von Mao-Buttons, Poster wie Plattenspieler, Vasen und Federmäppchen, die alle Maos Bild zierte, aber auch Wecker, auf deren Ziffernblatt zum Beispiel Rotgardisten das rote Buch schwenkten, Streichholzschachteln und Briefmarken, die eine »rote Sonne« zierte. Die Grenzen zu Kitsch und Geschmacklosigkeit waren fließend in diesen »zehn Jahren Chaos«, in denen der alternde Mao Zedong dennoch die Kraft fand, seinen letzten großen politischen Coup vorzubereiten: Chinas Annäherung an die USA.

### Chinesisch-amerikanisches Pingpong

Bereits im Jahr 1970 hatte Chinas Herrscher signalisiert, dass die Eiszeit zwischen beiden Ländern zu Ende gehen könnte. Mao Zedong lud seinen alten amerikanischen Freund Edgar Snow, dessen letzter Besuch in China fünf Jahre zurück lag, zusammen mit seiner Frau ein, als erste Ausländer die Feierlichkeiten zum 1. Oktober mit ihm auf der Plattform des Tian'anmen zu

毛泽东

verfolgen. Doch dieses Zeichen war für die US-Politiker noch zu verschlüsselt gewesen.

Aber schon bald schaute Amerika anders und genauer auf dieses Land, das schließlich auch Atombomben besaß. Denn 1971 wurde die Volksrepublik endlich als Mitglied in die UN aufgenommen und Taiwan im Gegenzug ausgeschlossen; Nationalchina, der Verbündete der USA, war nun isoliert. Mao wusste, dass die Vertreter der Blockfreien die Abstimmung entschieden hatten: »Es waren afrikanische Freunde, die uns in die UN befördert haben.«[274] Dagegen legten die USA kein Veto ein – ein erstes unübersehbares Entspannungssignal in Richtung Beijing. Amerika kam an dem immer mächtigeren Land einfach nicht mehr vorbei, was zählte da noch Taiwan? Außerdem wollte die USA im globalen Machspiel die chinesische Karte ausspielen, und zwar gegen Russland, das mit China zerstritten war. Das war mit umgekehrten Vorzeichen auch die Absicht des Machtmenschen Mao: Er setzte auf eine Zusammenarbeit mit Amerika, um die SU in die Schranken zu weisen.

In die chinesische Hauptstadt reiste im selben Jahr die amerikanische Tischtennismannschaft. Der Besuch war nicht von langer Hand geplant, sondern auf einer Reise in Japan hatte sich diese Gelegenheit ergeben. Mao hatte sofort zugestimmt und so das diplomatische Pingpong zwischen Washington und Beijing eröffnet. Die Vorbereitungen für einen Besuch von Präsident Nixon traf dessen Außenminister Henry Kissinger und für Mao war der diplomatisch erfahrene Zhou Enlai im Einsatz. Die ersten Treffen waren streng geheim; Kissinger täuschte eine Krankheit bei einem Staatsbesuch in Pakistan vor, um nach Beijing zu entwischen. Während die Unterhändler Einzelheiten der Nixon-Reise planten, machte Edgar Snow zum letzten Mal im Westen erfolgreich PR für Mao Zedong.

Ein Jahr bevor Nixons Flugzeug in Beijing landen sollte, veröffentlichte der Journalist ein legendäres Interview mit Mao. Darin beschreibt sich Chinas Herrscher als »einsamer Mönch mit einem löchrigen Schirm«.[275] Ein Vergleich, der bis heute gerne hervorgekramt und als Zeichen von tiefer Einsamkeit interpretiert wird. Doch größer konnte die Fehldeutung einer zudem mangelhaften Übersetzung nicht sein. Der Ausdruck *ein buddhistischer Mönch mit Schirm* ist nämlich die Hälfte eines Wortspiels, in dem von »Löchern« nie die Rede ist. Dieser erste Satzteil reicht in China aus, um die Fortsetzung sofort mitzudenken: *... hat kein Haar und sieht keinen Himmel,* was die Bedeutung vollkommen ändert. Denn »ohne Haar« meint nicht nur den typischen, kahl geschorenen Mönchskopf. In der chinesischen Sprache klingt das Wort *Fa* für »Haar« und »Gesetz« gleich, allein in der Tonhöhe unterscheiden sie sich. Das Wortspiel beschreibt also keineswegs einen Mann, der einsam und ärmlich die Welt durchwandert, sondern jemanden, der sich um kein Gesetz schert. Auch ein Gott kümmert ihn nicht, insofern nimmt ihm der Schirm symbolisch die Sicht auf den Himmel. Mao Zedong beschreibt sich selbst als »allmächtig und unbeugsam«; er ist jemand, der sich weder um göttliche noch um menschliche Gesetze kümmern muss.

Nur mit diesem Anspruch, mit dem Gewicht seiner ganzen Person, konnte er es nochmals schaffen, seinem Land und der Bevölkerung eine radikale politische Kehrtwende zu verordnen: Er wird den amerikanischen Präsidenten empfangen, den »Vertreter des US-Imperialismus«, den er jahrelang als »den grausamsten Feind der Völker der Welt«[276] gegeißelt und der faschistischen Gräueltaten gegenüber der afroamerikanischen Bevölkerung beschuldigt hatte. Ihm persönlich erleichterten seine frühen »Begegnungen« mit der Weltmacht sicher diesen Schritt. Mao bewunderte die Politik der amerikanischen Präsidenten George Washington und Abraham Lincoln, seit er sich

als Schüler Xiao Sans Buch mit diesen Politikerporträts ausge-
liehen hatte. Das Industrieland Amerika hatte den Studenten
Mao als Vorbild interessiert, in der Bibliothek von Changsha
hatte er Bücher amerikanischer Denker verschlungen. Während
der Vierter-Mai-Bewegung hatte es vielfältige Kontakte mit
den USA gegeben, viele hatten in Amerika studiert. In Yan'an
schließlich hätte sich der Revolutionär Mao mit einigen amerikanischen Politikern sogar eine Zusammenarbeit vorstellen
können. Und am Ende hatten die amerikanischen Atombom-
benabwürfe den Angreifer Japan zur Kapitulation gezwungen.

Mao Zedong war bereits sehr krank, als das Treffen mit Nixon
näher kam. Der Kettenraucher hatte schon länger Herzprobleme, und erste Symptome der amyotrophen Lateralsklerose
(ALS) zeigten sich. Diese Krankheit, die Nerven untergehen
lässt und so zunehmend die Körperkontrolle, auch das Sprechen, erschwert, sollte bei ihm erst 1974 zum ersten Mal sicher
diagnostiziert werden. Aber schon zuvor fiel es Mao schwer,
lange Zeit auf einem Sessel auszuharren. Deshalb schnitten seine Betreuer ein Loch in die hölzerne orangebraune Sitzfläche
seines Lieblingssessels, auf der das Sitzkissen mit dem beige-
grün karierten Bastbezug lag. Dadurch sank Mao tiefer ein und
wurde gehalten, er konnte nicht mehr herunterrutschen.[277] Mit
eiserner Disziplin bereitete sich der bald 78-Jährige, unterstützt
von seinem Arzt, auf das Treffen vor.

Im Februar 1972 war es endlich so weit, Mao schrieb zum
letzten Mal große Geschichte in Zhongnanhai. Im Halbrund
saßen er und der amerikanische Präsident zusammen vor der
berühmten Bücherwand in tiefen Sesseln, Mao sicher in seiner
Spezialanfertigung, neben ihm der amerikanische Präsident, für
den sich die Reise nach China so fern und fremd angefühlt haben muss wie eine Reise zum Mond. Trotz seines hohen Alters

In seiner Bibliothek spricht Mao Zedong mit Richard Nixon, dem Präsidenten des früheren »Erzfeindes« Amerika (re. US-Außenminister Henry Kissinger, ganz li. Maos Vertrauter Zhou Enlai). Mit diesem historischen Treffen beginnt 1972 die Öffnung Chinas.

beeindruckte Mao Zedong mit Witz und Wissen. Nixon machte seinem Gastgeber das Kompliment, er habe eine alte Zivilisation der Neuzeit angepasst. Ohne Pathos antwortete Chinas Herrscher: »Ich bin nicht in der Lage gewesen, sie zu verändern. Ich habe lediglich ein paar Orte in der Nähe von Beijing verändern können.«[278]

Das Foto der kurzen Begegnung – die politischen Verhandlungen führten in den nächsten Tagen andere Personen – erschien nicht nur auf den Titelblättern jeder chinesischen Zeitung und flimmerte über die wenigen Fernseher im Inland, es war weltweit eine Sensation: Händeschütteln mit dem Erzfeind, dafür hatte Mao sein gütigstes Lächeln aufgesetzt, er wirkte zufrieden. Das Bild transportierte zwei wichtige Botschaften: Die USA und China begegneten sich nun auf Augenhöhe als zwei Welt- und Atommächte. Es war zweitens ein Signal an die westliche Welt, immer noch gefangen im Kalten Krieg, mit dem kommunistischen Land endlich diplomatische Beziehungen aufzunehmen und dessen Isolation zu beenden. Die Taiwan-Frage wurde im Shanghaier Kommuniqué, das am Ende des Besuches verabschiedet wurde, zu einer inneren Angelegenheit Chinas erklärt und damit vertagt. In Amerika verhinderte die mit Nationalchina sympathisierende China-Lobby weitere sechs

毛泽东

lange Jahre lang die Einrichtung einer US-Botschaft in Beijing. Doch im Westen brach nach dem Nixon-Besuch eine regelrechte Anerkennungswelle los. Die Bundesrepublik Deutschland entsandte im Herbst 1972 den ersten Botschafter nach Beijing. Und selbst mit dem Erzfeind Japan begannen wieder normale Beziehungen.

Maos Ehefrau hatte das Ehepaar Nixon in das Tanzmusical *Das rote Frauenbataillon* begleitet. Nach dem Besuch führte Jiang Qing in den Jahren 1972/73 mit einer amerikanischen Journalistin zahlreiche Gespräche, die später zu ihrer Biografie *Genossin Jiang Qing* verarbeitet wurden. Mit dem Buch wollte sie es Mao gleichtun, der mit *Roter Stern über China* einen PR-Coup gelandet hatte. Sie verärgerte ihren Mann, weil sie sehr persönlich erzählte. In China ließ man das keinem Politiker und schon gar nicht einer Frau durchgehen, selbst wenn sie die Frau des Vorsitzenden war, die damit in den Augen vieler das Ansehen Chinas umso mehr besudelt habe.

Jene, die Welt verändernde Reise des US-Präsidenten wurde Thema der modernen amerikanischen Oper *Nixon in China* und machte auch den amerikanischen Pop-Art-Künstler Andy Warhol auf Mao Zedong aufmerksam. Das Foto des Herrschers aus dem kleinen *Roten Buch* nahm er als Vorlage für einen Siebdruck von Gesichtsumriss und Gesichtszügen, die er unterschiedlich kolorierte. Die Marke Mao ging damit in Serie, reihte sich ein in Warhols bekannteste Darstellungen populärer Mythen wie der Schauspielerin Marilyn Monroe, der Konservendosen mit Campbell's Tomatensuppe und der Coca-Cola-Flasche. Als Pop-Ikone, als ein ironischer Kommentar zum kommunistischen Personenkult verströmte nun auch Mao fernab der chinesischen Tagespolitik radikalen Chic. Der Mann, der die »Massenlinie« propagierte, war selbst ein Massenprodukt des Kunstmarktes. Etwa 2000 Warhol-Maos sollen existieren, 1974 wurden sie zum ersten Mal ausgestellt.

Vor dem großen Ölporträt Maos am Tian'anmen konnte sich der US-Künstler erst acht Jahre später, 1982, fotografieren lassen. Seine Begleiter bedauerten, in Beijing gebe es noch keinen McDonald's. Andy Warhol entgegnete, das werde sich sicher ändern. Doch diesen Kulturtransfer sollte er nicht mehr selbst erleben. Fünf Jahre später, im Todesjahr des Künstlers, leuchtete das goldene M zum ersten Mal in der chinesischen Hauptstadt. Es war ein M, das nicht für den Namen Mao stand.

Warhols Darstellungen von Mao und Marilyn sind längst auch in China bekannt, Postkarten und Nachdrucke werden in Souvenirläden verkauft. Als jedoch eine große internationale Warhol-Ausstellung 2013 in die Volksrepublik kam, war der bunte Mao Zedong nur in der Sonderzone Hongkong willkommen. Zu ironisch und sarkastisch, so urteilten dagegen die Vertreter der offiziellen Kulturpolitik auf dem Festland. Die rosa bis roten Lippen, die wie Lidschatten aufgebrachten grellen Farben auf den Augenlidern verweiblichen den Vorsitzenden. Warhol löste hier tatsächlich Geschlechtergrenzen auf; sein Mao ist weder ganz Mann noch ganz Frau, den Tyrannen umweht ein Hauch Travestie. So viel Ironie und Respektlosigkeit machten die Bilder zu einem Politikum, in Beijing und Schanghai musste die Pop-Ikone draußen bleiben, die Warhol-Ausstellung fand ohne die Warhol-Maos statt.

### Kopfloser Drache

Nach dem Besuch Nixons wurde China noch keineswegs weit geöffnet, aber ein breiter Spalt tat sich auf. Ein neuer Austausch begann, immer mehr Chinesen fuhren ins Ausland und konnten vergleichen. Viele von ihnen waren geschockt, wie arm ihr

毛泽东

Land im Vergleich zu den kapitalistischen Ländern war. Umgekehrt reisten westliche Politiker und Künstler, erste Experten und Austauschstudenten nach China und erlebten den wirklichen Alltag hinter den veröffentlichten Hochglanzbildern des chinesischen Sozialismus. Der Schock auf beiden Seiten war heilsam, die Verständigung darüber nicht immer leicht. In dieser Zeit dokumentierte der italienische Filmemacher Antonioni, der 1972 einreisen durfte, das Land in seinem Film *Zhongguo*, also »China«. Als »Machwerk« wurde er von den Chinesen damals abgelehnt, dabei zeigt er respektvoll, aber ungeschönt, wie ärmlich und geistig eng die Lebensverhältnisse tatsächlich waren.

Alle Politiker, die in den 70er-Jahren nach China reisten, wollten unbedingt noch Mao treffen, den »Roten Stern« von China, der dabei war zu verlöschen. In seinen letzten Lebensjahren empfing Mao zahlreiche ausländische Gäste, doch die Verständigung wurde immer schwieriger. Er sprach so verwaschen, dass ihm nur seine persönlichen Dolmetscherinnen die Worte von den Lippen ablesen oder die Zeichen entziffern konnten, die er mit einem weichen Bleistift auf Zettel schrieb. Trotzdem beeindruckte er mit seiner Präsenz fast alle Besucher.

»Ich halte Mao für einen Mann sehr eigener Prägung. Er war ein Mensch, der in keine Schablone passt«, erinnerte sich Helmut Schmidt. Der deutsche Kanzler war im Oktober 1975, ein Jahr vor Maos Tod, nach China gereist. Er begegnete einem Mann mit einem maskenhaften Gesicht, Mao hatte das »Antlitz eines Greises«. Während ihres Treffen soll Mao geklagt haben: »Man hört nicht auf mich.« Schmidt tröstete ihn mit dem deutschen Sprichwort »Steter Tropfen höhlt den Stein«. Worauf Mao – der geistig noch hellwach war – entgegnete: »Ich habe selber nicht mehr genug Wasser.«[279] Dass das noch unterentwickelte riesige Land irgendwann auch ein gigantischer

Absatzmarkt sein würde, ahnten alle. Schmidt ebenso wie der Monate nach ihm angereiste CSU-Politiker Franz Josef Strauß hatten einflussreiche Wirtschaftsvertreter im Schlepptau, die Firmen des Westens lauerten schon.

China war wie ein Drache ohne Kopf, denn Mao herrschte noch, regierte aber nicht genug. Doch ein letztes Mal erwies er sich als fähiger »Architekt der Macht«. Zunächst holte er den altbewährten »Bauleiter« Deng Xiaoping aus seiner Verbannung zurück, um ihn Zhou Enlai an die Seite zu stellen. Denn es hatte sich eine ultralinke Gruppe gebildet, die nach der Macht strebte. Dazu gehörten Maos Frau Jiang Qing, der KP-Chef von Schanghai, Zhang Chungqiao, der Kulturpolitiker Yao Wenyuan und der ehemalige Arbeiter Wang Hongwen. Während der alte Deng den Spitznamen »Lazarus« trug, weil er in den politischen Kampagnen immer wieder hatte leiden müssen, wurde Wang »Rakete« oder »Hubschrauber« genannt, weil seine Karriere steil nach oben ging. Mao taktierte, stand dazwischen, wollte vermitteln, ausbalancieren. Er soll Deng und Wang, so erzählte man sich später, auf eine Inspektionsreise geschickt haben, um die Lage und Stimmung im Land zu erkunden. Der Noch-Herrscher fragte beide nach ihrer Rückkehr, was wohl nach seinem Tod geschehen werde.[280] Der linke Wang antwortete, China werde unbeirrt Maos revolutionären Kurs fortführen und die sozialistische Revolution zu Ende bringen. Der moderate Deng dagegen prophezeite einen Bürgerkrieg und große Verwirrung. Dieser letzten Antwort schenkte Mao mehr Glauben, auch weil er die Machtambitionen von Jiang Qing und Co. kannte. Deshalb warnte er sie davor, »eine Bande zu Vieren«, *Sirenbang*, zu bilden. Weil dieser Name Mao zugeschrieben wurde, konnte er eine gewichtige politische Waffe werden.

**Erdbeben**

Nach dem chinesischen Kalender war 1976 das Jahr des Drachen und damit ein Glücksjahr. Es sollte auf jeden Fall ein Schicksalsjahr für China werden und dessen Zukunft entscheidend prägen.

Am 8. Januar 1976 starb Zhou Enlai. Seinen Trauerzug durch Beijing säumten Hunderttausende, viele weinten verzweifelt. Danach verschwand sein Name für zweieinhalb Monate aus allen Zeitungen. Ein Zeichen, dass eine Polarisierung der politischen Gruppierungen stattfand: Auf der einen Seite stand Deng Xiaoping, der mit Zhou seine wichtigste Stütze verloren hatte und dessen Politik Stabilität und Einigkeit versprach. Auf der anderen Seite formierten sich die Ultralinken, die am Neujahrstag mit einem Zitat von Mao dagegenhielten: »Stabilität und Einigkeit bedeuten nicht, dass der Klassenkampf abgeschrieben wird.«[281] Mao habe Deng wieder entlassen, das Gerücht machte schnell die Runde.

Als »Stille vor dem Sturm« erlebten viele Chinesen die ersten Monate des Jahres 1976. Mao war zwar körperlich geschwächt, aber sein politisches Gespür hatte er noch nicht verloren, im Spiel um die Macht platzierte er eine neue Figur: Überraschend bestimmte er den unbekannten, eher blassen Hua Guofeng zum Nachfolger von Zhou Enlai und machte ihn auch zum stellvertretenden Parteivorsitzenden. Hua, der genau wie Mao aus Hunan stammte, hatte ihm gegenüber immer offen seine Meinung gesagt. Er war weder den »Linken« noch den »Rechten« in der Partei klar zuzuordnen und sollte helfen, die Balance zwischen den verfeindeten Fraktionen zu halten.

Am 4. April wurde wie jedes Jahr der offizielle Gedenktag an die Toten begangen, als plötzlich immer mehr Menschen zum Denkmal der Volkshelden auf dem Platz des Himmlischen Friedens pilgerten. 200 000 sollen es gewesen sein. Blumen und

Lobgedichte auf Zhou Enlai wurden niedergelegt. Manche erinnerten auch an Maos erste Frau Yang Kaihui oder handelten von der alten Kaiserinwitwe Cixi. Das waren verschlüsselte Angriffe gegen Jiang Qing, von der jeder wusste, dass sie Mao einmal beerben wollte. Auch die Wiedereinsetzung von Deng Xiaoping wurde gefordert, der von der Gruppe entmachtet worden war, weil er angeblich eben diese Unruhen angezettelt habe. Tagsüber herrschte eher Volksfeststimmung, am Abend dagegen angstvolles Abwarten.

Einen Tag später wurde der Platz mit Militär und Polizei geräumt. Auch Gefolgsleute der Viererbande, organisiert in »Arbeiterkomitees«, knüppelten Demonstranten nieder. Viele wurden verhaftet und auch eine bis heute unbekannte Zahl getötet. Die erste spontane Volkserhebung seit 1949 war blutig niedergeschlagen. Die Zeitungen schwiegen das Ereignis tot, von dem alle wussten. Mit Jubelberichten mühsam übertüncht wurde das Unbehagen, doch besonders in der Hauptstadt blieb die Stimmung explosiv. Die Furcht vor einem Umsturz griff um sich, deshalb wurde noch im Juni folgende offizielle Erklärung verbreitet: »Der Vorsitzende Mao ist in fortgeschrittenem Alter und widmet sich immer noch eifrig seiner Arbeit«, nur ausländische Gäste empfange er persönlich nicht mehr.[282]

Nach der Niederschlagung der Proteste auf dem Platz des Himmlischen Friedens attackierten die Linken massiv Regierungschef Hua, der deshalb mit dem Gedanken spielte, zurückzutreten. Am 30. April hatte er eine Unterredung mit Mao in dessen Privaträumen in Zhongnanhei. Als der Politiker wieder ging, hielt er einen Zettel in der Hand, bestätigte später Maos Leibarzt. Darauf hatte Mao, einigermaßen lesbar, folgenden Satz geschrieben: »Wenn Sie die Führung übernehmen, bin ich beruhigt.« Das war sein politischer Segen für Hua Guofeng, der die ihm übertragene Macht schon bald klug nutzen wird.

毛泽东

Für viele Chinesen bestätigte das Jahr 1976 eindrücklich den alten Aberglauben, an dem Maos Eltern nie gezweifelt hatten: Naturkatastrophen waren Zeichen, dass die Herrscher das »Mandat des Himmels« verloren hatten und einer neuen Dynastie weichen mussten. Denn in den Monaten Mai und Juni bebte die Erde im Nordosten des Landes besonders schwer. Zu beklagen waren 600 000 Tote und über 700 000 Verletzte. Noch ein Jahr lang werden kleine Nachbeben die Menschen immer wieder aufschrecken; sogar in der Hauptstadt ließ man die Erdbeben-Schutzhütten noch monatelang stehen.

Nur drei Wochen nach der Naturkatastrophe, im Juli, starb mit fast 90 Jahren Zhu De, Maos Weggefährte, der die Rote Armee mitaufgebaut und die Volksbefreiungsarmee jahrzehntelang befehligt hatte. Alle ahnten, dass Mao Zedong als Nächster aus der alten Revolutionselite »Marx sehen« würde. Der alte Herrscher wusste um den nahen Tod und zog folgende persönliche Bilanz: »In meinem Leben kann ich auf zwei Leistungen zurückblicken. Ich habe Chiang Kaishek jahrzehntelang bekämpft und ihn auf einige Inseln vertrieben.« Und in einem achtjährigen Krieg habe er die Invasion der Japaner beendet. »Wie ihr wisst, ist die andere Leistung die Kulturrevolution. Nur wenige unterstützen sie, viele sind gegen sie.«[283] Hier blieb er bis zum Ende unbelehrbar und uneinsichtig.

### Asche und Kristallsarg

Am 9. September 1976 starb Mao nach einem dritten Herzinfarkt. Er war ein Kämpfer bis zum Schluss, beobachtete sein Arzt, der am Sterbebett saß. Mao fragte nach, ob noch etwas zu machen sei. Doktor Li Zhisui wich aus, versprach, so gut es eben ginge, zu helfen: »Einen Moment lang wirkte er zufrieden. Auf seinen Wangen zeigten sich rötliche Flecken. Er atmete tief aus. Dann schloss er die Augen.«[284] Um zehn Minuten nach

Mitternacht zeigte das EKG eine Nulllinie. Noch am selben Tag spielte das Radio Trauermusik und das Ableben des Herrschers Mao Zedong wurde verkündet.

Viele Chinesen staunten, weil Mao Zedong im Radio und in den Zeitungen noch in den letzten Monaten als »vor Gesundheit strotzend, frisch und munter« geschildert worden war. Viele Menschen, besonders auf dem Land, hatten den göttlichen, den entrückten Mao tatsächlich für unsterblich gehalten. Zumindest 10 000 Jahre sollte der Vorsitzende doch leben, *Mao Zhuxi Wansui,* das hatten sie immer gerufen. Fast alle weinten, und viele Tränen waren echt, wenn auch die Motive verschieden waren. Es gab Freudentränen, weil der Tyrann gegangen war, und Schmerzenstränen, weil die »rote Sonne« nicht mehr über China leuchtete, die das Leben so vieler verbessert hatte.

Manche Wehklagen in der Öffentlichkeit waren auch gespielt, um politisch nicht aufzufallen. Der Schriftsteller Yu Hua zum Beispiel bekam angesichts des kollektiven Heulens in der Schulaula als 16-Jähriger einen Lachkrampf: »Hätte mich in dieser Situation jemand beim Lachen ertappt, wäre ich unverzüglich zum ›konterrevolutionären Element‹ erklärt worden, und dann wäre es aus gewesen mit mir.«[285] Er verbarg seinen Kopf schützend zwischen den Armen, die er auf die Bank vor sich gelegt hatte. Seine zuckenden Schultern wurden zum Glück als besonders bitterliches Weinen gedeutet.

An den Trauerfeierlichkeiten für den Verstorbenen auf dem hermetisch abgeriegelten Tian'anmen-Platz durften Eva Xiao und ihr Mann, Maos alter Schulfreund, nicht teilnehmen. Die Gefährten aus Yan'an saßen zu Hause vor dem Fernseher: »Und obwohl die Menschen schluchzten – natürlich, mit Maos Tod ging eine Epoche zu Ende –, wehte ein merkwürdiger eisiger Wind über dem Ganzen, den wir selbst vor dem Fernsehgerät spürten.« Jiang Qing sei ganz in Schwarz gekleidet gewesen,

毛泽东

»obwohl die Farbe der Trauer in China Weiß ist. Ein langer schwarzer Schleier verhüllte ihr Gesicht – ein böser Dämon.«[286]

Am 18. September 1976 stand für drei Minuten das ganze Land still und verbeugte sich schweigend in angeordneter Trauer. Seit 1949 hatte sich die Bevölkerung fast verdoppelt. 975 Millionen werden es im Jahr 1978 sein. Ein Drittel der Menschheit lebte nun in China, wo die Angst vor Unruhen und einer ungewissen Zukunft ohne Mao Zedong umging.

Sein Leichnam wurde in der Großen Halle des Volkes aufgebahrt. Angehörige und Weggefährten, politische Freunde und Gegner zogen vorbei, erwiesen ihm die letzte Ehre. Darunter war die gleichaltrige Song Qingling. Sun Yatsens Witwe stützte sich auf einen Stock und eine Helferin. Sie hatte Leukämie und wusste, dass auch sie bald sterben würde – ihr sollten noch fünf Jahre bleiben. Knapp zwei Wochen vor ihrem Tod wird man sie zur Ehrenpräsidentin Chinas ernennen, und endlich wehrte sie sich auch nicht mehr dagegen, in die Kommunistische Partei aufgenommen zu werden.

Der deutsche Botschafter Erwin Wickert nahm ebenfalls an der Trauerzeremonie für Mao teil, über den er in seinen Erinnerungen schreibt: »Er war ein Mann, ohne den China heute nicht wäre, was es ist. Er war groß in dem, was er geschaffen hat, groß in seinen Fehlern, groß in seinen Widersprüchen. Wir verbeugten uns vor dem Toten und wussten, dass das Urteil über ihn stets schwanken (...) wird.«[287]

Mao Zedong selbst wollte verbrannt und seine Asche sollte in Hunan, seiner Heimatprovinz, beigesetzt werden. Doch nur einen Monat nach seinem Tod beschloss die Regierung, eine große Gedenkhalle zu errichten und »seinen Leichnam in einem Kristallsarg aufzubewahren und den Volksmassen zugänglich zu machen«.[288] Schnell reagierte Hua Guofeng, der auch die Order herausgab, was immer Mao gesagt habe, es dürfe nicht kritisiert werden. Dazu gehörte auch der Regierungsauftrag an ihn. Überall erschienen nun bunte Bilder, die Hua und Mao während ihres letzten Treffens im Gespräch zeigten, um die Machtübergabe an den Gemäßigten zu untermauern.

Bereits am 29. September, knapp drei Wochen nach Maos Tod, hatte seine Witwe im Politbüro nachgefragt, wer die Parteiführung übernehmen solle. Zwei Mitglieder der Viererbande hatten Jiang Qing bereits als Zwischenlösung vorgeschlagen; den Parteivorsitz zu erobern, war das Ziel der Gruppe. Als Jiang Qing Artikel platzierte, um ihre Fraktion als die wahren Fackelträger von Maos Politik darzustellen, handelte die oberste Führung. Am 6. Oktober wurde die Viererbande zu einer Sitzung des Politbüros eingeladen und nach dem Eintreffen sofort verhaftet; ihre Sympathisanten in anderen Städten, vor allem in Schanghai, wurden ebenfalls festgesetzt.

Umgehend veröffentlichte die vorab informierte Presse, dass diese »parteifeindliche Clique« einen Umsturz geplant habe. Im Land regte sich kein Protest, der Regierungschef und inzwischen auch Parteivorsitzende Hua Guofeng zerstreute erfolgreich die Furcht vor Instabilität. Doch erneut litt die Glaubwürdigkeit der KP Chinas, repräsentiert durch Mao, als sich nach Liu Shaoqi und Lin Biao nun auch noch die Witwe des Großen Vorsitzenden als Verräterin entpuppte.

Am Tag von Jiang Qings Verhaftung endete nach der heutigen offiziellen Geschichtsschreibung die Kulturrevolution. Die Formel *Dadao Sirenbang yihou*, »Nach dem Sturz der Viererbande«, leitete bis zum Ende der 70er-Jahre viele Gespräche ein. Denn der Gruppe wurden die schlimmsten Auswüchse der »zehn Jahre Chaos« zugeschrieben. Das entlastete auch Mao, ließ den Herrscher weniger schuldig dastehen.

Sie sei nur Maos Hund gewesen. Wenn er es befohlen habe, habe sie eben zugebissen, behauptete Jiang Qing wütend im

毛泽东

Gerichtssaal, als 1980 und 1981 allen Mitgliedern der Viererbande der Prozess gemacht wurde. 20 Jahre musste Yao ins Gefängnis, »lebenslänglich« gab es für Wang. Der Dritte im Bun-
de, Zhang, wurde genau wie »Madame Mao« zum Tode
verurteilt, wobei beider Strafen in »lebenslänglich« umgewan-
delt wurden. Mit 77 Jahren schließlich wird die krebskranke
Mao-Witwe kurz nach ihrer vorzeitigen Entlassung aus der
Haft im Jahr 1991 Selbstmord begehen.

Als Chinas kommunistischer Herrscher starb, ließ er ein Entwicklungsland zurück, aber China war dank seiner Politik auch
»grundlegend industrialisiert« und vor allem unabhängig vom
Ausland geworden. Es stellte alles selbst her, vom Waschmit-
tel bis zur Eisenbahn. Chinas Wirtschaftssystem funktionierte,
wenn auch »eher schlecht als recht«.

Am 26. Dezember 1976, dem Tag, an dem Mao vor 83 Jahren geboren wurde, erschien in Chinas Zeitungen eine bereits
20 Jahre alte Abhandlung des Verstorbenen. Der Text *Über die
zehn großen Beziehungen* war nie veröffentlicht worden, sondern nur intern in der Partei bekannt. Im Jahre 1956 hatte Mao
nämlich geschrieben: »Unsere Politik ist es, von den Vorzügen
aller Nationen und aller Länder zu lernen und uns alles anzueignen, was in ihrer Politik, Wirtschaft, Wissenschaft, Technik,
Literatur und Kunst wirklich gut ist.« Es gehe darum, das All-
gemeingültige zu studieren und mit der Realität Chinas zu verbinden. Und keine noch so berechtigte Kritik am »bürgerlichen
System, Ideologien und Lebensweisen des Auslandes« dürfe
China davon abhalten, »uns die fortgeschrittene Wissenschaft
und Technik der kapitalistischen Länder anzueignen und das zu
lernen, was wissenschaftlich an ihrer Betriebsführung ist«.[289]
   In vielen Passagen klingt der durchaus widersprüchliche
Text wie eine Rechtfertigung für Dengs in Kürze anlaufende

neue Öffnungs- und Reformpolitik. Wie schon am Ende des 19. und zu Beginn des 20. Jahrhunderts musste jetzt der *Gang*, der »chinesische Mustopf«, wieder durchgelüftet werden: Weg mit den Deckeln »Maoismus« und »Planwirtschaft«. Der verstorbene Mao hatte mit seiner Einschätzung am Ende also doch recht behalten: Nach seinem Tod wird eine Wirtschaftspolitik Stück für Stück umgesetzt werden, die seinen Idealen, den Ideen der Kulturrevolution, widersprach. Er hätte gewiss eine »Restauration des Kapitalismus« beklagt, doch genau das sollte die Voraussetzungen dafür schaffen, dass sich eine Prognose Maos aus dem Jahr 1956 erfüllen konnte: »Wenn wir (...) ins 21. Jahrhundert eintreten, wird das Antlitz Chinas sich abermals gewandelt haben. China wird dann ein großes und mächtiges Industrieland sein. Und so muss es auch sein; denn China (…) soll Großes für die Menschheit leisten.«[290]

Das Mao-Mausoleum wurde im Herbst 1977, nur ein Jahr nach dem Tod des Herrschers, eröffnet, gebaut mit Materialien aus allen Landesteilen. Es liegt an der Südseite des Tianan'men-Platzes. Am frühen Morgen schon bilden sich seitdem tagtäglich lange Schlangen, die Minute um Minute länger werden, bis sie sich in mehrfach gefalteten Reihen um diese »Gedenkhalle« winden. Der Eintritt für Einheimische ist frei, sie müssen nur ihren chinesischen Personalausweis hochhalten. In der Regel warten sie drei bis vier Stunden. Alle Altersgruppen sind vertreten; unter den Touristen sind mehr Leute vom Land, viele Arbeiter und vor allem Bauern stehen an, einfach angezogen, die wattierten Jacken oft sorgsam geflickt; viele tragen Stoffschuhe. Fast verschwunden sind alte Frauen mit gebundenen Füßen, die oft im Rollstuhl geschoben werden. Besuchergruppen sind an ihren einheitlichen Stoffmützen zu erkennen, und immer wieder fallen kleine Pulks bunter Trachtenträger auf, Angehörige nationaler Minderheiten. Das große China ist auf diesem Platz im Kleinen zu beobachten.

Maos Porträt am Tor des Himmlischen Friedens blickt von Norden her auf die »Gedenkhalle«, wo der einbalsamierte Körper des Staatsgründers im Kristallsarg ruht. Zwischen Tian'anmen und Mausoleum spannt sich so eine gerade, aber unsichtbare Linie über einen der am besten bewachten Plätze der Welt. Hier ist noch Mao-Land.

In eine etwas andere und ferne Zukunft weisen Vorschläge, die in den letzten Jahren immer wieder gemacht wurden: den Tian'anmen-Platz wie früher mit Bäumen zu bepflanzen, um ihn grüner, kleinteiliger und damit menschlicher zu machen. Endlich Maos Letzten Willen zu erfüllen, ihn einzuäschern und in seiner Heimat zu bestatten. Die leer gewordene Gedenkhalle gar in ein Museum der Kulturrevolution zu verwandeln. Und schließlich das Mao-Bild am Tor des Himmlischen Friedens durch ein Porträt des ersten Staatsgründers Sun Yatsen zu ersetzen, weil er eine wichtige einigende Identifikationsfigur für alle sein könnte, gerade auch für die Bevölkerung von Hongkong und Taiwan. Erst dann wäre Mao Zedong tatsächlich beerdigt. Doch noch ist er als Staatssymbol und Ikone gefragt und unverzichtbar in der chinesischen Staatsarchitektur der Macht.

# Epilog Rebellion bleibt gerechtfertigt

### Die Ikone

Vom Boden über den Sockel bis zum Scheitel des Großen Vorsitzenden misst das Mao-Zedong-Denkmal in Shaoshan genau 10,1 Meter. Auf dem zentralen Gedenkplatz in seinem Geburtsort ist das Datum 10/1 zu Stein geworden. Vielleicht nicht für die Ewigkeit, aber für die nächsten Generationen, damit auch sie den Vorsitzenden Mao Zedong als Staatsgründer und seine berühmten Sätze aus dem Herbst 1949 erinnern: »Unsere Nation wird niemals mehr eine Nation sein, die sich beleidigen und demütigen lässt. Wir sind aufgestanden.« Eine Aussage, die das Selbstbild Chinas bis heute entscheidend prägen.

Deshalb flimmern im supermodernen Stadtmuseum von Beijing in einem eigenen Raum Filmaufnahmen von Maos Auftritt am 1. Oktober als Endlosschleife auf zwei Seitenwänden und an der Stirnwand. Davor steht hinter einer Absperrkordel ein altes Mikrofon; es soll eines der Originale sein, in die er gesprochen hat. Das große Mao-Porträt am Tian'anmen steht für die Staatspartei, die aus dem alten ein neues, moderneres China formte. Daran vor allem erinnert sein Konterfei und nicht an die konkrete Politik. Deshalb konnte »Mao Zedong« auch zu einer Art Markenname für die Kommunistische Partei Chinas werden, ebenso wie das gesamte Ensemble – das Bild und das Tor, das auch im Zentrum des Staatswappens steht – zum populären Wahrzeichen der Volksrepublik wurde.

Ein Europäer hätte 400 Jahre leben müssen, vom späten Mittelalter bis in die Jetztzeit, um am eigenen Leib die Veränderungen zu erfahren, die im 20. Jahrhundert dieses riesige Land und das Denken seiner Menschen regelrecht umgepflügt haben. In Zeiten eines solchen rasanten Wandels ist Mao Zedong eine

毛泽东

Konstante geblieben – eine zeitlose Ikone, an die man sich halten und auf die man sich beziehen kann, zustimmend oder protestierend.

## Schwarz oder Weiß

Während des Kalten Krieges war die Welt noch in Gut und Böse, West und Ost, Kapitalismus und Kommunismus geteilt. Die Fronten schienen klar, man sah Schwarz oder Weiß und bei China gerne auch Blau: Abschätzig wurden die Chinesen wegen der Farbe ihrer baumwollenen Arbeitskluft »Maos blaue Ameisen« genannt.

Ob ich wirklich nach »Rotchina« fahren wolle? – Diese Frage an mich wurde 1977, nur ein Jahr nach Maos Tod, oft von verständnislosem Kopfschütteln begleitet. Als ich dann zwölf Monate in der Volksrepublik studierte, waren die Grundnahrungsmittel noch rationiert, in Beijing gab es fast keine Autos, sondern nur Fahrräder und pro Wohnquartier höchstens einen Fernseher und ein Telefon. Sichtbar und spürbar war China ein armes Entwicklungsland, weder schwarz noch weiß, sondern vor allem grau.

Der Armut und Rückständigkeit sagte Deng Xiaoping gerade den Kampf an und setzte in die Tat um, was er schon Anfang der 60er-Jahre postuliert hatte: »Egal, ob die Katze schwarz oder weiß ist, Hauptsache, sie fängt Mäuse.« Diese berühmte »Katze-und-Maus-Theorie« öffnete das Land und erlaubte alles, was den »vier Modernisierungen« diente, in Landwirtschaft, Industrie, Landesverteidigung und Wissenschaft. Damit endete in China 1978 ein Jahrhundert der Revolutionen. Statt Klassenkampf legte die überarbeitete Verfassung nun als Ziel eine »sozialistische Marktwirtschaft« fest. Die Diktatur der Politik bekam Konkurrenz – und die neue Diktatur des Geldes und Marktes war nicht weniger mächtig.

Die westliche Sicht auf China ist seitdem eine radikal andere geworden. Am Beginn des 21. Jahrhunderts gelten als »gelbe Gefahr« Chinesen in schwarzen Geschäftsanzügen, die angeblich Amerika und Europa aufkaufen wollen. Bejubelt werden die Wachstumsraten und die gigantischen Absatzmärkte im größten asiatischen Wirtschaftswunderland. China ist ein bewunderter Mitspieler im globalen Monopoly! Die neue Schanghaier Skyline mit dem markanten *Pearltower* ist längst so bekannt wie die Silhouette von New York und ebenso mit übersteigerten Sehnsüchten aufgeladen.

Alles gibt es heute in China zu kaufen, Autos haben die Fahrräder längst an den Straßenrand gedrängt und 400 Millionen Fernseher flimmern im ganzen Land. Der auf über 1,3 Milliarden angewachsenen Bevölkerung geht es sichtbar besser, und zum ersten Mal leben mehr Menschen in den Städten als auf dem Land. Trotzdem liegt das Pro-Kopf-Einkommen weiterhin im unteren Drittel auf einer Liste von 72 Ländern. Und die von den schwarzen und weißen Katzen gefangenen »Mäuse« sind ungerechter denn je verteilt. Die Kluft zwischen Arm und Reich, zwischen der städtischen Glitzerwelt und dem Hinterland hat sich so vergrößert, dass Unruhen drohen.

Als ich im Jahr 2012 China erneut besuchte, erlebte ich zwei Lebenswelten, die nebeneinander existieren: eine alte, immer noch rückständige und eine rasante, moderne Welt. Dazwischen wanderten Heerscharen von »Bauernarbeitern« verloren hin und her. Sieht so eine sozialistische Moderne aus? Und was würde Mao Zedong wohl dazu sagen?

### Mao-Fieber

In der Mao-Ära war das »wichtigste Kennzeichen (...) das Streben nach Gleichheit und Gerechtigkeit« gewesen.[291] Daran erinnerte Maos 100. Geburtstag, der 1993 erstmals eine Mao-

Nostalgie aufkeimen ließ, und zwar als Kritik an den unsozialen Folgen der neuen Wirtschaftspolitik. Denn unwirtschaftliche Staatsbetriebe wurden geschlossen, und der »eiserne Reistopf«, eine Umschreibung für einen lebenslang sicheren Arbeitsplatz, war Vergangenheit. Die Löhne sanken und es gab Akkordarbeit. Unmut erregten Parteifunktionäre, die sich in den ersten Boom-Jahren hemmungslos bereichert hatten. Maos Werke wurden wieder nachgefragt und neu aufgelegt, Plakate mit seinem Konterfei nachgedruckt. Ein regelrechtes »Mao-Fieber«, *Mao Re*, griff um sich.

Diese auch politisch motivierte Mao-Begeisterung wurde in den folgenden Jahren verkitscht. Zwischen Marx und Markt ist die Gewinn versprechende »Marke Mao« entstanden, Verfallsdatum unbekannt. Maos Konterfei schmückt Feuerzeuge, die *Der Osten ist rot* trällern. Die Parole *Dem Volke dienen* ziert Essstäbchen und als »Maos Favoriten« verkaufen sich Zigaretten und Tee einfach besser. In der Provinz Hebei pries der Leiter einer Schnapsfabrik die Hausmarke »Sonnenschnaps« mit folgenden selbst verfassten Zeilen an: *Glas für Glas tiefe Gefühle / Erinnerungsschwer – die Vergangenheit / Die röteste Sonne / Vorsitzender Mao, dem Herzen am nächsten.*[292]

Im ländlichen China, wo in vielen Häusern alte Mao-Bilder die neuen Zeiten überdauert hatten, war es nur ein kleiner Schritt vom Halbgott Mao, dem verehrten »großen Steuermann«, bis zum »Tempel für den Vorsitzenden«, den man in diesen schweren Zeiten um Hilfe anrief. Das hat Tradition, schon immer wurden wichtige Personen nach ihrem Tod zum Schutzheiligen oder zu einer Volksgottheit erhoben. Konfuzius ist das beste Beispiel. Seitdem schmücken Mao-Statuen und Büsten, die in allen Größen, Materialien und Preisen produziert werden, viele Hausaltäre. Auch Amulette und Glücksbringer mit Mao-Konterfei sind begehrt, weil ein Autofahrer dank des

Mao als begehrtes Souvenir: Bekannte Zitate und Porträts des Vorsitzenden Mao, mit Metallgriffeln in Steinplatten geritzt, werden auf einem Beijinger Flohmarkt verkauft.

roten Schutzpatrons einen schweren Unfall unversehrt überstanden haben soll.

In größeren Städten haben besondere Restaurants im Mao-Look Zulauf. Das kleine rote Buch aus Plastik, das mitten auf dem Tisch steht, verkündet nur noch die Tischnummer; die Wände schmücken alte politische Parolen, und auf Bildschirmen flimmern Szenen aus Maos Politikerleben, immer dabei die berühmte Bade- und Winkszene im weißen Frotteemantel aus dem Jahr 1966, kurz vor dem Beginn der Kulturrevolution. In Regalen stehen Porzellanvasen und -teller mit Mao-Konterfeis, der Personenkult als Dekoration. Viele betreten diese Lokale nicht, finden es geschmacklos, im Revoluzzer-Ambiente

毛泽东

zu tafeln, weil sie diese zerstörerischen Zeiten durchlebt und durchlitten haben. Doch die Zeit des Klassenkampfes und der permanenten Revolution wünschen auch diejenigen nicht zurück, die sich einen Besuch im Mao-Restaurant leisten oder in Discos zu verpoppten »roten Liedern« tanzen. Es ist auch eine Form, sich seiner chinesischen Identität und Geschichte zu versichern, und auch ein Stück Vergangenheitsbewältigung. Dasselbe leistet auch folgender beliebter Mao-Witz: Der Vorsitzende verließ eines Tages sein Mausoleum und fragte Passanten auf dem Tian'anmen-Platz: »Was macht das Volk denn so?« Er bekam zu hören: »Es kämpft gegen die Großgrundbesitzer!« Mao war zufrieden, er drehte sich um und ging zurück in die Gedenkhalle. Denn er wusste nicht, dass »Kampf gegen die Großgrundbesitzer« nur ein beliebtes Videospiel ist.

Solche Scherze bringen niemanden mehr ins Gefängnis, und selbst bei der folgenden Aktion[293] erhielten die vier jungen Chinesen nur eine »Einladung zum Tee« bei der Polizei und kamen nach dem Verhör wieder frei: Jeder von ihnen hatte, als im Oktober 2012 der 18. Nationalkongress der KP tagte, eine Kopie des Mao-Bildes zerrissen, das am Tian'anmen hängt. Sie stellten Fotos der gemeinsamen Aktion ins Internet und wurden über Nacht berühmt. Ihre Botschaft: Die Partei solle den Maoismus begraben. Die Kommentare dazu gingen von »Es reicht nicht« oder »Mao gehört an den Pranger der Geschichte genagelt« bis zu dem Urteil, der Protest sei »eine kriminelle Tat«; außerdem sei erst mit Mao »das schöne Leben« gekommen.

### Zornige Jugend

Chinas Jugend muss den Staatsgründer nicht mehr ständig hochleben lassen oder Die *Worte des Vorsitzenden* auswendig aufsagen können. Wenig bis nichts über Mao Zedong zu wissen, darf jemand sich erlauben, und unpolitisch zu sein, erscheint vielen als die bessere Wahl. Die sogenannten Post-80er oder Post-90er, die im China nach Mao geboren wurden, nehmen sich diese neuen Freiheiten. Sie werden auch die »Ich-Generation« genannt. Einer von ihnen ist der 1982 in Schanghai geborene Han Han, den heute alle kennen.

Im Jahr 2000 war der damals 17-jährige noch ein »Außenseiter«. Berühmt machte ihn sein autobiografischer Schülerroman *Die drei Türen,* der sich zwei Millionen Mal verkaufte. Darin prangerte der Schulversager, der die Mittelschule wegen schlechter Noten verlassen musste, den Prüfungsdruck und das neue Prüfungssystem an. Ein zentraler Zulassungstest in jeder Provinz entscheidet heute darüber, wer wo und was studieren darf. Dieser *Gaokao* ist jedes Jahr im Juni das Hoffnungs- und Schreckenswort für neun bis zehn Millionen Jugendliche, die mehr wollen als einen Mittelschulabschluss. Nicht mehr die »richtige« Klassenherkunft oder das »Rotsein« zählte, sondern angeblich allein das Fachwissen, die Leistung, heißt es. Doch wer Geld und »Beziehungen«, *Guanxi,* hat, kann die Noten beeinflussen, die »dummen« Töchter und Söhne auf die besten Universitäten und in die gewünschten Fächer schleusen oder ihnen ein Auslandsstudium finanzieren.

Der Buchautor Han Han wurde nach seinem Bestseller nicht nur Rennfahrer und Schlagersänger, sondern auch einer der ersten berühmten Blogger in China. Weil seine bissigen Kommentare zu gesellschaftlichen Missständen hundertmillionenfach gelesen werden, nominierte ihn das amerikanische *Time Magazine* im Jahr 2010 für die »Liste der 100 einflussreichsten Menschen der Welt«. Am Ende landete er auf Platz zwei.[294]

Die Zahl der chinesischen Internetnutzer explodierte am Beginn des 21. Jahrhunderts auf heute rund 600 Millionen. Entstehen konnte so eine neue »zornige Jugend«, *Fen Qing* genannt.[295] Dank der sozialen Netzwerke wie *Sina-Weibo,* dem

毛泽东

chinesischen Twitter, oder *Renren*, dem östlichen Facebook-Klon, verschaffen sich besonders die Jugendlichen massenhaft Gehör. Die neuen Technologien erleichtern das Rebellieren. Trotz der Internetkontrollen wurde immer wieder das Meinungsmonopol im Einparteienstaat gebrochen. »Der wahre Konflikt des heutigen China besteht darin«, so Han Han, »dass der IQ des Volkes ständig zunimmt, während die moralischen Werte unserer Parteifunktionäre stetig abnehmen.«[296]

Braucht China also eine neue Revolution? Als seine Fans immer häufiger solche Fragen stellten, startete der Blogger im Jahr 2011 eine dreiteilige Internetdebatte über Freiheit, Demokratie und Rechtsstaatlichkeit. Er selbst sprach sich für starke Reformen aus. Denn eine Revolution müsse von jemandem angeführt werden. Und dieser Führer könne nie so gütig und barmherzig sein, wie ihn sich die Mädchen und Jungen vor dem Computer fantasierten. Er wäre »wahrscheinlich selbstgerecht, eigensinnig, anmaßend, böse und cholerisch. Ja, das hört sich alles ein bisschen vertraut an.«[297] Der Neue müsste wie der Alte sein und zu dem hält Han Han lieber Abstand. Deshalb weigerte er sich standhaft, die Mode mitzumachen, sein Autogramm auf die Geldscheine zu schreiben: »Ich möchte meinen Namen (…) nicht neben den vom alten Mao Zedong setzen.«[298] Denn das Porträt des Staatsgründers, der als Revolutionär noch das Geld abschaffen wollte, ziert seit 1999 die Vorderseiten der Yuan-Banknoten.

### National und grün

Keine Berührungsängste mit Mao-Bildern und antiimperialistischen Parolen aus der Mao-Ära hat eine andere Gruppe der »zornigen Jugend«, die Neonationalisten. Ihr Video *2008! China stands up!* macht mit der »roten Sonne« Mao auf und zitiert seinen berühmten Ausspruch: »Alle Reaktionäre sind Papiertiger.« Sie halten auch gerne Mao-Bilder hoch, wenn sie etwa im schwelenden Inselkonflikt mit Japan für chinesische Interessen demonstrieren. Denn der alte Mao hatte dem Nachbarn erfolgreich die Stirn bot.

Stolze junge Chinesen und Chinesinnen gibt es viele, seit die Amerika-Begeisterung der 90er-Jahre abgeklungen ist. Selbstbewusst fragten mich Deutschstudentinnen während meiner Reise Ende 2012 immer wieder: Warum werde die Regierung der USA nie als »Regime« bezeichnet? Auch dort gebe es schließlich Menschenrechtsverletzungen! Warum tauche das abschätzige Wort gehäuft auf, wenn über China geschrieben und geredet werde?

Über soziale Netzwerke organisieren sich Gruppen der *Fen Qing*, von denen viele im Ausland waren oder noch studieren. Als China 2008 die Olympischen Sommerspiele ausrichtete, riefen sie in Paris und Berlin zu Demonstrationen und in den großen Städten Chinas zum Boykott der französischen Supermarktkette *Carrefour* auf, um so auf die in ihren Augen einseitige französische Berichterstattung über Tibet aufmerksam zu machen, die zu Störungen des olympischen Fackellaufs nach Beijing angestachelt hätte. In ihrer Videobotschaft *Our Youth, our China*[299] beriefen sie sich auf den jungen Rebellen Mao: Als Erben der Vierter-Mai-Bewegung inszenierten sie sich, weil auch sie wie die Studenten und Studentinnen anno 1919 international *und* patriotisch seien.

Zu beiden Gruppen passen die Worte, mit denen der noch unbekannte 25-jährige Mao versuchte, seine Altersgenossen wachzurütteln: »Die Welt gehört uns, die Nation, die Gesellschaft ist unser. Wenn wir nicht sprechen, wer soll es dann tun?« Als er Student war, signalisierte das Wort *xin*, »neu«, nationalen Widerstand.[300] Am Beginn des 21. Jahrhunderts, in Zeiten von Smog-Alarm und ausuferndem Städtewachstum,

毛泽东

Lebensmittelpanschereien und verschmutzten Flüssen, haben das Wort *lü*, »grün«, oder das englische *green* ein vergleichbares Protestpotenzial. Junge Leute organisieren sich in *Green Teams* oder dem *China Youth Climate Network*, arbeiten in Nichtregierungsorganisationen, die zum Beispiel in Chinas Westen Bäume gegen die Wüstenausdehnung pflanzen. *Non-Governmental-Organization* (NGO) wird dabei gerne mit »Never-Give-up-Organisation« übersetzt: niemals aufgeben. Weil Rebellion gerechtfertigt bleibt, wenn die große Politik versagt.

Immer mehr Menschen, auch auf dem Land, stehen auf gegen Umweltsünden und Enteignungen, gegen die sie rechtlich noch zu oft machtlos sind. Viele prangern vor Ort die korrupten Funktionäre an und beklagen eine fehlende Unterstützung im Alter. Die kommunistische Partei beobachtet solche Proteste aufmerksam, sieht darin auch ein »Frühwarnsystem«, das auf Probleme aufmerksam macht. Im Jahr 2008 gab es 120 000 kleinere lokale Aufstände, inzwischen sollen es jährlich 180 000 »Massenvorfälle« sein. Die Menschen werden mutiger und vermeiden dabei, das gesamte System anzugreifen.[301]

### Protestbilder aus China

»We all want to change the world«, heißt es im Beatles-Lied *Revolution*. Aber wie lässt sich die Welt verändern? Befreie dein Denken, sangen John Lennon und Paul McCartney im Jahr 1968 auf dem Höhepunkt der europäischen Studentenbewegung, als das Mao-Konterfei auf Demonstrationen geschwenkt wurde, um zu provozieren. »But if you go carrying pictures of Chairman Mao, you ain't gonna make it with anyone anyhow« – frei übersetzt: Wenn du Bilder des Vorsitzenden Mao herumträgst, wirst du es niemals schaffen.

Heute halten die »Empörten«, die in den europäischen Großstädten gegen die Auswüchse der Globalisierung und die Jugendarbeitslosigkeit protestieren, keine Mao-Porträts mehr in die Höhe. Ein ganz anderes Bild aus China ist inzwischen im Westen zur Widerstands-Ikone geworden: *The Tank Man*, der »Panzermann«, vom Tian'anmen-Platz.[302]

Am 5. Juni 1989 stellte sich ein junger Mann, der nur eine Einkaufstüte in der Hand hielt, anrollenden Panzern in den Weg. Es war der Morgen nach dem Tag und der Nacht, in denen die Protestcamps brutal geräumt worden waren – ein Ereignis, das als Tian'anmen-Zwischenfall Geschichte schrieb. Der Unbekannte stoppte die Fahrzeuge auf der mehrspurigen Chang'an-Straße, die zum Platz des Himmlischen Friedens führt. Er kletterte am Geschützrohr vorbei auf ein Panzerdach und sprach mit dem Soldaten im Führerstand.

Das Video dieser spontanen und mutigen Widerstandsaktion ging um die Welt.[303] Die *Occupy Wall Street*-Bewegung machte ein Standbild des namenlosen Rebellen zum Plakatmotiv und rief damit in New York zu Protestaktionen gegen die Allmacht der Banken und des Geldes auf. Denn gegen eine andere Allmacht, die der Kommunistischen Partei Chinas, war auch in diesem berühmten Sommer 1989 in Beijing protestiert worden, und zwar genau unter den Augen der Ikone Mao.

Das Mao-Bild am Tian'anmen ist glimpflich davongekommen in den 50 Jahren, in denen es Tag für Tag auch den Einparteienstaat verkörpert. Nur wenige kleinere Anschläge auf das Ölgemälde, mit Feuer und Farbe, wurden in der langen Zeit bekannt. Die »Mitte der Mitte« ist gut bewacht. Den spektakulärsten Angriff wagten im Mai 1989 drei junge Männer, die wie Mao aus der rebellischen Provinz Hunan stammen.

### Eier auf Mao

Zwei 26-Jährige und ihr vier Jahre jüngerer Freund hatten von den Studenten in Beijing gehört, die den Platz des Himmlischen

Friedens besetzt hielten, und waren mit anderen in die Hauptstadt gereist, um »irgendwie Revolution zu machen«.[304] Sie beschlossen, das ganze Mao-Bild herunterzuholen, um »einen symbolischen Punkt unter die Tyrannei der Kommunistischen Partei zu setzen«.[305] Doch nach einer Besichtigung der armdicken Befestigungsnägel, die das 6,5 Meter hohe und fünf Meter breite Porträt festhalten, ließen sie diesen Plan fallen und kauften stattdessen zwanzig Eier, die sie mit dunkelgrauer Ölfarbe füllten. Sie schrieben auf Reispapier: »5000 Jahre Herrschaft gehen hier zu Ende, der Personenkult geht in Rente.« Und quer über dem 1,20 Meter langen und 80 Zentimeter hohen Spruchband stand: »Es lebe die Freiheit!«[306] Das Transparent hielten sie am 23. Mai hoch, bevor sie das »Tyrannenbild« bewarfen. Nur drei Eier landeten auf Maos Kinn.

Währenddessen saß in einer anderen Ecke des mit Menschen übersäten Platzes eine Gruppe junger Arbeitsloser, die ihren politischen Unmut vollkommen anders zeigten: Sie schwenkten das kleine rote Buch mit den alten Mao-Zitaten. Von dem Eierangriff auf ihre Protest-Ikone hatten sie nichts mitbekommen.

Einige Studenten umzingelten die drei »Aktionskünstler«. Sie hätten der friedlichen Versammlung geschadet und die Staatsmacht unnötig provoziert, urteilten die Organisatoren des Protests und übergaben die drei »Krieger aus Hunan«, in denen manche eher »drei Schurken« sahen, den Sicherheitskräften. Am Ende ging es für niemanden gut aus.

Zwar konnte eine Abordnung der studentischen Platzbesetzer ihre Forderungen für die seit Jahren erhoffte »fünfte Modernisierung«, also für mehr Mitbestimmung und Meinungsfreiheit, der Regierung übergeben. Doch das anschließende Gespräch in der Halle des Volkes endete unversöhnlich, die Reformerfraktion in der Führung unterlag. Die KP zeigte Stärke und ließ den Platz räumen. Schließlich weilte der russische

Präsident Gorbatschow gerade auf Staatsbesuch in Beijing; er hatte durch eine Hintertür die Große Halle des Volkes betreten müssen.

Angriffe auf Staatssymbole, Blockaden von Regierungsgebäuden und Besetzungen von öffentlichen Plätzen werden nirgends auf der Welt geduldet. Es waren die massive Gewalt, die Hunderte tötete, und die Höhe der Strafen für viele politische Aktivisten, die weltweit empörten und China eine Zeit lang politisch isolierten. Der Jüngste aus der Gruppe der Hunan-Krieger bekam 18 Jahre Haft, ein Strafmaß, das ihm zur Hälfte erlassen wurde; danach setzte er sich Richtung Thailand ab. Ab August 1989 saßen die beiden 26-Jährigen jeweils 16 Jahre und neun Monate im Gefängnis, das sie erst mit über vierzig wieder verließen. Einer von ihnen lebt heute, seelisch gebrochen und krank, in den USA, die ihm politisches Asyl gewährt haben. Nur der dritte Mann, Yu Zhijian, blieb in China. Das Vertrauen seiner Generation in die Regierung wurde nachhaltig erschüttert.

Über ein Vierteljahrhundert später gelten »Vierter Juni« und das Codewort »35. Mai« – errechnet aus 31. Mai plus 4 Tage –, aber auch die Begriffe »Tian'anmen-Zwischenfall« oder gar »Tian'anmen-Massaker« weiterhin als »sensible Wörter«, die von der Internetzensur schnell gelöscht werden. Dadurch wird dieses Ereignis in der breiten Öffentlichkeit mehr und mehr vergessen. Dagegen wehren sich »die Mütter vom Tian'anmen«, die auf dem Platz ihre Söhne und Töchter verloren haben. Um die Erinnerung daran wachzuhalten, ließ sich in Maos alter Heimat Changsha der dritte »Krieger aus Hunan« von dem Schriftsteller Liao Yiwu interviewen, der inzwischen in Deutschland lebt. Wie viele andere der sogenannten Rowdies vom Tian'anmen, zu denen Yu Zhijian sich stolz zählt, hofft er weiter darauf, rehabilitiert zu werden.[307]

毛泽东

### Pop-Maos und rote Stars

In den 90er-Jahren zog ein etwas anderes, im Westen sehr berühmtes Bild von Mao Zedong in seinem Heimatland plötzlich viele neue Blicke auf sich: die Pop-Version, die der Amerikaner Andy Warhol Mitte der 70er-Jahre hundertfach gedruckt und koloriert hatte. Von West nach Ost lief nun die »transnationale Übersetzungsmaschine«[308], der Warhol-Mao wurde als Ideengeber von einer jungen mutigen und auch international ausgerichteten Künstlergeneration zurückgeholt, die sich an Mao Zedong abarbeitete. Der große Vorsitzende bekam Mickymaus-Ohren oder winkte als bunte Comicfigur. Gleich dreizehnfach bevölkerte Mao eine Kopie von Leonardo da Vincis *Abendmahl* und war auf dem Gemälde Jesus, Jünger und Verräter zugleich. Die Botschaft des Bildes: Mao wurde durch Mao verraten. Schreibt heute ein Maler auf eine weiße Leinwand *Mao's Eye* oder *Mao's Nose*, reicht das völlig aus, damit jeder Betrachter sofort das mächtige, sanft lächelnde Mao-Bild vom Tian'anmen vor Augen hat. Tief im kollektiven Gedächtnis ist sein Konterfei eingebrannt, genau wie die *Mona Lisa*, die im Pariser Louvre hängt. Deshalb wird der berühmteste Chinese der Welt auch die »Mona Lisa der Weltrevolution« genannt. Maos internationale Karriere, die er in den 30er-Jahren als »Roter Stern über China« startete, sucht bis heute ihresgleichen, eine ähnliche Starrolle füllte seitdem kein chinesischer Politiker mehr aus.

Die »Rote Sonne« Mao ganz hinter sich gelassen haben die Vertreter der modernen chinesischen Kunstszene, die in den 70er- und 80er-Jahren geboren wurden. Für sie zeichnen sich gute Künstler nicht mehr dadurch aus, dass sie Revolutions-Ikonen bearbeiten und so der Zentralregierung die Stirn bieten. Derartige Kunst befriedigt nur die »sentimentalen Revolutionsfantasien« des Westens.[309]

Dem »Weltgetränk« des Westens nahm sich der 1986 geborene He Xiangyu in seinem Cola-Projekt vor: Zwei Jahre lang ließ er 18 Wanderarbeiter über 120 Tonnen Coca-Cola zu einer lavaartigen giftigen Masse einkochen, die an Mondgestein erinnert. Den schwarzen Klotz stellte der Künstler zusammen mit Fotos aus veralteten Fabriken aus, in denen die Arbeiter mit nicht minder giftigen Schlacken hantieren. Die lachenden rotwangigen und vor Kraft strotzenden Modellarbeiter aus der Mao-Zeit sind verschwunden, stattdessen richtet sich der Blick der Jungen gnadenlos kritisch auf die Moderne nach Mao.

### Rotes Tuch und chinesischer Traum

Der Musiker Cui Jian aus Beijing[310] trägt bei seinen Auftritten gerne die typische Mao-Schildmütze mit dem Stern. Sein Debütalbum *Rock and Roll on the Long March* machte ihn schon 1987 zum ersten »Rockrebellen« der Volksrepublik. Zwei Jahre später sang und trompete der 27-Jährige auf dem Platz des Himmlischen Friedens das Liebeslied *Ein Fetzen rotes Tuch*. Mit einem Stoffstreifen verband sich der Musiker bei seinem Auftritt die Augen. Eine Geste, die er seitdem in jedem Konzert wiederholt, bevor er davon singt, dass mit der roten Augenbinde der Himmel zwar unsichtbar war, er aber dennoch das Glück sah.[311]

Nach dem Auftritt im Protestsommer '89 durfte Cui Jian in China keine großen Konzerte mehr geben, er und seine Band spielten in den 90er-Jahren eine Zeit lang nur privat und in kleinen Club, bis die Regierung zunehmend nach einem neuen, ungeschriebenen Gesetz handelte: *Du kannst sagen, was du willst, solange du mich nicht direkt angreifst.* Der Musiker und seine Band traten wieder in großen Hallen und sogar mit den Rolling Stones in Schanghai auf.

Im Jahr 2014 erhielt der inzwischen 52 Jahre alte Rocksänger sogar die offizielle Einladung, bei der populären Musikgala

毛泽东

des staatlichen chinesischen Fernsehsenders CCTV mitzumachen. Zum chinesischen Neujahrsfest ist diese Sendung das Fernsehgroßereignis, das die halbe Nation verfolgt. Für Cuis Teilnahme gab es nur eine Auflage: den Verzicht auf seine Komposition *Ich habe nichts*, die er 1989 ebenfalls auf dem Platz des Himmlischen Friedens angestimmt hatte. Denn das Lied, das unter dem englischen Titel *Nothing To My Name* bekannt ist, hatte sich mit der Zeit in einen inoffiziellen Protestsong verwandelt.[312] Der Text erzählt von einem Mädchen – oder ist es sein Vaterland? –, dem ein junger Mann seine Träume und Freiheit schenken will, aber sie lacht ihn aus. Auf schwankendem Boden, zwischen Wasserfluten wartet er trotzdem darauf, bis sie endlich mit ihm geht. Der Musiker sagte den Fernsehauftritt ab.

Die chinesische Regierung fordert die Bevölkerung seit Anfang des 21. Jahrhunderts auf, »den chinesischen Traum« zu verwirklichen. Was aber soll das sein, fragt Cui Jian, stellvertretend für viele, in einem Interview: »Sei erfolgreich? Werde reich? Kauf dir eine Wohnung? Kauf dir ein Auto? Für mich ist das kein Traum.« Und einen einzigen, *den* chinesischen Traum für alle gäbe es sowieso nicht. Er selbst träume weiter von »mehr Rechten, Redefreiheit«. Dafür einzutreten sei jedoch ermüdend, gesteht der Musiker, weil noch zu viele denken würden, das sei gefährlich. [313]

Immer mehr Chinesen und Chinesinnen – vor allem in der jungen Generation – begreifen sich nicht länger als »Volk« oder als »die Massen«, die Mao Zedong so gerne für *seine* Politik mobilisierte. Sie nennen sich längst Bürger und Bürgerinnen, *Gongmin*, und mischen sich als Individuen ein. *Ihr* eigenes Leben wollen sie verändern und verbessern, ohne gleich zum landesweiten Umsturz aufzurufen. Die Furcht, dass die Ordnung zusammenbricht, sitzt tief in China, in den alten und auch in den jungen Generationen.

»Revolution und Demokratie sind zwei Worte, die man nicht gleichsetzen sollte«, schreibt der Blogger Han Han seinen Altersgenossen. »Die heutige Situation ist die Wahl unserer Großvatergeneration. (...) China ist der Staat auf der Erde, der am wenigsten Aussichten auf eine Revolution hat, aber gleichzeitig der Staat, der Reformen am dringendsten nötig hat.«[314] Deshalb hofft er, dass über die schwierige Beziehung von Revolution, Reform und Demokratie weiter offen diskutiert wird. Sonst bleibe jeder und jede aus seiner Generation bis zum Tod nur »eine in diesem unauflösbaren Knoten verknäulte Faser«. Nötig sei aber eine gewaltige und mutige Reform des Landes, und er ruft dazu auf, nicht unpolitisch zu sein: »Politik ist nicht schmutzig, Politik ist nicht langweilig, Politik ist nicht gefährlich. Gefährliche, langweilige, schmutzige Politik ist keine richtige Politik.«[315]

## China 3.0

Mutig Politik machten im Herbst 2014 die Schüler und Studenten in Hongkong, wo seit der Rückgabe der Kolonie an China 1997 Sonderrechte gelten unter dem Motto »Ein Land, zwei Systeme«. Dazu gehört, dass die Hongkonger ihren Verwaltungschef – vergleichbar mit dem Ministerpräsidenten in einem deutschen Bundesland – im Jahr 2017 frei wählen dürfen. Doch die Zentralregierung in Beijing, die vor allem »ein Land« im Blick hat und für ihre Zugeständnisse Loyalität einfordert, erklärte vorab, die drei Kandidaten selbst zu bestimmen, die in Hongkong zur Wahl antreten werden. Gegen diese Entmündigung wurde demonstriert, Straßen und Plätze im Finanzdistrikt besetzt. Das Erkennungszeichen der Bewegung wurde ein Regenschirm, damit hatten sich viele vor dem Tränengas und dem Pfefferspray der Polizisten geschützt. Sie nannten sich *Occupy Central with love and peace*, zitierten Slogans der älte-

毛泽东

ren westlichen Studenten- und Friedensbewegung und der globalen *Occupy*-Aktivisten. Auch gegen zu hohe Mieten und Arbeitslosigkeit gingen sie auf die Straße. Der 1996 geborene Aktivist Joshua Wong, der in Beijing als Extremist gilt, versteht sich selbst als »Patriot«, aber zuerst sei er Hongkonger und dann Chinese: »Erst wenn Hongkong seine Rechte erkämpft hat, gibt es Hoffnung für China.«

Die Bilder der Aktivisten in schwarzen T-Shirts und mit gelben Armbändchen verbreiteten sich trotz Zensur auf dem Festland über die sozialen Medien; dabei wurde – von einigen erwartungsvoll, von anderen warnend – gerne der Staatsgründer Mao Zedong zitiert: »Vom ›Funken‹ bis zum ›Steppenbrand‹ ist es nicht weit.«

Dass die Geschichte in 30-Jahres-Zyklen verläuft, ist eine in China weitverbreitete Meinung. In der Sprache des Internets wird die Mao-Ära von 1949 bis 1976 als *China 1.0* bezeichnet; die zentralen Ereignisse waren die Gründung der Volksrepublik China 1949 und die zerstörerische Kulturrevolution. Die Marktreformen und Landesöffnung ab 1979 durch Deng Xiaoping leitete eine Art zweite Revolution ein und formte *China 2.0*, das innenpolitisch die Zerschlagung der Tian'anmen-Bewegung zu verantworten hat, aber auch eine Art Wirtschaftswunder anstieß. Nachdem das Wachstum bereits ins Stocken geraten ist, Arm und Reich immer weiter auseinanderdriften, warte das Land gespannt auf eine »dritte Revolution«, behauptet der Politikwissenschaftler Mark Leonard. Doch wie die Zukunft genau aussehen wird, bleibt ungewiss.

Wird die Einparteiendiktatur sich verhärten oder aufweichen und den Weg in eine moderne Zivilgesellschaft freigeben, etwa mit einem unabhängigen Rechtssystem? Wird sich die KP Chinas, die heute 85 Millionen Mitglieder hat – vom armen

Bauern über die neue städtische Mittelschicht bis zum millionenschweren Unternehmer –, am Ende zu einer Volkspartei unter anderen entwickeln? Demokratisierung nicht ausgeschlossen? Oder wird die Staatspartei ihr Machtmonopol wie in der Ära Mao mit harter Hand verteidigen? Spitzen sich gar die Ungleichheiten noch weiter zu und drohen ökonomische Revolten und ökologische Katastrophen? Werden rebellische Provinzen wie Hongkong und Tibet abtrünnig, sind politisches Chaos und eine Zersplitterung des Riesenreiches vorprogrammiert?

Wie immer die Version *China 3.0* aussehen wird, das große Land sucht und geht selbstbewusst einen eigenen, chinesischen Weg. Dabei bleibt es kompliziert und voller Widersprüche – trotz und auch wegen der langen Mao-Zeit, die das heutige China mit hervorgebracht hat und teilweise immer noch prägt.

Mit über 70 betonte der Herrscher, Revolutionär und Chinese Mao Zedong: »Künftige Ereignisse werden von den künftigen Generationen entschieden (...) die heutige Jugend und die nach ihnen kommen werden, sie werden das Werk der Revolution nach ihren eigenen Wertmaßstäben messen.«[316]

Das geschieht längst, weil immer mehr aus dem langen und langsam verblassenden Schatten Maos heraustreten.

# Anhang

## Über die chinesische Sprache »Coca Cola« oder »Kĕkŏukĕlè«

Viele Deutsche würden gern in das »Reich der Mitte« reisen, ergab eine Umfrage im Jahr 2012. Aber 50 Prozent der Befragten hegten zwiespältige Gefühle, nannten China »undurchschaubar« und »unverständlich«.[317] Eigenschaften, die sich im Deutschen mit dem Satz umschreiben lassen: »Das kommt mir chinesisch vor.« Und eine besonders unzugängliche Fachsprache mit eigenen Ausdrücken gilt als »Fachchinesisch«. Chinesische Schriftzeichen und Sprache als Inbegriff des Unverständlichen? Nur auf den ersten Blick.

### Endlich eine Sprache

Die Ausländer, die Ende des 19. Jahrhunderts nach China kamen, schrieben mithilfe des lateinischen Alphabets auf, was sie hörten, und ordneten es den Zeichen zu. Zwischen 1912 und 1921 entwickelten die englischen Professoren Thomas Wade und Herbert Giles zum ersten Mal eine systematische Lautumschrift. Ihr Wade-Giles-Alphabet machte Mao im Westen als »Mao Tse-tung« bekannt.

»Wir glauben, dass wir früher oder später ohnehin das chinesische Schriftzeichensystem aufgeben müssen, wenn wir eine neue Kultur schaffen wollen, an der die Massen voll und ganz teilhaben«, erklärte der Revolutionär Mao im Jahr 1936.[318] Es kam anders: Die Zeichenschrift blieb erhalten, wobei in der Volksrepublik China 1955 manche überflüssigen Zeichen abgeschafft und viele vereinfacht wurden. Der Nach- und Vorname Mao Zedong zählte in der alten Form 毛澤東 noch 28 Striche, nach der Vereinfachung in 毛泽东 sind es nur noch 17.

Im Jahr 1958 dann legten Fachleute im Auftrag der Regierung eine neue, ebenfalls mit lateinischen Buchstaben geschriebene Umschrift vor, das Pinyin, was wörtlich übersetzt »Töne verbinden« bedeutet. Diese Lautumschrift wurde verbindlich eingeführt. Ihre Aussprache gründet auf den Beijing-Dialekt, der seitdem die Standardsprache ist. Im Ausland wird dieses Hochchinesisch auch Mandarin genannt, weil es früher die Sprache der Mandarine, der Beamten, war. In der Volksrepublik spricht man lieber von *Putonghua*, der »allgemeinen Sprache«.

Maos Regierung brachte eine echte Sprachrevolution auf den Weg: Zum ersten Mal in der Geschichte des riesigen Landes entwickelt sich nun im Zuge der Alphabetisierung *eine* Sprache für alle, eine Art Nationalsprache. Denn die sieben Hauptdialekte und unzähligen lokalen Varianten des Chinesischen unterscheiden sich so stark von Nord nach Süd und von Ost nach West, von Provinz zu Provinz und früher manchmal sogar von Tal zu Tal, dass die Menschen sich nur mühsam verständigen konnten. Überall gleich waren nur die Schriftzeichen, sie hielten den Kulturraum China zusammen. Obwohl Mandarin seit Ende der 50er-Jahre landesweit unterrichtet wird, beherrschen viele es immer noch nicht. Deshalb werden Filme und Fernsehsendungen, wenn sie nicht live sind, in der Volksrepublik weiterhin mit Schriftzeichen untertitelt; wer nicht versteht, kann mitlesen.

### Silben und Zeichen

Die Sprachlernbücher in Chinas Grundschulen und alle Chinesischkurse für Ausländer verwenden das Pinyin, um die Aussprache eines Schriftzeichens anzugeben; dieses System hat sich seit Ende der 70er-Jahre weltweit durchgesetzt. Aus *Mao Tse-tung* wurde deshalb *Mao Zedong*, aus *Peking* die Hauptstadt *Beijing*.

Chinesisch ist eine Silbensprache, ein Zeichen entspricht einer Silbe; die meisten Wörter bestehen aus zwei Zeichen, sind also zweisilbig. In der Buchstabenform werden sie zu ganz normalen Vokabeln, die man wie in jeder Fremdsprache auswendig lernt. Man könnte also Chinesisch sprechen lernen, ohne jemals ein Schriftzeichen gesehen zu haben. Im Sprachunterricht schreibt man die zu den Vokabeln passenden Zeichen und lernt, sie wiederzuerkennen, also zu lesen.

Straßennamen und Ladenschilder oder Werbung und Plakate vereinen inzwischen oft Lautschrift *und* Zeichen, das wirkt moderner und internationaler. Die Kenntnis von 1500 bis 2000 Zeichen ist nötig, um nicht als Analphabet zu gelten und einfache Texte lesen zu können. Mit einem Zeichenfundus von 5000 bis 6000 gilt man als gebildet. Aber schon mit 3500 der gängigsten Zeichen erschließen sich über 90 Prozent der Texte.

Wer Chinesisch lernt, freut sich nicht nur über das hilfreiche Pinyin, sondern auch über eine einfachere Grammatik, verglichen etwa mit Französisch oder Spanisch. Es gibt keine Deklination: Das weibliche Pronomen »sie«, *ta*, bleibt in allen Fällen und Wortarten gleich. Was gemeint ist, verraten die Satzstellung und der Zusammenhang. Ein Verb, etwa »studieren«, behält immer dieselbe Grundform, *xuexi*, gleichgültig, ob ich studiere, du studierst oder sie studieren werden. Da es keine Konjugation, keine unregelmäßigen Formen in verschiedenen Zeiten gibt, sind Verbtabellen unnötig. Dafür gibt es Suffixe, Nachsilben, Partikel, die der Grundform angehängt werden, um Zeiten genauer darzustellen.

毛泽东

**Vier plus ein Ton**

Im Beijing-Dialekt existieren etwa 400 verschiedene Silben, und fast jede kann in den folgenden vier Tönen gesprochen werden, die man üben und in die man sich einhören muss.

Die Tonhöhen vervielfachen die Menge der unterscheidbaren Silben, weil der Ton die Bedeutung und damit auch das Schriftzeichen ändert, wie das Beispiel zeigt:

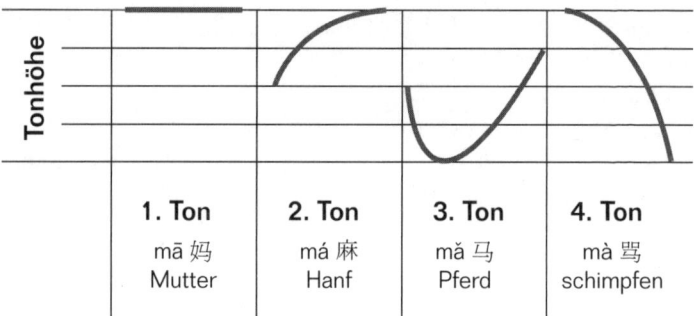

| 1. Ton | 2. Ton | 3. Ton | 4. Ton |
|--------|--------|--------|--------|
| mā 妈 | má 麻 | mǎ 马 | mà 骂 |
| Mutter | Hanf | Pferd | schimpfen |

In der Pinyin-Umschrift gibt ein Strich über den Buchstaben an, welcher der vier Töne gesprochen wird, oder die entsprechende Zahl (1–4) steht daneben. Auch ein fünfter, neutraler Ton (ohne Oberstrich) existiert wie bei 妈妈 Māma und 爸爸 Bàba. Der Nach- und Vorname Maos beginnen mit jeweils einem 2. Ton, am Ende steht ein hoher 1. Ton: *Máo Zédōng*.

Um alle Schriftzeichen zu benennen, reichen 1200 verschiedene Silben nicht aus. Deshalb haben oft in Aussprache *und* Ton identische Silben unterschiedliche Bedeutungen – vergleichbar den deutschen »Teekesselchen« wie »Bank« (Geldinstitut oder Sitzgelegenheit) oder »Hahn« (Tier oder Wasserhahn). Was gemeint ist, erschließt der Zusammenhang oder das Schriftzeichen. Ein Beispiel: China heißt 中国, sprich *Zhōngguó*, direkt übersetzt bedeutet es »Mitte Land«, eleganter: »Reich der Mitte«. *Zhōng* im 1. Ton gesprochen meint auch »Abschluss/beenden« (终), »Glocke/Uhrzeit« (钟) oder »treu« (忠. ) Bei dem letzten Wort ist das Zeichen für 中 »Mitte (*zhōng*) durch ein Herz 心 ergänzt: Treu ist also jemand, in dessen Herzen etwas oder jemand im Mittelpunkt bleibt. Das Zeichen »Herz« ist ein sogenanntes Radikal, das immer auftaucht, wenn es um Herzensdinge geht. Neben diesen sinngebenden gibt es noch den lautgebenden Teil. Das Zeichen für Mitte *(zhong)* liefert bei dem Wort treu den Hinweis zur Aussprache. Nach diesem Prinzip sind alle Schriftzeichen aufgebaut. Die über 200 verschiedenen Radikalen beschrei-

**MAO ZEDONG**

ben oft konkrete Dinge, vom Baum und Getreide über Reisfeld und Stoff-
ballen bis zu Nase und Mund.

### Pinsel und PC

Das Radikal zu erkennen, ist wichtig, weil danach die Wörterbücher organisiert sind. Um ein Zeichen zu finden, muss man außerdem die Anzahl
der Striche zählen, aus denen ein Zeichen besteht. In welcher Reihenfolge
eine der 17 Stricharten gesetzt wird, auch dafür gibt es Regeln, etwa »von
links nach rechts« oder »von innen nach außen«. Die Vorschriften zielen
darauf ab, dass ein Zeichen mittig sitzt und gut proportioniert ist. Beim
Schreibenlernen helfen unterteilte quadratische Kästchen, die Form zu
wahren, wie Hilfslinien in einem Schreibheft für Erstklässler.

Längst lassen sich chinesische Schriftzeichen statt mit dem Pinsel am
heimischen PC »schreiben«. Das chinesische Wort wird in der Pinyin-
Form über die normale Tastatur in ein Sprachprogramm eingegeben, das
die Zeichenauswahl bereitstellt. Auch freie Internet-Wörterbücher (etwa
www.hanedict.de) helfen weiter: Ein deutsches Wort eintippen und die
chinesische Übersetzung in Lautumschrift und Zeichenform erscheint.
Wer ein Zeichen anklickt, kann nachverfolgen, wie es Strich um Strich
aufgebaut wird. Und manchmal wird es auch noch vorgelesen.

### Twitter und Tarnung

Das aus Silbenzeichen bestehende Chinesisch passt sehr gut zur Twitter-
Kultur: 140 Zeichen sind im Deutschen maximal 20 Wörter, mit 140 chine-
sischen Schriftzeichen lassen sich ganze Geschichten erzählen. Eine andere
Eigenheit des Chinesischen –die vielen gleich klingenden oder ähnlichen
Wörter – lädt zu Wortspielen ein; sie bietet die Möglichkeit, »sensible«
Wörter zu verstecken und zu tarnen, politische Anspielungen zu machen.
Wenn zum Beispiel im Internet ein Flusskrebs, *héxiè*, kämpft, geht es um
die Internetzensur, die genauso ausgesprochen wird. Dieses Wort ist auch
eine ironische Abwandlung des Polit-Schlagwortes »harmonisch«, *héxié*,
dessen letzte Silbe nur anders betont wird, statt des 4. Tones (wie beim
Flusskrebs) spricht man hier den 2. Ton.

Wird heute ein »Gebirgsdorf« (山寨 shānzhài) erwähnt, ist nicht
länger eine Bergfeste gemeint, ein Versteck für gesetzlose Banditen und
Räuber wie in Mao Zedongs Lieblingsbuch *Die Räuber vom Liang-Shan-
Moor*. Es geht um die moderne Produktpiraterie. Ein Beispiel, das der
chinesische Schriftsteller Yu Hua in seinem Buch *China in zehn Wörtern*
vorstellt, das auch eine Liebeserklärung an den Witz seiner Muttersprache
ist.[319]

毛泽东

## Lautmalereien

Muss ein neuer Begriff ins Chinesische übertragen werden, gibt es zwei Möglichkeiten. Erstens eine direkte Übersetzung: Das chinesische Wort für »kommunistisch« lautet *gòngchǎn*, »gemeinsam hervorbringen«. Es entspricht dem Sinn des lateinischen Wortstammes *communis* (gemeinsam), der der neuen Ideologie ihren Namen gab: Kommunismus. Die Kommunistische Partei *(Dǎng)* Chinas *(Zhōngguó)* heißt deshalb *Zhongguo Gongchandang*. Wenn es um Begriffe geht, die mit dem Internet zu tun haben, taucht immer das Wort für »Netz« (engl. net) auf: 网 *Wǎng*. »Surfen (im Internet)« heißt 上网 *shàngwǎng*, »auf dem Netz sein«. Zweitens ist es möglich, den Klang eines fremden Wortes mit passenden chinesischen Zeichen nachzuahmen. Als Ende der 70er-Jahre Coca-Cola zum ersten Mal importiert wurde, taufte man den Softdrink auf den schönen Namen *Kěkǒukělè,* inzwischen oft zu *Kělè* (Coke) verkürzt. Diese Lautmalerei muss nicht nur gut klingen, sondern auch eine passende Bedeutung haben. Die vier ausgewählten Zeichen 可口可乐 verkünden »Es schmeckt lecker«. Das Möbelhaus Ikea wurde in der Volksrepublik kurz und knapp zu 宜家 *Yíjiā,* was »Passend fürs Heim« meint.

Das Zeichen für Haus oder Heim zeigt ein Schwein 豕 unter einem ⼧ Dach. Viele chinesische Zeichen erzählen noch von alten Sitten und Sichtweisen. Denn die Schrift entstand aus frühen bildlichen Darstellungen, sogenannten Piktogrammen. Das Zeichen für »männlich«, 男 *nán,* besteht immer noch aus einer Sichel unter einem Feld. Eine Frau 女 mit einem Kind 子 ergibt 好, das Zeichen bedeutet »gut«, *hǎo*. Die Schriftzeichen rufen – anders als die Buchstabenform – oft »besondere Bilder wach«.[320]

## Kurze lange Geschichten

Im Chinesischen werden oft mit wenigen Zeichen alte Weisheiten vermittelt. Sehr beliebt sind viersilbige Sprichwörter, *Chengyus*, die die Moral von alten Geschichten zusammenfassen. Auch hierzulande gibt es Sprichwörter, die jeder kennt, aber sie wirken oft wie aus der Zeit gefallen. In China wird die »Sprichwortkultur« bis heute gepflegt und gilt als Zeichen von Bildung. Viele politische Parolen arbeiten mit Verkürzungen und nutzen die plakativen Möglichkeiten der Sprache. Selbst hinter einer Alltagsfloskel wie *mǎmahūhu* (»Es geht so«) verbirgt sich oft eine alte Geschichte. Die vier dazugehörigen Zeichen 马马虎虎, »Pferd–Pferd–Tiger–Tiger«, »erzählen« eine über 1000 Jahre alte Parabel aus der Song-Dynastie:

*Ein Maler arbeitete an einem Tigerkopf, als er den Auftrag erhielt, ein Pferd zu malen. Der Künstler setzte unter den fertigen Kopf einfach einen Pferdekörper. Der Auftraggeber nahm ihm das Bild nicht ab, das im Haus des Malers blieb. Als dessen ältester Sohn fragte, was auf dem Bild zu sehen sei, bekam er die Antwort: ein Tiger. Als der jüngste Sohn dasselbe wissen wollte, antwortete der Maler: ein Pferd. Eines Tages traf der ältere Sohn auf ein Pferd und erschoss den gefährlichen Tiger. Er musste den Pferdebesitzer teuer entschädigen. Der Jüngere dagegen begegnete einem Tiger und wollte das Pferd reiten, er wurde gefressen.*

Seitdem heißt eine »schlechte« Arbeit *mahu*, eigentlich »Pferd-Tiger«, durch die Verdoppelung wurde daraus das harmlosere *mamahuhu*, »so lala«. Diesen Ausdruck verwendete Mao Zedong selbst, um seine Gedichte zu beurteilen.

Das Chinesische zu übersetzen, ist schwierig. So viel muss verloren gehen, weiß Wolfgang Kubin, einer der bekanntesten deutschen Sinologen, aus leidvoller Erfahrung: »Jedes chinesische Wort hat eine lange Geschichte und viele Bedeutungen. Die Übersetzung kann nie wortwörtlich sein, es sei denn, man übersetzt einen Einfaltspinsel.«[321] Das Ende von Mao Zedongs Gedicht *Schnee* ist dafür ein gutes Beispiel.*

### Schön schreiben

Je sicherer jemand Zeichen schreibt, umso mehr löst er sich von den starren Regeln und entwickelt eine Handschrift: Striche verschmelzen, Zeichenbestandteile ändern ihre Größe, ein ganz eigenes Schrift-*Bild* entsteht. Das Schönschreiben, die Kalligrafie, wird in China als eigenständige Kunstform gepflegt und hoch geschätzt.

Mao sei ein »superber Kalligraf« gewesen, urteilte die Literaturnobelpreisträgerin Pearl S. Buck: »Seine Schriftzeichen haben einen fließenden, starken und charakteristischen Ausdruck.«[322] Einzigartig, kraftvoll, imposant, das bestätigen andere, revolutionär auch hier. Jedenfalls lässt sich Mao auf keine Schreibschule oder einen bestimmten Stil festlegen, auch wenn er alte Vorbilder aus der Tang-Zeit studierte. Er ließ sich nicht einzwängen, überschritt festgelegte Grenzen, missachtete formale Regeln, war ein »Überwältiger der Tradition«.[323] Unharmonisch, eckig und eigenwillig, voller Ungeduld und herrisch – das ist die negative Sicht auf seine Handschrift. Dass sie den Charakter eines Menschen offenbart, glaubt man auch in China. Kein Wunder, dass Mao Zedongs Kalligrafie bis heute extrem widersprüchliche Urteile herausfordert.

Der Mao-Biograf Robert Payne, der im Jahr 1947 nach Yan'an fuhr, um neue Gedichte Maos in die Hand zu bekommen und zu übersetzen,

---

* Siehe dazu Seite 172-174

毛泽东

behaupt et gar: Maos Unterschrift »fließt wie Wasser, während Chiang Kaisheks Namenszug (…) gedrungen und vierschrötig wie eine Kröte ist. Ein Chinese hätte bei einem Vergleich ihrer Schriften gewusst, wer den anderen besiegen würde.«[324]

## Zeittafel

**1893** Geburt Mao Zedongs am 26. Dezember in Shaoshan/Hunan
*Erster Japanisch-Chinesischer Krieg (1894/95), Niederlage Chinas*

**1900–1906** Grundschüler, konfuzianische Erziehung   *Zweijähriger Boxeraufstand gegen Kolonialmächte endet 1901.*

**1906–1910** Arbeit auf dem Bauernhof der Eltern, Zwangsheirat mit vierzehn   *Tod der Kaiserinwitwe Cixi 1908, der Kindkaiser wird letzter Kaiser Chinas (bis 1912).*

**1910–1913** Witwer, Besuch der Mittelschule und Selbststudium in der Provinzhauptstadt Changsha, sechs Monate in der Armee, Berufssuche   *Sturz der Qing-Dynastie, Gründung der Ersten Republik und der Guomindang (GMD) durch Sun Yatsen*

**1913–1918** Student im Ersten Lehrerseminar, Reise nach Beijing, Hilfsbibliothekar an der Beijing-Universität, Politisierung   *Erster Weltkrieg in Europa (1914–18), Russische Oktoberrevolution*

**1919–1920** Rückkehr nach Hunan, Journalist und Lehrer, Tod der Mutter, zweite Reise nach Beijing, Tod von Maos Vater   *Patriotische Vierter-Mai-Bewegung, Weimarer Republik in Deutschland*

**1920** Grundschuldirektor, zweite Heirat mit Yang Kaihui, drei Söhne (geb. 1922, 1923 und 1927)   *Erste Kontakte der Komintern zu chinesischen Marxisten*

**1921** Gründungsmitglied der Kommunistischen Partei Chinas (KPCh) als Delegierter von Hunan

**1921–1927** Lehrer und Streikorganisator in Changsha und Anyuan, Untersuchungsbericht zur Bauernbewegung   *Tod von Sun Yatsen im März 1925, ab 1926 Nordfeldzug der Guomindang gegen die Warlords*

**1923–1927** Bündnis zwischen Kommunisten und Nationalisten, endet mit Massaker an den Kommunisten.

**1927** Mao verlässt seine Familie, Rückzug ins Jinggang-Gebirge, Aufbau eines Sowjet-Gebietes und der Roten Armee

**1928** Heirat mit He Zizhen, bis 1935 vier Kinder, alle verschollen

毛泽东

**1929** Maos Adoptivschwester durch Nationalisten ermordet

**1930** Exekution seiner Frau Kaihui durch GMD-Gouverneur, Söhne im Schanghaier Kinderheim, Tod der Jüngsten 1931

**1930–1934** Erfolgreicher Guerillakrieg gegen vier Strafexpeditionen der GMD-Truppen   *1931 Japan besetzt Mandschurei, 1932 Angriff auf Schanghai, 1933 Machtergreifung Hitlers in Deutschland*

**1934–1935** Auf dem einjährigen Langen Marsch

**Ab 1935** Aufbau eines Sowjet-Gebietes mit der Hauptstadt Yan'an, Sinisierung des Marxismus, Tod von Maos jüngerem Bruder Zetan

**1936** Erstes Interview mit einem westlichen Journalisten (US-Amerikaner Snow), Grundlage für *Roter Stern über China* (1938)

**1937** Geburt einer Tochter mit He Zizhen, Ende der Ehe, ab 1938 lebt He Zizhen in Moskau, dort Geburt und Tod des letzten Sohnes mit Mao

**1937–1945** Einheitsfront mit den Nationalisten im Zweiten Japanisch-Chinesischen Krieg; Tod von Maos älterem Bruder (1943)

**1939** Heirat mit Jiang Qing, Geburt einer Tochter 1940   *1939 Überfall Deutschlands auf Polen, Beginn des Zweiten Weltkrieges, Japan greift US-Stützpunkt Pearl Harbour an (1941).*

**1945** Maos Schriften als Leitlinie der Parteipolitik   *Atombomben auf Hiroshima und Nagasaki, Kapitulation Japans, Gründung der UNO*

**1946–1949** Verhandlungen mit der Guomindang über gemeinsame Regierung, Beginn des Bürgerkrieges   *1946/47 Beginn des Kalten Krieges zwischen Ost und West*

**1949** Sieg der KPCh im Bürgerkrieg; 1. Oktober 1949 Ausrufung der Volksrepublik China, Mao als Regierungschef, erste Auslandsreise nach Moskau   *Flucht Chiang Kaisheks nach Taiwan, Gründung der Republik China, deren Alleinvertretungsanspruch auch für das Festland gilt; wird geschützt durch USA; Sitz in der UNO*

**1950** Entscheidung für Eintritt in Koreakrieg (1950–1953), Tod von Maos ältestem Sohn im ersten Kriegsjahr

**1953–1957** Erster Fünfjahresplan zur sozialistischen Entwicklung

**Ab 1954** Vorsitzender der VR China, Erste Verfassung, Auftreten Maos als Führer der »Dritten Welt«   *1956 Ungarnaufstand*

**1958–1961** Gründung von Volkskommunen und »Großer Sprung nach vorn«, Hungerkatastrophe, Rücktritt als Staatspräsident, Nachfolger: Liu Shaoqi *Trotz Freundschaftsvertrag Bruch zwischen Sowjetunion und VR China, 1960 Abzug aller Experten*

**1961–1963** Maos Rückzug in die zweite Reihe, Warnung vor einem »kapitalistischen Weg« *Mauerbau 1961 zwischen DDR und BRD*

**1964** Veröffentlichung des »Roten Buchs« (Mao-Bibel) *Zündung der ersten chinesischen Atombombe, ein Jahr später Beginn des Vietnamkriegs*

**1966** Mit seinem Schwimmen im Yangzi gibt Mao das Startsignal zur Kulturrevolution, Aufstellung der Roten Garden

**1967–1968** Höhepunkt des Mao-Kultes *Prager Frühling, Beginn der Studentenbewegung in den USA und Europa, Proteste gegen den Vietnamkrieg*

**1969** Erste Phase der Kulturrevolution beendet, Einsetzung der Armee als Ordnungsmacht, Gründung von Revolutionskomitees, Verschickung Jugendlicher aufs Land (bis 1975)

**1971** Flucht und Tod des Mao-Nachfolgers Lin Biao

**Ab 1971** Abnehmende Gesundheit, Herzprobleme, Grauer Star, Nervenentzündungen *1971 Taiwan verliert UNO-Sitz an die Volksrepublik.*

**1972** Historisches Treffen mit dem US-Präsidenten Nixon *Zunehmende diplomatische Anerkennung durch den Westen, auch durch die damalige BRD*

**Ab 1972** Empfängt viele ausländische Gäste, Fraktionskämpfe in der KP auch um Nachfolgefrage, Rückkehr von Deng Xiaoping in die Führung *1975 Ende des Vietnamkriegs, Niederlage der USA*

**Ab 1974** Immer mehr gesundheitliche Probleme, Diagnose einer unheilbaren Nervenerkrankung (Amyotrophe Lateralsklerose)

**1976** Unruhen nach Tod von Zhou Enlai, neue Entmachtung von Deng, Mao bestimmt als Nachfolger Hua Guofeng, am 9. September Tod von Mao Zedong, aus heutiger Sicht Ende der zehnjährigen Kulturrevolution

**1977** *Eröffnung des Mao-Mausoleums*

**1978** *Beginn der chinesischen Reformpolitik unter Deng Xiaoping*

毛泽东

## Quellen

### Mao-Biografien (Auswahl)

**Edgar Snow:** Entwicklungsgeschichte eines Kommunisten. *In:* ders.: Roter Stern über China. Aus dem Englischen von Gerold Dommermuth und Heidi Reichling. März Verlag, Frankfurt/M. 1970, S. 161-239
*Dieses Buchkapitel (veröffentlicht 1938) gilt als »Autobiografie« von Mao Zedong. Die beste Quelle für Maos Kindheit und Jugend, auf die sich alle Biografen beziehen.*

**Robert Payne:** Mao Tse-Tung. Aus dem Englischen von Franziska Meister-Weidner. Wolfgang Krüger Verlag, Hamburg 1965

**Siao-yu:** Maos Lehr- und Wanderjahre. Aus dem Amerikanischen von Fritz Kalmer. C. Bertelsmann Verlag, München, Gütersloh, Wien 1973

**Emi Siao:** Kindheit und Jugend Mao Tse-Tungs. Deutsche Fassung Alex Wedding. Verlag Neues Leben, Berlin 1953

**Stuart R. Schram:** Mao Tse-Tung. Aus dem Englischen von Wilfried Schwedler. S. Fischer Verlag, Frankfurt/M. 1969

**Tilemann Grimm:** Mao Tse-tung. rororo Bildmonographie. Rowohlt Taschenbuch Verlag, Reinbek bei Hamburg, 2005 (17. Auflage)

**Han Suyin:** Die Morgenflut. Mao Tsetung – Ein Leben für die Revolution 1893–1954. Diana Verlag, Zürich 1972

**Ross Terrill:** Mao – Eine Biographie. Aus dem Amerikanischen von Hans Fahrbach, Hoffmann und Campe, Hamburg 1981

**Jonathan Spence:** Mao. Aus dem Englischen von Susanne Hornfeck. Claassen Verlag, München 2003

**Jonathan Clements:** Mao. Haus Publishing Limited, London 2006 (Reihe Life & Times)

**Jung Chang/Jon Halliday:** Mao. Das Leben eines Mannes, das Schicksal eines Volkes. Aus dem Englischen von Ursel Schäfer, Heike Schlatterer, Werner Roller. Karl Blessing Verlag, München 2007 (4. Auflage)
*Die einflussreichste Mao-Biografie der letzten Jahre schrieb die ehemalige Rotgardistin und Autorin des autobiografischen Bestsellers »Wilde Schwäne«, Jung Chang, zusammen mit ihrem amerikanischen Mann. Alles, was Mao tat, wird gnadenlos als »Aufstieg zum Diktator« interpretiert. Eine persönliche Abrechnung, das Gesamturteil von Historikern zu diesem Buch ist vernichtend. Lesenswert in Teilen wegen des neuen Materials.*

**Sabine Dabringhaus:** Mao Zedong. C. H. Beck Verlag, München 2008

**Wolfram Adolphie:** Mao – eine Chronik. Verlag Neues Leben, Berlin 2009

**Felix Wemheuer:** Mao Zedong. Rowohlt Taschenbuch Verlag, Reinbek bei Hamburg 2010

**Rebecca E. Karl:** Mao Zedong and China in the Twentieth-Century World. Duke University Press, Durham and London 2010

**Alexander V. Pantsov / Steven I. Levine:** Mao. Die Biografie. Aus dem Englischen von Michael Bischoff. S. Fischer Verlag, Frankfurt/M. 2014

### Werke/Schriften von Mao Zedong (Auswahl)

**Worte des Vorsitzenden Mao Tsetung.** Verlag Neuer Weg, Essen 1993 (2. Auflage) *Reprint der Originalausgabe von 1968, die als »Mao-Bibel« oder »Das kleine Rote Buch« bekannt wurde. Der Text ist auch online verfügbar: http://www.dalank.de/archiv/mao.pdf*

**Mao Tse-Tung:** Ausgewählte Werke, Band I – V. Verlag für Fremdsprachige Literatur, Peking 1968 *Die offizielle Ausgabe wurde oft sprachlich geglättet und – politisch motiviert – überarbeitet, gekürzt. Das folgende Buch markiert spätere Auslassungen kursiv. Einleitungen zu den Texten liefern auch eine spannende geistige Entwicklungsbiografie Maos.*

**Stuart R. Schram:** Das Mao-System. Die Schriften von Mao Tse-Tung. Analyse und Entwicklung. Aus dem Englischen von Karl Held. Carl Hanser Verlag, München 1972

**Stuart R. Schram:** Mao's Road to Power. 6 Bde. Armonk et al. 1992–2004

**Mao Papers.** Mit einem Essay über den literarischen Stil Mao Tsetungs und einer Bibliographie seiner Schriften von Jerome Ch'en (Übersetzer). Deutscher Taschenbuch Verlag, München 1975

**Helmut Martin (Hrsg.):** Mao intern – Unveröffentlichte Schriften, Reden und Gespräche 1949–1971. Carl Hanser Verlag, München 1974

**Mao Tse-Tung:** 39 Gedichte. Übersetzt und mit einem politisch-literarischen Essay erläutert von Joachim Schickel. Suhrkamp Verlag, Frankfurt/M. 1978

**Internetquelle für Maos Werke** (in deutscher Übersetzung): http://www.infopartisan.net/archive/maowerke/

# Zitatnachweise

Seite 5: Yan Lianke, vgl. Anmerkung 3; Mark Leonhard vgl.Anm. 291

## Prolog

1 Dieses und weitere Zitate im Prolog stammen aus: Schram, R. Stuart: Das Mao-System. Die Schriften von Mao Tse-tung – Analyse und Entwicklung. Aus dem Englischen von Karl Held. Titel der Originalausgabe: The political Thought of Mao Tse-tung, 1969, Carl Hanser Verlag, München 1972, S. 296–298. Im Folgenden zitiert als »Mao-System«.

2 Ebenda, S. 146

3 Aus dem Interview »Grotesk real« mit Yan Lianke in der Badischen Zeitung, 10. Oktober 2009. Abdruck mit freundlicher Genehmigung des Autors.

## I Der Chinese

4 »Mao-System«, S. 142

5 Pearl S. Buck: Die Frau des Missionars. Anaconda Verlag, Köln 2007, S. 57

6 Jung Chang, John Halliday: Mao – Das Leben eines Mannes, das Schicksal eines Volkes. Karl Blessing Verlag, München 2005, S. 13. Im Folgenden zitiert als »Jung Chang«.

7 Mao Tsetung: Ausgewählte Werke, Band III. Verlag für fremdsprachige Literatur, Peking, S. 59 Im Folgenden zitiert als AW plus Nummer des Bandes.

8 Die Zitate in diesem Absatz stammen, wie alle folgenden persönlichen Aussagen Maos im Buch, die nicht gesondert gekennzeichnet sind, aus: Edgar Snow: Entwicklungsgeschichte eines Kommunisten. In: ders.: Roter Stern über China. Aus dem Englischen von Gerold Dommermuth und Heidi Reichling. März Verlag, Frankfurt/M. 1970 für die deutsche Erstausgabe. S. 161-239. Originalcopyright © 1938, 1944 by Random House, Inc. Copyright © 1968 Edgar Snow. Mit freundlicher Genehmigung Paul & Peter Fritz AG, Literaturagentur. © für die deutsche Übersetzung Gerold Dommermuth-Gudrich und Heidi Reichling.

9 Konfuzius: Gespräche (Lunyu). Übersetzt und hrsg. von Ralf Moritz. Reclam Verlag, Stuttgart 2010, S. 10

10 Tilemann Grimm: Mao Tse-tung. rororo Bildmonographie, Hamburg 2005 (1968), S. 38

11 Pearl S. Buck: China gestern und heute. Aus dem Englischen von Heinrich von Einsiedel. Fischer Taschenbuch, Frankfurt/M. 1996, S. 91 u. S. 97, vgl. auch S. 100

12 Zit. n.: Alexander V. Pantsov/I. Levine: Mao. Die Biografie. Aus dem Englischen von Michael Bischoff. S. Fischer Verlag, Frankfurt/M., S. 53 (Im Folgenden zitiert als »Pantsov«)

13 Vgl. dazu Thomas Heberer/Jörg M. Rudolph: China – Politik, Wirtschaft und Gesellschaft. Hessische Zentrale für politische Bildung, Wiesbaden 2010, S. 157

14 Emi Siao: Kindheit und Jugend Mao Tse-Tungs. Verlag Neues Leben, Berlin (Ost) 1953, S. 39

15 Vgl. dazu Sun Yatsen: Reden und Schriften. Reclam Verlag, Leipzig 1974, S. 106

16 Text in der Song Qingling Memorial Hall, Schanghai. Eigener Besuch der Ausstellung Herbst 2012. Übersetzung Ch. Kerner

17 Zit. n. »Mao-System«, S. 151

18 Emi Siao, a. a. O., S. 64. Manchmal wird auch der Vergleich »Büffel im Gemüsebeet« genannt.

19 Siao-yu: Maos Lehr- und Wanderjahre. C. Bertelsmann Verlag, München 1973, S. 43 f. (Moderne Schreibweise des Autorennamens: Xiao Yu)

20 Vgl. zu den folgenden Ausführungen Kai Strittmatter: Die chinesische Zwangsjacke. Süddeutsche Zeitung, 17. Mai 2011, und Lis Hopf: Der Mao-Anzug: Kleider in

der Kulturrevolution. In: Helmut Opletal (Hrsg.): Die Kultur der Kulturrevolution. Personenkult und politisches Design im China von Mao Zedong. Ausstellungskatalog des Museums für Völkerkunde Wien, Wien 2011, S. 183 ff.

21  Israel Epstein: Woman in World History. Song Ching Ling – Mme. Sun Yatsen. New World Press, Beijing 1995, S. 35, Übersetzung Ch. Kerner

22  Ebenda, S. 43, Übersetzung Ch. Kerner

23  Mao Tse-tung: 39 Gedichte. Übersetzt und mit einem politisch-literarischen Essay erläutert von Joachim Schickel. © der deutschen Übersetzung Suhrkamp Verlag, Frankfurt am Main 1978, S. 11 (im Folgenden zitiert als »39 Gedichte«)

24  Emi Siao, a. a. O., S. 70

25  AW III, S. 63, vgl. auch: »Mao-System«, S. 318

26  Pearl S. Buck, China gestern und heute, a. a. O., S. 63

27  Vgl. Jonathan Spence: Mao. Claassen Verlag, München 2003, S. 51

28  Zit. n. »Jung Chang«, S. 32

29  Ebenda, S. 40

30  Ebenda, S. 43 f.

31  In diesem und dem folgenden Absatz vgl. »Mao-System«, S. 131–135

32  Helmut Martin (Hrsg.): Mao intern – Unveröffentlichte Schriften, Reden und Gespräche – 1971. Carl Hanser Verlag, München 1974, S. 193 (Im Folgenden zitiert als »Mao intern«)

33  Zit. n. »Mao-System«, S. 135 f.

34  Zit. n. Sabine Dabringhaus: Mao. Beck Verlag, München 2008, S. 13

35  Zit. n. Jonathan Spence, a. a. O., S. 52

36  Zit. n. »Mao-System«, S. 23

37  Zit. n. Mao-Chronik – Daten zu Leben und Werk. Zusammengestellt von Thomas Scharping. Carl Hanser Verlag, München 1976, S. 16 (Im Folgenden zitiert als »Mao-Chronik«)

38  Zit. n. Emi Siao, a. a. O., S. 72

39  Stuart R. Schram: Mao Tse-Tung. S. Fischer Verlag, Frankfurt/M. 1969, S. 38 (Im Folgenden zitiert als »Schram-Mao«)

40  »Roter Stern«, S. 112 f.

41  AW III, S. 18

42  Vgl. Pearl S. Buck (1996), a. a. O., S. 181 u. S. 193

43  Zit. n. »Mao System«, S. 183 f.

44  Edgar Snow: So fing es an. Deutsche Verlagsanstalt, Stuttgart 1977, S. 17

45  Zit. n. Robert Payne, a. a. O., S. 85

46  Zit. n. »Jung Chang«, S. 41

47  Ebenda, S. 118

48  Zit. n. Ross Terrill: Mao. Eine Biographie. Hoffmann und Campe, Hamburg 1981, S. 65 (Im Folgenden zitiert als »Terrill-Mao«)

49  Zit. n. »Mao-System«, S. 141 f.

50  Ding Ling: Das Tagebuch der Sophia. Bibliothek Suhrkamp, Frankfurt/M. 1980, S. 102

51  Lu Xun: Das trunkene Land. Unionsverlag, Zürich 2009, S. 21

52  Sabine Dabringhaus, a. a. O., S. 17

53  Zit. n. »Mao-System«, S. 210 ff.

54  Zit. n. »Terrill-Mao«, S. 61

55  Zit. n. Quan Yanchi: Mao Zedong – Man, not God. Foreign Languages Press, Beijing, S. 211

56  Zit. n. »Jung Chang«, a. a. O., S. 41

57  Ebenda

58  Zit. n. »Pantsov«, S. 122

59  Vgl. dazu Sabine Dabringhaus, a. a. O., S. 20

60  Zit. n. »Pantsov«, S. 127

毛泽东

61  Zit. n. »Mao-System«, S. 150
62  Kai Vogelsang: Geschichte Chinas. Reclam Verlag, Stuttgart 2012, S. 458
63  Zit. n. Schram-Mao, S. 65
64  Zit. n. Jonathan Spence, a. a. O., S. 72
65  Zit. n.»Terrill-Mao«, S. 66
66  Vgl. zu dem gesamten Absatz »Mao-System«, S. 261 f.
67  Zit. n. »Jung Chang«, S. 43 f.
68  Ebenda, S. 42
69  Vgl. dazu Stuart R. Schram (Hrsg.): Maos Road to Power, Revolutionary Writings –
    1949, 7 Bde., Armonk, NY, 1992–2005, Bd. 2, S. 37 f.
70  Mao Zedong: Rede über Fragen der Philosophie. S. 2. Zit. n. www.infopartisan.net/
    archive/maowerke/maosonst3.htm
71  Vgl. Anm. 9, S. 10
72  »39 Gedichte«, S. 39

## II Der Revolutionär

73  vgl. AW I, S. 138
74  Zit. n. Tilemann Grimm, a. a. O., S. 60
75  Zit. n. Siao-yu, a. a. O., S. 197
76  Ebenda
77  »Terrill-Mao«, S. 75 (vgl. auch für den gesamten Absatz)
78  Ebenda, S. 80
79  Agnes Smedley: China kämpft. Dietz Verlag, Berlin 1951, S. 5
80  Elisabeth J. Perry: Anyuan – Mining Chinas's revolutionary Tradition. University of
    California Press, 2012 (Kindle Edition) Auf dieses Buch gründet sich der gesamte
    Buchabschnitt *Nach Anyuan gehen* von S. 98-103
81  André Malraux: Die Anti-Memoiren. S. Fischer Verlag, Frankfurt/M. 1968, S. 472
82  Edgar Snow: So fing es an. Erfahrungen mit neuen Zeiten. DVA, Stuttgart 1977, S. 124
83  Ebenda u. S. 125
84  Zit. n. Jonathan Spence, a. a. O., S. 101 f.
85  Vgl.»Pantsov«, S. 202
86  Sun Yatsen, a. a. O., S. 362
87  Israel Epstein, a. a. O., S. 141 (Übersetzung Ch. Kerner)
88  »39 Gedichte«, S. 11;
89  Sun Yatsen, a. a. O., S. 329 u. S. 335
90  AW I, S. 9
91  Zit. n. Wang Yong: »Rote Lieder«: ein Marsch durch die Geschichte, 2011: http://www.
    goethe.de/ins/cn/lp/kul/mag/mus/de7821182.htm
92  Zit. n. »Mao-System«, S. 219 f. Der Artikel ist auch in den *Ausgewählten Werken,
    Band I* erschienen (S. 21 ff.), aber wie viele Beiträge Maos später überarbeitet, ergänzt
    und geglättet, oft entschärft worden. Deshalb verwende ich – wo immer möglich – die
    ursprünglicheren Übersetzungen von Stuart R. Schram, soweit sie auf Deutsch vorliegen.
93  Ebenda, S. 222
94  Ebenda
95  André Malraux, a. a. O., S. 461 f.
96  »Schram-Mao«, S. 148
97  Die Zahlen sind oft widersprüchlich, hier nach: Kai Vogelsang, a. a. O., S. 519
98  Zit n. Sterling Seagrave: Die Soong-Dynastie. Fischer TB, Frankfurt/M. 1988, S. 286
99  Zit n.»Jung Chang«, S. 119 f.
100 »39 Gedichte«, S. 13
101 Agnes Smedley: Der große Weg. Das Leben des Marschall Tschu Tehs, Dietz Verlag,
    Berlin 1958. S. 364 (Im Titel alte Schreibweise von Zhu De)

102 Zit. n. Robert Payne, a. a. O., S. 148

103 Dieser und der folgende Absatz zit. n. »Jung Chang«, S. 119–121

104 Zit. n. Jonathan Spence, a. a. O., S. 199

105 Eigener Besuch Yang-Kaihui-Museum November 2012

106 Zit. n. »Jung Chang«, S. 113

107 »Schram-Mao«, S. 148

108 Vgl. Sun Shuyun: Maos Langer Marsch. Mythos und Wahrheit. Propyläen Verlag, Berlin 2008 (Aus dem Engl. von Henning Thies), S. 86 f. (Im Folgenden zitiert als »Sun Marsch«)

109 »39 Gedichte«, S. 93

110 Zit. n. Robert Payne, a. a. O., S. 171

111 AW I, S. 138

112 Zit. n. Chiao Wei: Mao Zedong – ein Konfuzianer? In: Thomas Heberer (Hrsg.): Mao Zedong – Der unsterbliche Revolutionär? Versuch einer kritischen Neubewertung anlässlich des 100. Geburtstages. Institut für Asienkunde, Hamburg 1996, S. 107

113 Vgl. »Terrill-Mao«, a. a. O., S. 38

114 http://german.china.org.cn/china/2013-12/27/content_31025774.htm

115 Otto Braun: Chinesische Aufzeichnungen (1932–1939). Dietz Verlag, Berlin 1973, S. 78

116 Ebenda, S. 80

117 Vgl. »Sun Marsch«, S. 194 f.

118 Ebenda, S. 146

119 Ebenda, S. 280 f.

120 Ebenda, S. 279

121 »39 Gedichte«, S. 25

122 AW I, S. 186

123 »Sun Marsch«, S. 276

124 Ebenda, S. 277

125 Alle Zitate in diesem Abschnitt stammen aus: »Roter Stern«, S. 283 ff, 112–117, 120

126 Edgar Snow: So fing es an. Deutsche Verlagsanstalt, Stuttgart 1977, S. 9 (Vorwort)

127 »Roter Stern«, S. 113

128 Zit. n. »Sun Marsch«, S. 309 f.

129 Vgl. »Terrill-Mao«, S. 175

130 AW I, S. 299

131 AW II, S. 261

132 »Roter Stern«, S. 13 (Vorwort)

133 Das Leben dieses »chinesischen Schindlers«, wie Rabe auch genannt wurde, verfilmte Florian Gallenberger: John Rabe. Der gute Deutsche von Nanking.

134 Theodor H. White/Annalee Jacoby: Donner aus China. Aus dem Englischen von B. Deyle-Reck. Rowohlt Verlag, Hamburg 1949, S. 13 ff.

135 AW III, S. 107

136 Mao Papers. Mit einem Essay über den literarischen Stil Mao Tsetungs und einer Biblio-graphie seiner Schriften von Jerome Ch'en. Deutscher Taschenbuch Verlag (dtv), München 1975, S. 28 (Im Folgenden zitiert als »Papers«)

137 Sabine Dabringhaus, a. a. O., S. 54

138 AW IV, S. 439 u. 452

139 Siehe zu diesem Absatz Thomas Heberer: Maos neuer Langer Marsch, in: ders., a.a.O., S. 14-57 (»Das Konzept der Massenlinie« S. 38-41)

140 »Schram-Mao«, S. 222

141 »Jung Chang«, S. 39

142 AW III, S. 273

143 »Terrill-Mao«, S. 194

144 AW V., S. 20

毛泽东

145 Zit. n. »Papers«, S. 18 f.
146 Vgl. dazu und zu den Zitaten Eva Siao: China und seine Gesichter. Verlag Dirk Nishen, Berlin 1989, S. 9
147 Felix Wemheuer: Mao Zedong. Rowohlt Taschenbuch Verlag , Reinbek bei Hamburg 2010, S. 62
148 Vgl. »Terrill-Mao«, S. 196
149 Zit. n. »Mao-System«, S. 379
150 Ebenda
151 Dieses und alle weiteren Zitate aus der *Aussprache in Yan'an über Kunst und Literatur* in: AW III, S. 75–110
152 Johnny Erling: »Ihr habt eure Seele verkauft.« 31. Mai 2012, siehe: http://derstandard.at/1336698425095/Ihr-habt-eure-Seele-verkauft
153 Ding Ling, a. a. O., S. 102
154 Vgl. zu diesem Absatz Sabine Dabringhaus, a. a. O., S. 58
155 Wie Fußnote 156
156 Interview mit Mo Yan: Frankfurter Rundschau 10. Juli 2009: Chinas Wahrheit ist nicht elegant (http://www.fr-online.de/kultur/interview-mit-dem-chinesischen-autor-mo-yan--chinas-wahrheit-ist-nicht-elegant-,1472786,3211498.html)
157 Ebenda
158 Mo Yan: Die Knoblauchrevolte. Aus dem Chinesischen von Andrea Donath. Copyright 2009 by Unionsverlag, Zürich, S. 336 u. S. 345. Für die deutsche Übersetzung © 1997 by Rowohlt Verlag GmbH, Reinbek bei Hamburg
159 Zit. n. »Schram Bio«, S. 207
160 Zit. n. »Jung Chang«, S. 304
161 Alle Ausführungen zu Liu Zhidan vgl. »Sun Marsch«, S. 270–275
162 »Terrill-Mao«, S. 192
163 Helwig Schmidt-Glintzer: Wohlstand, Glück und langes Leben. Chinas Götter und die Ordnung im Reich der Mitte. Verlag der Weltreligionen, Frankfurt/M. 2009, S. 336
164 »Mao-Chronik«, S. 81
165 Vgl. dazu Sabine Dabringhaus, a. a. O., S. 61
166 Zit. n. »Terrill-Mao«, S. 204
167 AW III, S. 322
168 »Mao-Chronik«, S. 88
169 Ebenda, S. 92
170 Vgl. zu dem folgenden Absatz »Mao-System«, S. 355 f.
171 AW IV, S. 54
172 »39 Gedichte«, S. 130–134. Alle folgenden Erläuterungen zu *Schnee* gründen auf diesem Abschnitt.
173 Vgl. dazu Geremie R. Barmé: For Truly Great Men, Look To this Age alone. In: Timothy Cheek, a. a. O., S. 251
174 »39 Gedichte«, S. 28
175 Sterling Seagrave, a. a. O., S. 523
176 »Mao-System«, S. 359
177 Zit. n. Robert Payne, a. a. O., S. 289
178 Ebenda, S. 294
179 Zit. n. André Malraux, a. a. O., S. 466
180 Vgl. bis zum Ende des Absatzes Wolfram Adolphie: Mao – eine Chronik. Verlag neues Leben, Berlin 2009, S. 131
181 »39 Gedichte«, S. 30
182 AW IV, S. 442
183 Ebenda, S. 445
184 AW V, S. 13
185 Ebenda, S. 17 f.

186 Li Zhisui: Ich war Maos Leibarzt. Gustav Lübbe Verlag, Bergisch Gladbach 1994, S. 73
187 Was Mao am 1. Oktober genau gesagt hat, wird hier (Sprache/Untertitel Englisch) in Bild und Ton belegt. https://www.youtube.com/watch?v=Ra9X7V5B5oE
188 »39 Gedichte«, S. 31
189 AW V, S. 26
190 AW IV, S. 482
191 Ebenda, S. 444
192 Ebenda, S. 466
193 Ebenda, S. 398
194 AW IV, S. 399 (Fußnote)

## III Der Herrscher

195 Zit. n. Felix Wemheuer, Mao Zedong, a.a.O., S. 155
196 AW IV, S. 442
197 Zit. n. »Mao-System«, S. 371
198 Pearl S. Buck, China gestern und heute, a. a. O., S. 71
199 Zit. n. »Mao-System«, S. 227
200 Vgl. dazu: Roxane Witke: Genossin Tschiang Tsching. Die Gefährtin Maos erzählt ihr Leben. Piper Verlag, München 1977, S. 270 ff.
201 Worte des Vorsitzenden Mao Tsetung. Verlag Neuer Weg, Essen 1993 (2. Neuauflage), S. 350 (Im Folgenden zit. als »Rotes Buch«)
202 »39 Gedichte«, S. 41
203 http://german.chinatoday.com.cn
204 Vgl. Malraux, a. a. O., S. 477 f.
205 AW V, S. 236
206 »Mao-System«, S. 222
207 »Rotes Buch«, S. 13
208 Vgl. Quan Yanchi, a. a. O., S. 82
209 Zit. n. Felix Wemheuer, a. a. O., S. 79
210 Zit. n. »Jung Chang«, S. 495
211 Zit. n. Jonathan Spence, a. a. O., S. 168
212 Zit. n. »Mao intern«, S. 238
213 Ebenda, S. 233
214 »39 Gedichte«, S. 35, vgl. auch Erläuterungen, S. 154 ff.
215 Vgl. Li Zhisui, a. a. O., S. 412–414
216 Vgl. dazu »Jung Chang«, S. 436
217 Diesen und die folgenden vier Abschnitte: eigener Besuch November 2012 und zit. n. Katalog der Ausstellung: Picture Album of Selected Mao Zedong Relicts. Shaoshan 2011 (Übersetzung Ch. Kerner)
218 AW I, S. 353
219 Zit. n. »Terrill-Mao«, S. 257
220 Zit. n. »Mao intern«, S. 35
221 Zit. n. »Mao-Chronik«, S. 145
222 Zit. n. Felix Wemheuer, a. a. O., S. 127
223 Henry Kissinger: China. Zwischen Tradition und Herausforderung. Verlag C. Bertelsmann, München 2011, S. 123
224 Zit. n. »Terrill-Mao«, S. 417
225 AW V, S. 92
226 Ebenda, S. 114 f.
227 Zit. n. »Mao-System«, S. 312
228 Ebenda, S. 78
229 Vgl. zum folgenden Abschnitt »Terrill-Mao«, S. 280

230 »Mao intern«, S. 217

231 Zit. n. »Mao-System«, S. 285

232 »39 Gedichte«, S. 34 und vgl. auch Anmerkung S. 151–154

233 Zu allen historischen Informationen zum Mao-Porträt im Buch vgl. Gerhard Paul: Geschichte des Mao-Porträts und seiner globalen Rezeption. In: Beilage zur Wochenzeitung Das Parlament, 39/2010, 27. September 2010

234 Zit. n. »Mao intern«, S. 35

235 Zit. n. »Mao-Chronik«, S. 143

236 AW V, S. 461

237 Ebenda, S. 462

238 »Mao intern«, S. 220

239 Heberer/Rudolph, a. a. O., S. 32

240 Zit. n. http://german.china.org.cn/china/2014-01/16/content_31210138.htm

241 Zit. n. »Mao-System«, S. 312

242 »Schram Bio«, S. 67

243 Zit. n. »Mao-System«, S. 325

244 »Schram-Mao«, S. 347f.

245 AW IV, S. 484

246 AW V, S. 102

247 Vgl. »Pantsov«, S. 612

248 Li Zhisui, a. a. O., S. 285

249 Ebenda, S. 24

250 Felix Wemheuer: Der große Hunger. Hungersnöte unter Stalin und Mao. Rotbuch Verlag, Berlin 2012, S. 166

251 Ebenda, S. 207

252 »39 Gedichte«, S. 174 (Erläuterungen zu Gedicht XXXVII: Genossen Guo Moro erwidernd)

253 Zit. n. »Mao-System«, S. 363

254 Zit. n. »Mao Intern«, S. 193

255 Ebenda, S. 382 f.

256 »Mao intern«, S. 193 f.

257 »Rotes Buch«, S. 1

258 Zit. n. Felix Wemheuer, Mao Zedong, a. a. O., S. 154

259 Vgl. dazu: Yu Hua: China in zehn Wörtern. S. Fischer Verlag, Frankfurt/M. 2012, S. 32–35

260 »Rotes Buch«, S. 343

261 Zit. n. »Mao intern«, S. 225

262 Ebenda, S. 234

263 Vgl. zu dem Absatz: André Malraux, a. a. O., S. 470, S. 481 u. S. 473

264 Zit. n. »Mao Intern«, S. 195

265 Yu Hua, a. a. O., S. 32 u. S. 34

266 Zit. n. »Terrill-Mao«, S. 360

267 Vgl. zu diesem Abschnitt: Petra Kolonko: Späte Reue einer Rotgardistin. http://www.faz.net/aktuell/politik/ausland/asien/chinas-Kommunisten-spaete-reue-einer-rotgardistin-12752115.html

268 Zit. n. »Papers«, S. 60 f.

269 Siehe Edgar Snow: Die lange Revolution – China zwischen Tradition und Zukunft, DVA, Stuttgart 1973, S. 193ff. u. S. 183

270 Zu sehen und zu hören: https://www.youtube.com/watch?v=SFaEY92jGHI

271 Vgl. »Mao intern«, S. 198

272 Zit. n. Thomas Heberer (Hrsg.), a. a. O., S. 29

273 Zit. n. Helwig Schmidt-Glintzer, a. a. O., S. 336

274 Zit. n. Jin Ling: Gemeinsam mehr. Wege für eine chinesisch-europäische Zusammenarbeit in Afrika. In: China. APuZ, 39/2010, S. 43

275 Vgl. zu dem gesamten Absatz: Elke Spielmanns-Rome, Wolfgang Kubin (Hrsg.): Wörterbuch der chin. Sagwörter. Helmut Buske Verlag, Hamburg 2009, S. 8 u. S. 154

276 Zit. n. »Mao-System«, S. 366

277 Siehe Fußnote 217

278 Henry Kissinger, a. a. O., S. 125

279 Vgl. »Mao-Chronik«, S. 227

280 Vgl. zur Anekdote »Terrill-Mao«, S. 444

281 Ebenda, S. 463

282 Ebenda, S. 475

283 Zit. n. Li Changshan: Die chinesische Kulturrevolution (1966–1976) im Spiegel der deutschen und chinesischen Literatur (1966–2008). Bonn, Harbin 2010 http://hss.ulb.uni-bonn.de/2010/1981/1981.pdf

284 Li Zhisui, a. a. O., S. 30

285 Yu Hua, a. a. O., S. 59

286 Eva Siao: China, mein Traum, mein Leben. Econ Taschenbuchverlag, Düsseldorf 1994, S. 501

287 Erwin Wickert: China von innen. Deutsche Verlagsanstalt, München 1989, S. 87

288 Zit. n. Helwig Schmidt-Glintzer 2000, a. a. O., S. 351

289 AW V , S. 343

290 Zit. n. »Papers«, S. 34

## Epilog

291 Mark Leonard: Was denkt China? Aus dem Englischen von Helmut Dierlamm. © 2008 Mark Leonhard. Originaltitel: What does China think? (Harper Collins Publisher Ltd.) © der deutschsprachigen Ausgabe: 2009 Deutscher Taschenbuch Verlag München, S. 31

292 Zit. n. Thomas Heberer: Maos neuer langer Marsch. Von Marx und Massen zu Markt und Magie. In: ders. (Hrsg.), a. a. O., S. 15

293 Vgl. zu diesem Abschnitt www.stimmen-aus-china.de/2013/04/27

294 Zur Platzierung siehe den Bericht plus Kommentar von Han Han: http://chinadigitaltimes.net/2010/04/han-han-let-the-sunshine-in/ Siehe auch: Han Han: This Generation. Simon & Schuster, London 2012

295 Definition des Begriffs und folgende Ausführungen, vgl. Lijun Yang/Yongnian Zheng: Fen Qings (Angry Youth in Contemporary China. Journal of Contemporary China (Juli 2012), 2 (76), S. 637-653

296 Zit. n. Wei Zhang, Seifenblasen vom chinesischen Traum. NZZ, 31. Oktober 2013

297 Zit. n. Maximilian Kalkhof: Han Han über die Revolution: Erster Teil einer kontroversen Aufsatzreihe des chinesischen Freiheits-Idols: www.stimmen-aus-china.de, 29. Januar 2012

298 Zit. n. ders.: Han Han – Das Leben, so wie ich es verstehe. www.stimmen-aus-china.de, Juli 2012

299 Hier ist das Video zu sehen: http://www.youtube.com/watch?v=9nGIiH5p5_o. Mit englischen Untertiteln und einem kurzen Gang durch Chinas Geschichte.

300 Vgl. zu den folgenden Ausführungen Maria Bondes: Umweltaktivismus in Westchina. regio-spectra Verlag, Berlin 2013

301 Vgl. zu dem Absatz Thomas Heberer, Jörg M. Rudolph, a. a. O., S. 73–78

302 Dazu http://www.pbs.org/wgbh/pages/frontline/tankman/

303 CNN-Video: http://www.youtube.com/watch?v=YeFzeNAHEhU

304 Liao Yiwu: Die Kugel und das Opium. Leben und Tod am Platz des Himmlischen Friedens. Fischer Taschenbuch, Frankfurt/M. 2012, S. 158

305 Ebenda, S. 164

306 Ebenda, S. 166

307 Das komplette Interview ist abgedruckt in Liao Yiwu, a. a. O., S. 147–182.

308 Gerhard Paul, a. a. O., S. 28

309 Vgl. dazu und zu dem ganzen Absatz Katalog zur Ausstellung »Die 8 der Wege«. Nicolai-Verlag, Berlin 2014 (Zitat aus dem Essay von Thomas Eller, ebenda, S. 40). Siehe auch www.die8derwege.info)

310 Homepage des Musikers: www.cuijian.com (Chinesisch und Englisch)

311 Kompletter Songtext und Video: http://chinadigitaltimes.net/2007/02/music-series-cui-jian-a-piece-of-red-cloth/

312 Hier ist das Lied zu hören, einschl. vollständiger Text (chin. & engl.) http://chinahopelive.net/2009/05/09/nothing-to-my-name-%E4%B8%80%E6%97%A0%E6%89%80%E6%9C%89

313 Die Zitate stammen aus dem folgenden Artikel (Übersetzung Ch. Kerner): http://www.scmp.com/news/china/article/1370299/chinas-youth-has-forgotten-about-politics-laments-cui-jian-he-plays

314 Vgl. Anmerkung 297

315 Zit. n. Maximilian Kalhof: Suche Freiheit, biete Selbstzensur! Siehe: www.stimmen-aus-china.de, 8. April 2012

316 Zit. n. Tilemann Grimm, a. a. O., S. 18

### Über die chinesische Sprache

317 Siehe dazu www.huawei-studie.de

318 Zit. n. »Roter Stern«, S. 544

319 Yu Hua, a. a. O., S. 270

320 Ebenda

321 http://german.chinatoday.com.cn/kultur/article/2014-04/09/content_612542.htm

322 Pearl S. Buck (1996), a. a. O., S. 36

323 Vgl. Mark Siemons: Kreativ soll unser Mao sein. FAZ 9. Januar 2014

324 Robert Payne, a. a. O., S. 315

## Bildnachweis

S.12, 102 XINHUA/GAMMA/laif

S.27, 277 Fotos von Charlotte Kerner

S.88 bpk- Bildagentur für Kunst, Kultur und Geschichte

S.98, 136, 163, 242 Bridgeman Images

S.123 picture alliance/dpa/Xinhua

S.133, 186, 235, 259 akg-images

S.174 aus: Mao Tse-tung, 39 Gedichte. Übersetzt und mit einem politisch-literarischen Essay erläutert von Joachim Schickel. © der deutschen Übersetzung Suhrkamp Verlag, Frankfurt am Main 1978

S. 251 Goksin Sipahioglu/Sipa

# Danksagung　致谢　Zhixie

Im März 2014 veröffentlichte die FAZ einen Beitrag des Staatspräsidenten der Volksrepublik China, Xi Jiping; Anlass war sein Staatsbesuch
in Deutschland. Der Artikel mit der Überschrift Gut für China, Europa
und die Welt schloss mit der Aufforderung, einen »Dialog auf Augenhöhe« zu führen. Dafür gebe es eine wichtige Voraussetzung: »Lasst
uns die vom Volk der anderen Seite gewählte Grundordnung und seinen
Entwicklungsweg verstehen und respektieren.« Chinas »Entwicklungsweg« im 20. Jahrhundert ist untrennbar mit dem Namen Mao Zedong
verbunden, deshalb dieses Buch. Das China von heute habe ich bei
meinem Aufenthalt vom September bis Dezember 2012 erlebt und viel
Unterstützung erfahren. Dafür bedanke ich mich bei allen chinesischen
Deutsch-StudentInnen, DAAD-LektorInnen in Beijing, Schanghai, Xi'an,
Changzhou und Hangzhou, bei den SchülerInnen und LehrerInnen der
Deutschen Schulen in Schanghai und Beijing, den chinesischen (Reise-)-
BegleiterInnen in Shaoshan und Changsha, zwei chinesischen Freundin-
nen und meiner Chinesischlehrerin in Beijing, einem chinesisch-deut-
schen Altrevolutionär und dem chinesischen Erinnerungsfotografen aus
der Hauptstadt. Sie alle haben mich auf äußeren und inneren (einschließlich kulinarischen!) Entdeckungsreisen begleitet. Sie haben mir nicht nur
Fragen zum Thema Mao und China beantwortet, sondern auch spannende Gegenfragen gestellt. Deswegen verstehe ich heute Chinas »Entwicklungsweg« – vor, mit und nach Mao – besser. Danke für den Dialog auf
Augenhöhe, der durch eine Kurzzeitdozentur des DAAD erst möglich
wurde.

　Die China-Experten Maria Bondes (Hamburg) und Thomas Heberer
(Dortmund) hatten Zeit für Hintergrundgespräche, gaben mir erhellende
Artikel und Büchertipps.

　Meine Familie musste – wie immer – auch Geduld mit mir haben,
bis das Manuskript fertig war. Ich hoffe, wir können uns eines Tages
doch noch zusammen vor dem Tian'anmen fotografieren lassen. Ob
dann das Mao-Porträt immer noch am Tor des Himmlischen Friedens
hängt? Wir werden sehen.

Charlotte Kerner, Dezember 2014

# Weitere Biographien

Katja Behrens
## Alles Sehen kommt von der Seele
**Die Lebensgeschichte der Helen Keller**
Broschur, 200 Seiten, mit Fotos
Gulliver (74499)

Das Leben von Helen Keller ist zur Legende geworden – das taub-
blinde Mädchen, aus dem die weltberühmte Buchautorin wird. »Die
Autorin hat es auf wundervolle Weise verstanden, den Seelenzustand
des Mädchens zu beschreiben.« *VBE Lehrerzeitschrift*

Axel Brüggemann
## Genie und Wahn
**Die Lebensgeschichte des Richard Wagner**
Gebunden mit Schutzumschlag, 240 Seiten, mit Fotos
Beltz & Gelberg (81140)
E-Book (74379)

Ein modernes Bild eines Größenwahnsinnigen, eines genialen Kompo-
nisten, der die Welt verändern wollte – vor allem die Musik. »Kritisch
bürstet Brüggemann Wagners Leben gegen den Strich. Unterhaltsam
(…) erzählt er von den Abenteuern dieses Getriebenen. Stilistisch auf
höchstem Niveau, ein großer Lesespaß.« *Darmstädter Echo*

Marcel Feige

# I don't have a gun
## Die Lebensgeschichte des Kurt Cobain

Gebunden mit Schutzumschlag, 224 Seiten, mit Fotos
Beltz & Gelberg (81087)
Gulliver (74470)

Die zutiefst radikale und tragische Lebensgeschichte eines einflussreichen Rockmusikers seiner Zeit wird »ohne Voyeurismus und Allgemeinplätze« erzählt. »Das Buch zeichnet sich vor allem durch Feiges gute Kenntnis der musikalischen Einflüsse rund um die Entstehung von Nirvana aus.« *dpa*

Maren Gottschalk

# Die Farben meiner Seele
## Die Lebensgeschichte der Frida Kahlo

Broschur, 224 Seiten, mit Fotos und Abb.
Gulliver (74361)

Die mexikanische Künstlerin Frida Kahlo ist ein Mythos. Ihr umfangreiches Werk ist von großer Schönheit, sie selbst war von unbändiger Kraft und Energie. »Ein wunderbar lebendiges Porträt einer der außergewöhnlichsten Frauen des vergangenen Jahrhunderts.« *Süddeutsche Zeitung*

www.beltz.de

Maren Gottschalk

## »Die Morgenröte unserer Freiheit«
### Die Lebensgeschichte des Nelson Mandela

Broschur, 312 Seiten, mit Fotos
Gulliver (74025)

Wie kein anderer steht der Anti-Apartheid-Kämpfer und Friedens-
nobelpreisträger Nelson Mandela (1918 - 2013) für den gewaltlosen
Widerstand gegen Rassismus und Intoleranz. »Ein Buch, das aufrüttelt
und animiert. Man möchte immer mehr erfahren und denkt überhaupt
nicht daran, es aus der Hand zu legen.« *Main-Echo*

Maren Gottschalk

## Schluss. Jetzt werde ich etwas tun
### Die Lebensgeschichte der Sophie Scholl

Gebunden mit Schutzumschlag, 264 Seiten, mit Fotos
Beltz & Gelberg (81122)
E-Book (74417)

Als Widerstandskämpferin und Mitglied der »Weißen Rose« wurde
Sophie Scholl (1921-1943) zur Ikone. Ihr Mut und ihre Unerschro-
ckenheit sind umso erstaunlicher, als sie noch wenige Jahre vorher eine
begeisterte HJ-Führerin war. Wer war Sophie Scholl also wirklich? »Ein
absolutes Muss für alle, die mehr über diese mutige, widerspruchsvolle
junge Frau erfahren wollen – oder sollen.« *Eselsohr*

Monika Pelz
## »Nicht mich will ich retten!«
**Die Lebensgeschichte des Janusz Korczak**
Broschur, 192 Seiten, mit Fotos
Gulliver (78902)

Der Kinderarzt, Pädagoge und Schriftsteller Janusz Korczak (1878–1942),
der die Kinder seines Warschauer Waisenhauses in das Vernichtungsla-
ger begleitete, wurde zur Legende. »Die bewegende Biografie steht für
unerschütterliches Engagement für mehr Menschlichkeit und Liebe.«
*Eselsohr*

Charlotte Kerner
## Alle Schönheit des Himmels
**Die Lebensgeschichte der Hildegard von Bingen**
Broschur, 264 Seiten, mit Abb.
Gulliver (78824)

Hildegard von Bingen (1098–1179), Äbtissin, Heilkundige, Komponistin
und Dichterin hat bis heute nichts von ihrer Faszination eingebüßt. »Die
voraussetzungslose Anschaulichkeit, mit der die Autorin die singuläre
Rolle Hildegards beschreibt … sucht ihresgleichen.« *FAZ*

www.beltz.de

Mirjam Pressler
## »Ich sehne mich so«
**Die Lebensgeschichte der Anne Frank**
Broschur, 224 Seiten, mit Fotos
Gulliver (74097)

Ihr Tagebuch machte das deutsch-jüdische Mädchen Anne Frank
(1929-1945) weltberühmt. »Ein facettenreiches Bild der Tochter, der
Schwester, der gern Journalistin gewordenen Einzelgängerin, der
Träumerin und der Romantikerin, der Jüdin und der jungen Frau.«
*Welt am Sonntag*

Alois Prinz
## Beruf Philosophin oder Die Liebe zur Welt
**Die Lebensgeschichte der Hannah Arendt**
Broschur, 329 Seiten
Gulliver (78879), mit Fotos
E-Book (74443)
*Evangelischer Buchpreis*

Hannah Arendt ist eine der bedeutendsten Frauen in der Geschichte der
Philosophie. »Voller Wärme und Begeisterung skizziert Prinz Leben und
Werk einer ungewöhnlichen Frau, deren unbequemes Denken immer
auch Ausdruck ihrer Liebe zur Welt und zum Leben war.« *Hannoversche
Allgemeine Zeitung*

Alois Prinz
## Der Brandstifter
**Die Lebensgeschichte des Joseph Goebbels**
Gebunden mit Schutzumschlag, 320 Seiten, mit Fotos
Beltz & Gelberg (81098)

Sein Name gilt als Inbegriff des skrupellosen Demagogen und der Massenmanipulation. Eindrücklich erzählt Prinz, wie Goebbels zum gnadenlosen »Verführer der Massen« wurde. »Für Jugendliche, die an Politik und Geschichte interessiert sind, bietet dieses Buch mehr als eine Biografie, nämlich die gut nachvollziehbare Analyse eines totalitären (Wahn-) Systems.« *Tages-Anzeiger*

Alois Prinz
## Lieber wütend als traurig
**Die Lebensgeschichte der Ulrike Marie Meinhof**
Broschur, 336 Seiten
Gulliver (74012)
*Deutscher Jugendliteraturpreis*

Ulrike Marie Meinhof war Journalistin und Mitbegründerin der Rote Armee Fraktion – eine christliche Pazifistin, die schließlich die Welt mit Gewalt verändern wollte. Prinz' »gleichermaßen distanzierte wie respektvolle Nachzeichnung dieses Lebensweges aus behüteter Bürgerlichkeit in den Terrorismus gerät zu einem facettenreichen, empathischen Blick auf ein Stück jüngster Zeitgeschichte.« *Kieler Nachrichten*

www.beltz.de